高职高专"十三五"规划教材

管理心理学

沈莹 韩丽华 主编

第三版
3 EDITION

化学工业出版社
·北京·

本书通过对管理心理学的理论和有关的研究方法的阐述,研究了能力、气质、知觉、态度、价值观等影响个体行为的因素及有关激励理论,探讨了组织中人的心理和行为规律、群体问题、组织的变革与发展。有助于学生对个体、群体、组织和领导层次的行为特点及心理规律的全面了解;有助于管理者提高员工行为的预测和引导能力,更有效地实现管理目标。

本书的编写以培养高技能型人才为目标,内容充实、逻辑性强,注重管理心理学的创新性和操作性。

本书适用于高职高专经济管理类专业,包括工商行政管理、工商企业管理、物业管理、市场营销、物流管理、酒店管理等,还可作为企事业单位管理人员的培训教材。

图书在版编目(CIP)数据

管理心理学/沈莹,韩丽华主编. —3版. —北京:化学工业出版社,2018.8
高职高专"十三五"规划教材
ISBN 978-7-122-32345-3

Ⅰ.①管… Ⅱ.①沈…②韩… Ⅲ.①管理心理学-高等职业教育-教材 Ⅳ.①C93-051

中国版本图书馆CIP数据核字(2018)第120663号

责任编辑:于 卉　　　　　　　　　　文字编辑:李　瑾
责任校对:王素芹　　　　　　　　　　装帧设计:王晓宇

出版发行:化学工业出版社(北京市东城区青年湖南街13号　邮政编码100011)
印　　刷:北京京华铭诚工贸有限公司
装　　订:三河市振勇印装有限公司
787mm×1092mm　1/16　印张15　字数395千字　2018年8月北京第3版第1次印刷

购书咨询:010-64518888　　　　　　　售后服务:010-64518899
网　　址:http://www.cip.com.cn
凡购买本书,如有缺损质量问题,本社销售中心负责调换。

定　　价:38.00元　　　　　　　　　　　　　　　　版权所有　违者必究

前　言

　　《管理心理学》是由化学工业出版社按照国家教育部有关高职高专人才培养精神，以提高学生整体素质为基础，以培养学生专业基本技能为主线组织编写的高职高专"十三五"规划教材之一。在编写过程中，充分利用与吸收国内外有关管理心理学的最新研究成果，并结合我国的具体情况，力求在结构和内容上有调整、优化和创新。为此，本教材在内容和体例上，设置了学习目标、导入案例、补充阅读材料和观念应用等栏目，在观念应用中设置案例分析、实训题、心理小测验，形式多样，内容活泼，以提高学生的学习兴趣，增强学习效果。

　　管理心理学在每一天的日常生活中都有用，在各领域帮助人们了解自己，处理情绪，增进思考，化解心结，改善人际关系。《管理心理学》第三版以此为出发点，期望人们可以增进自我了解，搞好人际关系，培养一种素养，一种对人的关怀与尊重，将管理科学诠释出人性关怀的新伦理。为此，在第三版中，增加了群体压力、人际交往心理，以及群体成员之间的有效沟通等内容，帮助大家找回"人"的主体性，也成就对"人"的丰厚关怀。

　　本书共有十一章内容，分五个部分。第一部分是管理心理学概述，包括第一章和第二章；第二部分是个体心理与管理，包括第三～七章；第三部分是群体心理与管理，包括第八章、第九章；第四部分是组织心理与管理，见第十章；第五部分是领导心理与管理，见第十一章。

　　本书由辽宁建筑职业学院沈莹、韩丽华担任主编。沈莹负责修订第一章、第二章、第五章、第七章，以及前言部分；韩丽华负责修订第八章，第十章；编写第九章；袁秀霞、张永智负责修订第三章、第四章；唐敏负责修订第六章、第十一章。全书由沈莹负责整体框架和定稿工作。

　　在本书编写过程中，编者参阅并引用了国内外部分学者的有关著作和论述，并从中受到不少启发。同时，本书的编写和修订还得到了化学工业出版社的大力协助和指导，在此一并致谢！

　　由于编者水平有限，加之时间仓促，书中不妥之处在所难免，敬请同行专家和读者批评指正。

编　者

2018 年 5 月

第一版前言

管理心理学是经济管理类专业的基础课程，是心理学的应用分支学科。管理心理学是一门介于自然科学与社会科学之间的边缘性交叉学科，主要研究在工作环境中，个体、群体和组织等层面的人的心理、行为及其影响因素。

本书以管理心理学基本框架为基础，按照高等职业教育的要求，坚持改革、创新的精神，以能力为本位，以素质教育为基础，充分利用与吸收国内外有关管理心理学的最新研究成果，并结合我国的具体情况，力求在结构和内容上有调整、优化与创新。本书在教材的内容和体例上，设置了学习目标、导入案例、即时案例、补充阅读材料和观念应用等，在观念应用中设置案例分析、实训题和心理小测验，既有利于学生对基本观点、基本理论和基础知识的理解和掌握，同时又能提高学生的操作技能与分析问题、解决问题的能力。

本书共有十章内容，分五个部分。第一部分是管理心理学概述，包括第一章和第二章；第二部分是个体心理与管理，包括第三章~第七章；第三部分是群体心理与管理，包括第八章；第四部分是组织心理与管理，包括第九章；第五部分是领导心理与管理，包括第十章。对于 21 世纪的主要组织形式是团队，本书在第八章中对群体沟通与团队建设给予了特别的关注与说明。

本书由辽宁信息职业技术学院沈莹主编并编写第一章、第二章、第五章、第六章、第十章，以及前言部分；浙江工商职业技术学院张兆英编写第三章和第四章；辽宁信息职业技术学院王志红编写第七章、第八章；浙江医药高等专科学校陈传宣编写第九章。全书由沈莹负责整体框架和统稿工作。

由于编者水平有限，加之时间仓促，书中不妥与疏漏之处在所难免，敬请同行专家和读者批评指正。

编　者
2008 年 3 月

第二版前言

管理心理学是经济管理类专业的基础课程,是心理学的应用分支学科。管理心理学是一门介于自然科学与社会科学之间的边缘性交叉学科,主要研究在工作环境中,个体、群体和组织等层面的人的心理、行为及其影响因素。

《管理心理学》第一版教材于 2008 年出版。该教材按照国家教育部有关高职高专人才培养的精神,以提高学生整体素质为基础,以培养学生专业基本技能为主线,在高职高专教学中受到好评,2011 年 3 月获得了"中国石油和化学工业优秀出版物奖(教材奖)"二等奖。

此次再版,继承了第一版的格局,结合当前形势的发展和管理实践的需要,充分利用与吸收国内外有关管理心理学的最新研究成果,并结合我国的具体情况,在内容上做了很多修改,补充和调整了一些教学案例和阅读材料,从而使本书的内容更加合理。本书在内容和体例的设计上,设置了学习目标、导入案例、即时案例、补充阅读材料和观念应用等栏目,在观念应用中设置案例分析、实训题和心理小测验。形式多样,内容活泼,以提高学生的学习兴趣,增强学习效果。

本书共分五个部分。第一部分是管理心理学概述,包括第一章和第二章;第二部分是个体心理与管理,包括第三至第七章;第三部分是群体心理与管理,第八章;第四部分是组织心理与管理,第九章;第五部分是领导心理与管理,第十章。21 世纪的主要组织形式是团队,本书对团队建设给予了特别的关注与说明。

本书由辽宁信息职业技术学院沈莹、辽阳市第七中学张永智担任主编,沈莹负责编写第一、第二、第五、第六章以及前言部分;张永智负责编写第三、第四、第八、第九章;贵州工业职业技术学院的唐敏负责编写第七、第十章。全书由沈莹负责整体框架和定稿工作。

在本书编写过程中,编者参阅并引用了国内外相关学者的有关著作和论述,并从中受到不少启发。同时,本书的编写和修订还得到了化学工业出版社的大力协助和指导,在此一并致谢!

由于编者水平有限,加之时间仓促,书中不妥与疏漏之处在所难免,敬请同行专家和读者批评指正。

编 者
2012 年 5 月

目录 CONTENTS

第一章 管理心理学概述

第一节 管理心理学的产生和发展 …… 001
一、管理心理学产生的历史背景 …… 002
二、管理心理学的形成 …… 002
三、管理心理学的发展 …… 005

第二节 管理心理学的研究对象与内容 …… 007
一、管理心理学的概念 …… 007
二、管理心理学的研究对象 …… 007
三、管理心理学的研究内容 …… 008
四、管理心理学与相关学科的关系 …… 009

第三节 管理心理学的研究原则和方法 …… 011
一、管理心理学的研究原则 …… 011
二、管理心理学的研究方法 …… 011

第四节 管理心理学的研究任务和意义 …… 014
一、管理心理学的研究任务 …… 014
二、管理心理学的研究意义 …… 015

第二章 管理心理学的基础理论

第一节 管理学基础理论 …… 021
一、管理的概念 …… 021
二、管理理论及其发展 …… 022

第二节 心理学基础理论 …… 026
一、心理的含义及实质 …… 027
二、心理现象及内容 …… 027

第三节 人性假设理论 …… 029
一、人性假设的X理论和Y理论 …… 030
二、超Y理论 …… 031
三、经济人、社会人、自我实现人与复杂人假设 …… 032

第三章　社会知觉与管理

第一节　知觉概述 …………………………………………………………………… 042
　一、知觉的概念 …………………………………………………………………… 042
　二、知觉的基本特征 ……………………………………………………………… 042
　三、知觉的分类 …………………………………………………………………… 045
第二节　社会知觉与管理 ……………………………………………………………… 047
　一、社会知觉的概念 ……………………………………………………………… 047
　二、社会知觉的分类 ……………………………………………………………… 047
　三、社会知觉的影响因素 ………………………………………………………… 051
　四、社会知觉中的偏见 …………………………………………………………… 052
第三节　社会归因理论 ………………………………………………………………… 055
　一、什么是归因 …………………………………………………………………… 055
　二、社会归因理论 ………………………………………………………………… 055

第四章　个性与管理

第一节　个性概述 …………………………………………………………………… 062
　一、什么是个性 …………………………………………………………………… 062
　二、个性的基本特征 ……………………………………………………………… 062
　三、个性的形成与发展 …………………………………………………………… 063
第二节　气质与管理 ………………………………………………………………… 064
　一、气质的含义 …………………………………………………………………… 064
　二、气质类型及其特征 …………………………………………………………… 065
　三、气质差异的管理 ……………………………………………………………… 067
第三节　性格与管理 ………………………………………………………………… 069
　一、性格的含义和特征 …………………………………………………………… 069
　二、性格的类型 …………………………………………………………………… 071
　三、性格发展的影响因素 ………………………………………………………… 073
　四、性格与管理 …………………………………………………………………… 074
第四节　能力与管理 ………………………………………………………………… 076
　一、能力的概念和分类 …………………………………………………………… 076
　二、影响能力发展的因素 ………………………………………………………… 077
　三、能力差异与管理 ……………………………………………………………… 078
第五节　心理测验 …………………………………………………………………… 080
　一、心理测验定义 ………………………………………………………………… 080
　二、心理测验的性质 ……………………………………………………………… 080
　三、心理测验的类型 ……………………………………………………………… 080
　四、心理测验的基本条件 ………………………………………………………… 082
　五、正确对待和使用心理测验 …………………………………………………… 082

第五章　需要、动机与管理

第一节　需要与管理 …… 090
一、需要概述 …… 090
二、需要的类别和层次 …… 091
三、需要与管理 …… 093

第二节　动机与管理 …… 095
一、动机概述 …… 095
二、行为模式及其相互关系 …… 098
三、行为动机的测量方法 …… 101
四、动机与管理 …… 102

第六章　情绪、态度、挫折与管理

第一节　情绪与管理 …… 108
一、情绪概述 …… 109
二、情绪与管理 …… 110

第二节　态度与管理 …… 112
一、态度的概念与构成 …… 113
二、态度的特征 …… 114
三、态度的影响 …… 115
四、态度的形成与改变 …… 116
五、态度的测量 …… 118

第三节　挫折与管理 …… 119
一、挫折的概述 …… 119
二、挫折的成因 …… 120
三、挫折后的反应形式 …… 120
四、挫折与管理 …… 123

第七章　激励与管理

第一节　激励概述 …… 130
一、激励的含义和作用 …… 130
二、激励的过程 …… 133
三、激励理论的分类 …… 134

第二节　内容型激励理论 …… 134
一、需要层次理论 …… 134
二、ERG 理论 …… 135
三、成就需要理论 …… 136
四、双因素理论 …… 138

第三节　过程型激励理论 ·· 140
　　一、期望理论 ·· 140
　　二、公平理论 ·· 142
　　三、目标设置理论 ··· 143
第四节　行为改造型激励理论 ·· 145
　　一、强化理论的基本观点 ··· 145
　　二、强化理论在管理中的应用 ··· 146

第八章　群体心理与管理

第一节　群体心理概述 ··· 154
　　一、群体概述 ·· 154
　　二、群体的分类 ·· 154
　　三、群体心理与行为特征 ··· 155
第二节　群体动力与规范 ·· 157
　　一、群体动力 ·· 157
　　二、群体动力的作用机理 ··· 158
　　三、群体的规范 ·· 159
第三节　群体压力 ·· 160
　　一、群体压力的概念 ·· 160
　　二、群体压力产生的原因 ··· 160
　　三、群体压力的意义 ·· 160
　　四、从众行为 ·· 161
第四节　群体的凝聚力与士气 ·· 162
　　一、群体凝聚力的含义 ·· 162
　　二、影响群体凝聚力的因素 ·· 162
　　三、增强群体凝聚力的策略 ·· 163
　　四、群体士气 ·· 164
　　五、群体士气与工作效率的关系 ·· 164

第九章　人际交往心理与管理

第一节　群体中的人际关系 ··· 170
　　一、人际关系概述 ··· 170
　　二、处理人际关系的艺术和技巧 ·· 172
第二节　群体的冲突与沟通 ··· 174
　　一、群体冲突的概念 ·· 174
　　二、群体冲突的类型 ·· 175
　　三、冲突的心理根源 ·· 175
　　四、群体冲突与管理 ·· 176

第三节　加强群体成员之间的有效沟通 …… 177
一、群体沟通的含义和功能 …… 177
二、人际沟通的形式 …… 178
三、沟通的过程和要素 …… 179
四、如何进行有效的沟通 …… 180

第十章　组织心理与管理

第一节　组织心理概述 …… 186
一、组织概述 …… 186
二、组织的有效性 …… 188
第二节　组织变革与发展 …… 190
一、组织变革 …… 190
二、组织发展 …… 193
三、团队建设 …… 195
第三节　组织文化心理 …… 199
一、组织文化的概念与功能 …… 199
二、组织文化的结构与内容 …… 201
三、组织文化的建设 …… 202

第十一章　领导心理与管理

第一节　领导心理概述 …… 211
一、领导与领导行为 …… 211
二、领导的功能 …… 212
三、领导者的影响力 …… 213
第二节　领导理论 …… 215
一、领导特性理论 …… 215
二、领导作风理论 …… 217
三、领导行为理论 …… 219
第三节　领导者素质与心理 …… 220
一、领导者的基本素质 …… 220
二、领导者的心理特征 …… 222
三、领导者的心理品质修养 …… 223

参考文献

CHAPTER 1

第一章
管理心理学概述

学习目标

1. 熟悉管理心理学的产生与发展过程
2. 掌握管理心理学的概念和研究对象
3. 熟悉管理心理学的研究任务和意义
4. 掌握管理心理学的研究原则和研究方法
5. 了解管理心理学与相关学科的关系
6. 学会应用管理心理学对管理实践发生的现象进行解释

导入案例

职场新鲜梦——你不用来上班

北美某家市场占有率极高的连锁3C卖场,几年前尝试了一场组织变革,一是激励员工,二是开发潜在的人力市场,吸引有"家庭生活负担"的女性、不想被绑在办公室的潮流青年加入,他们试图建立一个"完全绩效导向的员工环境",不用上班,不开例会,只要达成绩效目标就好!

这场改革一开始阻力其实很大,疑虑也很多,有人担心员工偷懒,公司业绩会下滑;有人担心没有面对面的接触,工作团队精神难以为继;也有人担心控制不了自己,结果工作与生活完全没了界限。

不过,主管阶层还是决定试一试。 没有想到,试验的结果出奇好:员工自愿离职率从16%降到0,业绩则上升35%,员工的投入感也明显增加。 当然,"副作用"也是有的,如团队精神衰弱、沟通困难增加等。 瑕不掩瑜,这项极端尝试依然是成功的。

问题:这个案例给我们的启示是什么?

第一节 管理心理学的产生和发展

管理心理学源于19世纪末20世纪初,其理论的形成与发展同社会经济发展、科学技术进步和社会化大生产需求密切相关，与管理学和应用心理学自身的发展密切相关。20 世纪初，社会心理学及管理科学均有了长足的发展，与此同时，工业社会心理学、需要层次理论、群体动力理论等也相继出现，为管理心理学奠定了坚实的理论基础，从而使管理心理学的产生成为可能。

一、管理心理学产生的历史背景

管理心理学的产生和发展是与社会经济发展、科学技术进步密切相关的，是不以人的意志为转移的。

1. 社会生产力的发展是管理心理学产生的物质基础

20 世纪初，以美国为代表的西方国家工业化发展很快，基本上实现了社会化大生产，机械化、自动化和专业化的程度较高。在企业内部，分工越来越细，协作越来越紧密，工序操作单一、具体，使得工作越来越乏味。这样，在长期的工作中，工人的情绪受到严重影响，阻碍了生产率的进一步提高。而当时传统的管理方式无法解决这一问题，人们开始寻找新的管理理论和方法，以便更好地发挥人的工作积极性。这样，把管理活动中的人作为主要研究对象的管理心理学就应运而生了。

2. 科学技术的发展对管理心理学的产生和发展起推动作用

随着生产力的发展，科学技术也有了长足的进步。在整个生产过程中，技术要求越来越高，对企业相关人员的知识水平和技术水平提出了更高的要求。伴随着科学技术的发展，人在生产中的地位和作用更加突出，人的主观能动性对先进技术、管理及生产的进步和发展都至关重要。这样，人们更加重视对人的研究，也就推动了管理心理学的产生和发展。

3. 生产关系中劳资矛盾的尖锐化是管理心理学产生的社会基础

19 世纪末 20 世纪初的第二次工业革命使得工业企业的生产规模不断扩大，生产效率进一步提高。为了获得更高的生产效率，以泰勒为代表的"科学管理"理论应运而生。科学管理用规范和制度代替了传统的经验管理，推动了资本主义生产的发展。但是，这样的管理仅仅把人当作会说话的机器，不重视人的情感，忽视人的需要，这些做法引起了工人的强烈不满和反抗，导致劳资关系日益恶化。为了改善劳资关系、缓和阶级矛盾，维护企业的生产经营及资本主义生产关系的稳定，资本家不得不寻找一种新的管理理论和方法来弥补科学管理的缺陷。于是他们将目光投向了注重对人的研究的管理心理学。

4. 管理心理学产生的理论基础

随着社会生产力和生产关系的发展，众多学科和理论如管理学、心理学、社会学、心理技术学理论、群体动力学理论、社会测量学理论和需要层次理论等相继出现并迅速发展，为管理心理学的产生奠定了理论基础，使管理心理学的产生由必需变成可能。

二、管理心理学的形成

1958 年，美国心理学家莱维特教授所著的《现代管理心理学》一书的出版，标志着管理心理学的诞生。管理心理学的形成，经历了以下几个阶段。

（一）霍桑实验

梅奥（G. E. May）原籍澳大利亚，后移居美国，在哈佛大学从事工业心理学研究。由他主持的霍桑实验开始于 1924 年，在美国国家研究委员会赞助下，在美国芝加哥郊外的西方电器公司霍桑工厂进行了一项由心理学家参与工厂管理的研究实验，就有关工作条件、社会因素与生产效率之间的关系进行了一系列的实验。由于该项研究是在西方电气公司的霍桑工厂进行的，因此，后人称之为"霍桑实验"。

霍桑工厂的设备完善、福利优越，具有良好的娱乐设施、医疗制度和养老金制度，但工人仍愤愤不平，生产效率一直不理想。为此，美国科学院专门组织了一个研究小组，挑选了一批工人，分别编成两个小组，一个为对照组，另一个为实验组，前者生产条件始终不变，后者则做种种变化，然后比较两个组的实验结果，以便得出相应的结论。

霍桑实验包括以下4个方面的主要内容。

1. 照明实验

梅奥等人的这个实验是研究照明条件的变化对生产效率的影响。在实验开始时，研究小组设想：增加照明度会使工人的生产量上升，而随着照明度的下降，生产量会逐渐下降。可是事实上，尽管照明度一再下降，甚至降到相当于月光的程度，产量并没有显著下降。生产条件的改变并没有按照人们预期的那样导致生产效率的相应改变。相反，与平常情况相比较，在整个实验过程中，不论任何情况下，生产率都有大幅度的提高。这个结果使研究小组感到茫然。

经过对前阶段实验的认真分析，研究小组进一步进行了深入的实验，终于明确了整个实验过程中两组产量都有提高的原因。即：让工人在特定条件下进行实验，参加人员认为这是对他们格外重视；同时由于在实验中管理人员与工人之间，以及工人与工人之间都有融洽的关系，促使实验中两个小组产量的提高。这充分说明，良好的心理状态和融洽的人际关系比照明条件更为重要，更有利于生产效率的提高。

2. 福利实验

梅奥等人的这个实验，是确定改善福利条件与工作时间关系等其他条件对生产的影响。梅奥选出6名女工在单独的房间从事继电器装配的工作。在实验过程中逐步增加一些福利措施，如缩短工作日、延长休息时间、免费供应茶水等，观察她们在福利条件变化下的生产量情况。实验者原来设想：参加实验的女工们的产量会随着福利待遇的提高而增加，随着福利待遇的降低而下降。于是在实验进行了两个月后，取消了各种福利措施。但实验的结果仍与研究者的设想相反，产量不仅没有下降，反而继续上升。

经过深入地了解分析发现，被特邀参加实验的人之所以受到激励、产生较高的工作积极性、使产量提高，主要是由于参与此实验产生的自豪感、积极参与管理事务的责任感、融洽的人际关系，以及管理人员对女工的积极关注。这个实验表明，导致产量增加的因素并非福利条件和工资制度，而是士气和人际关系。良好的人际关系比福利条件更重要。

3. 访谈实验

梅奥等人在霍桑工厂组织了大规模的态度调查，从1928～1930年用了两年多的时间进行了两万多次的谈话。规定在谈话中，调查人员要耐心倾听工人的各种意见和不满，并做详细的记录，不准反驳和训斥工人们的不满意见。工人们在这种环境下畅所欲言、心情愉快、因备受关注而士气大振，谈话实验收到了意想不到的效果，工厂的产量大幅度提高。

梅奥等人进行分析认为：工人们长期以来对工厂的管理制度和方法、对管理人员都积下了许多不满，无处发泄，谈话活动使他们将这些不满都发泄出来，因而使人们感到心情舒畅，产量也得以大幅度提高。

研究者由此得出结论：刺激产量增加的并不是工资制度，而可能是这之外的其他因素，如士气、管理方式的改变以及人际关系的改善等。

4. 群体实验

梅奥等人在这个实验中选择了14名男工在单独的房间里从事绕线、焊接和检验工作，对这个班组实行特殊的计件工资制度。实验者设想：实行这种奖励办法会使工人更加努力工作，以便得到更多的报酬。但观察的结果发现，产量只保持在中等水平，每个工人的日工作量都差不多，而且工人并不如实报告自己的工作量，存在隐瞒前一天的超产用以填补后一天的减产，使自己的工作量与别人保持一致。深入调查还发现，这个班组为了维护他们的群体利益，自发形成了一些规范。他们约定，谁也不能干得太多，突出自己；谁也不能干得太少，影响全组的产量；并约法三章，不准向管理者告密，如有违反这些规定，轻则挖苦谩骂，重则拳打脚踢。

通过进一步的调查发现，工人们之所以维持中等水平的产量，是担心产量提高后管理部门会改变现行奖励制度或裁减工人，使部分工人失业和惩罚绩效低的工人。这一实验表明，工人为维护群体内部的团结，可以放弃个人利益来保证群体的利益。梅奥由此提出组织中存在着"非正式群体"，这种群体有自己的特殊规范，对人们的行为起着调节和控制作用。

梅奥1933年出版的《工业文明中的人的问题》一书对霍桑实验的结果进行了系统的总结，并提出了人际关系学说。他主要有以下几点结论。

① 生产条件的变化固然影响工人的积极性，但生产条件与生产效率之间并不存在着直接的因果关系。

② 生产条件并不是增加产量的第一要素。

③ 改善工人的士气（态度）及人与人的关系，使人们心情愉快地工作并对自己的工作感到满足，才是增加产量、提高工效的决定性因素。

(二) 群体动力理论

群体动力理论的创始人是德国的心理学家勒温（Kurt. Lewin）。勒温的理论被称为场理论。"场"是借用物理学中"磁场"的概念。他认为，人的心理、人的行为取决于人的内在需要和周围环境的相互作用。当人的需要未得到满足时，会产生内部力场的张力，而客观环境中的一些刺激起着导火索的作用。他把人的内在需求看成是内部力场，把外界环境因素看成是情境力场。人的行为动向取决于内部力场与情境力场的相互作用，而主要的决定因素是内部力场的张力。勒温据此提出了著名的行为公式：

$$B = f(P, E)$$

式中，B是个体行为；P是个性特征；E是环境；f是函数。

这个公式表明，人的行为是个性特征与环境相互作用的函数或结果。勒温的场理论最初只用于研究个体行为，后来又把"场"的理论扩大到群体行为的研究，提出"群体动力"的概念。所谓群体动力，就是指群体活动的动向，研究群体动力就是要研究影响群体活动动向的诸因素，因为群体活动的动向同样取决于内部力场与情境力场的相互作用。这种力量的相互作用和他们对群体的影响，就构成了群体的动力。一个组织要最大限度地利用人力资源和满足人们的最高水平的需要，就必须处理好组织群体中的个人关系，这对领导者尤其重要。

群体动力理论对管理心理学的形成和发展有着重大的影响，特别是对研究群体行为作出了很大的贡献。勒温对群体规范、沟通、领导等诸因素的研究，构成了组织管理心理学有关群体行为问题的基本内容。

(三) 社会测量学

社会测量学的创始人是莫里诺（J. L. Moreno）。他认为群体的心理活动不是偶然产生的，可以从态度调查入手来研究群体之间的人际互动关系，他提出了一种新的分析工具——社会测量法。社会测量学是一种估计群体中的每个成员对其他成员所做价值判断的技术。社会测量学作为一种技术主要采用填写问卷的方法，让被测试者根据好恶对伙伴进行选择，并把这种选择用图表表示出来，这样可以使人们对群体中各成员间的关系进行分析，并有意识地解决其中突出的问题，有助于工人协作和士气的提高。社会测量学作为研究群体行为的有效工具，被广泛应用于管理心理学的各项研究中，并有所发展。

（四）需要层次理论

需要层次理论是美国心理学家亚伯拉罕·马斯洛（A. Maslow）提出的。他认为人的需要可分为五个层次，即生理需要、安全需要、社交需要、尊重需要和自我实现需要。这五个层次的需要由低级向高级发展，形成金字塔形。马斯洛认为要激发人的心理这一内在诱因，促使职工努力工作、提高工作效率，就要采取有效的管理措施去满足职工的需要。马斯洛的需要层次理论对于管理心理学的发展有着很大的影响，当前在西方各国的管理心理学中几乎都把这一理论作为重要的基础理论。

上述的管理理论只是对管理心理学的发展有较大影响的几种理论，而不是全部理论，这些理论以及其他理论将在后面的章节中作较为详细的讲述。

三、管理心理学的发展

1. 学科的建设与发展

以人际关系为代表的上述理论在经历了 20 世纪 30～40 年代的迅速发展后，已经形成了一个庞大而复杂的学科群，吸引着心理学、社会学、人类学、管理学等众多领域的研究者加入进来。在 1949 年美国芝加哥的一次学术会议上，与会者一致认为，围绕行为科学所取得的研究成果具备独立学科的地位，于是正式将其定名为"行为科学"。

20 世纪 60 年代以后，专门研究行为科学在企业中的应用的学者提出了"组织行为学"这一名称。组织行为学的研究内容大体上可分为三个层面：一是有关员工个体行为的研究，这是微观层面的研究；二是有关员工群体行为的研究；三是有关组织行为的研究。这三个层面虽然各有侧重点，但它们是相互联系、不可分割的。

人际关系学说的产生改变了人们对管理活动的思考和行为方式，促使管理者重视员工的需要，强调从人的需求、动机、工作环境和社会环境等方面研究管理活动对组织和个人的双重影响。

第二次世界大战以后，科学技术的快速发展，特别是计算机的飞速发展，管理心理学形成了几个学派，并提出了相应的理论。主要有：社会技术学派、系统理论学派、决策理论学派、权变理论学派等。

1959 年，美国心理学家海尔提出把工业心理学细分为三个方面：人事心理学、人类工程学、工业社会心理学即管理心理学，得到了许多西方学者的采纳。它的创立改变了传统管理对人的忽视，使管理从以"事"为中心转变成以"人"为中心，对企业管理的科学化和现代化起着极其重要的影响。

20 世纪 60 年代以来，管理心理学得到了长足发展，管理心理学的理论体系初步形成。西方管理心理学的理论体系开始都分三个层次，即个体心理、群体心理和组织心理。所研究和讨论的问题包括人性、激励、挫折、知觉、情绪、态度、群体动力、群体决策、人际关系、信息沟通、组织结构、组织发展与变革等方面的内容。后来，又把领导心理作为一部分独立出来，于是构成了管理心理学的四大范畴：个体心理、群体心理、组织心理与领导心理。行为科学理论不断产生，主要有人性理论、激励理论、期望理论、公平理论、挫折理论、权变理论、领导生命周期理论等。管理心理学的领域不断扩大，所涉及的问题和学科也不断扩展。管理心理学基本理论不断丰富和完善，理论研究硕果累累，在实际应用中也取得了显著的效果，日益走向成熟。

2. 管理心理学的现状及发展趋势

20世纪80年代之前，管理心理学研究比较集中在个体理论的探讨，在激励理论、群体行为和领导行为理论的研究上也产生了大量理论。进入20世纪90年代以来，组织变革已成为全球化经济竞争中管理心理学研究的首要问题。这方面的研究主要是探索组织变革的分析框架、理想的组织模式、就业安全保障、招聘、团队自主性管理、授权、培训、信息沟通等促进组织变革和提高生产力的重要干预因素等问题。与组织变革密切相关的是领导行为研究，近年来，先后出现了多种领导理论。如路径——目标理论、领导——参与模式理论、生命周期理论等。目前最有代表性的是费德勒提出的认知资源利用理论，它强调决定领导成效的关键是使认知资源得到利用的条件。

激励问题是管理心理学研究的核心问题。目前，亚当·斯密的公平理论对薪酬设计有实际指导意义，仍受到普遍重视。此外，与激励问题密切相关的研究是有关组织承诺的研究，主要是从工作价值观、职业发展、工作责任心、组织认同和对社会的态度进行研究，探讨组织承诺对工作满意感、工作安全感、人际关系的影响以及组织承诺的形成规律。

组织文化研究是管理心理学研究的热点。随着全球经济一体化，对企业重组、战略管理、跨国公司或国际合资企业管理的研究已呈现强劲势头，文化因素成为这类研究的关注热点。研究主要集中在组织文化的特点、结构和运行机制上。团队主要研究团体的凝聚力，团队的构成，目标的设定，团队内的关系、规范、角色、冲突和团队决策等。目前，由于管理环境研究的复杂程度增加，不论是企业的结构调整、管理者的决策、员工的适应，还是跨国公司管理中的组织文化的建设、各种激励政策的制定，均无法达到预期的管理目标。

管理心理学强调对人力资源的系统开发。技术创新已成为21世纪各国企业拓展市场、在竞争中取胜的关键。在这个系统中，具有高素质的人力资源是技术创新和市场开拓的关键。因此，目前管理心理学更加注重探索管理者决策、技术创新和员工必须具备的素质，更加关注如何充分地利用和开发人力资源。科技进步和管理的复杂度对员工素质提出新的要求，使得人力资源管理成为研究的又一热点，管理心理学研究由局部的、分散的研究转向整体系统的研究。目前，有关胜任特征评价、个体对于组织的适应性和干预问题的研究等人力资源管理研究正向纵深发展。

管理心理学研究领域不断拓展，研究队伍不断扩大。首先，管理心理学在研究领域方面，更加重视突破传统框架，不断拓展研究的新领域。管理心理学研究的新热点在于跨国公司和国际合资公司的比较研究、科技投入的行为研究、失业指导研究等，涉及管理培训与发展、工作业绩评价、管理决策、组织气氛和组织文化、跨文化比较等领域。在拓展研究的新领域时，不仅有大量商业咨询机构出于市场经济利益的考虑，进行投入和资助，各国政府出于自己在国际竞争中的国家安全和市场利益，也进行有计划的管理决策的行为科学研究。管理心理学家把组织作为开放的社会技术系统来看待和研究，研究领域已突破传统框架，取得了可观的社会效益和经济效益。其次，管理心理学研究队伍不断扩大。由于管理心理学的实用性强，社会需求迫切，所以吸引了越来越多的研究者加入到对管理心理学的研究中来。研究人员不仅有心理学家、社会心理学家、社会学家、人类学家、行为学家等，还有厂长、经理及其他管理人员，管理心理学的研究队伍不断扩大。

3. 我国管理心理学的发展概况

从20世纪50年代开始，我国已逐步开展劳动心理学和工程心理学的研究，但管理心理学起步较晚。改革开放后，管理心理学才逐渐得到发展。

在短短的40年的时间里，我国管理心理学学者系统地引入了国外管理心理学的理论成果和研究方法，在工作动机与激励、工作态度与价值观、领导心理与行为、决策与组织变革、员工选拔与培训等方面进行了较为系统的研究，使我国管理心理学的研究有了很大的发展。目前，我国管理心理学的研究还处于学习、评价和探索阶段。

我国在1980年成立了中国心理学工业心理专业委员会，将中国的工业心理学分为两大方面，即工程心理学和管理心理学。在1985年成立了中国行为科学学会。从80年代起，我国翻译和出版了一些国外较有影响的著作，如马斯洛的《动机与人格》、夏恩的《组织心理学》等著作。一些高校也从事管理心理学的教学与研究工作，很多相关专业都开设了这门课程，培养出了一批专业人员。研究课题集中涉及一些重要领域，研究的问题主要包括激励问题、人员测评问题、领导行为问题、管理决策问题和跨文化问题。

第二节
管理心理学的研究对象与内容

一、管理心理学的概念

管理心理学是心理学的一个分支。从管理心理学的产生和发展看，这门学科已经有了一定的历史，积累了不少经验。

（一）管理心理学的定义

管理心理学是研究组织中人的心理活动规律，用科学的方法改进管理工作，充分调动人的积极性的一门科学。它有助于调动人的积极性，改善组织结构和领导绩效，提高工作生活质量，建立良好的人际关系，达到提高工作效率和管理效率的目的。

（二）管理心理学的性质

1. 应用性

管理心理学是将心理学、社会学、社会心理学、人类学、政治学等应用于管理的一门科学。它是从现代管理学和行为科学发展过程中派生出来的一门新兴学科，既涉及管理学，又不同于管理学；既采用心理学的研究方法，但又与普通心理学的体系构成不同。可以说，管理心理学是把心理学的知识应用于分析、说明、指导管理活动中行为的应用心理学分支，它包容了社会科学和自然科学的有关内容，是一门边缘性科学。

2. 综合性

管理心理学又是一门综合科学，它采用了心理学、管理学、社会学、生理学、伦理学、行为科学等多学科的科学原理，来研究组织中人的心理行为、人际关系等有关问题，并应用于管理实践，取得了明显的成效。

综上所述，管理心理学是综合了其他学科、解决管理中人的问题的一门应用性科学。

二、管理心理学的研究对象

组织管理过程包括两个系统：一个是技术系统，由物质资料结构、劳动力结构和技术结构组成，包括管理劳动工具和生产经营过程；另一个就是社会心理系统，即生产过程中人与人之间相互交往的社会过程，主要强调人的行为动机、人际关系、团队心理气氛、组织结构及领导行为等在管理过程中的作用。组织管理过程中的两个系统如图1-1所示。

技术系统就是通过专业化和机械化，来提高劳动生产率；而社会心理系统就是要通过协调人际关系，满足职工需要，调动人的积极性与创造性，达到提高生产效率和效益的目的。

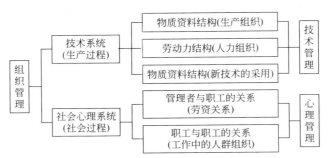

图 1-1 企业组织管理过程中的两个系统

一个组织是由人和物两大因素构成的。两大因素在组织中形成了三大关系系统。

① 物—物关系：主要是技术管理的对象，包括材料、设备、资产、资金、技术等方面的管理。

② 人—物关系：即人—机关系，是一个交叉系统，部分地作为技术管理的对象，但主要是劳动心理学与工程心理学的对象。

③ 人—人关系：主要是管理心理学的对象。

管理心理学的研究对象是组织中人的行为和心理活动，是研究如何调动人的积极性的科学。人在组织中从事各类活动，如政治活动、经济活动、娱乐活动等，这些活动本身并不是管理心理学的研究对象，在这些活动中人的行为表现、心理活动才是管理心理学的研究对象。

组织的内部要素很多，包括人、财、物、信息、时间等，这说明组织管理的对象是多样的，其中任何要素都需要妥善安排和处理。但在构成组织的诸要素中，人是最重要的因素，总是被排在第一位的，这是因为：首先，对于一个组织来说，人是主体，没有人的存在就没有组织；其次，组织要实现目标必须依靠人的力量，没有人的积极努力是不能实现组织的目标的。

管理心理学主要研究与组织行为有关的人的个体特点，如动机、能力、性向等；人的群体特点，如群体的分类、人与组织的相互作用等；领导行为特点，如领导风格、领导的评估与培训等；组织理论与组织变革，如组织的模型、组织变革与组织开发研究等；工作生活质量研究，着重从改善工作环境、工作丰富化、扩大化方面调动职工的积极性，提高生产率；跨文化管理心理学，比较不同的地区、国家、社会制度、文化背景下管理行为的异同，为国际间的经济交流、合作经营企业提供科学依据。

管理心理学不仅研究个体心理，也研究组织、企业中人际关系的协调。管理心理学以人为本，强调人力资源的重要性，突出组织中人的主体地位，建立以人为中心的管理体制，这正是管理心理学这门学科真正的价值所在。

三、管理心理学的研究内容

管理心理学，简言之，就是把心理学的一般原理应用于管理。具体地说，管理心理学研究的主要内容有以下三个方面。

1. 个体心理

任何组织都是由众多的个体组成的。个体积极性、主动性、创造性发挥得如何，直接影响群体、组织的效率。因此，对个体心理的研究是管理心理学的主要课题之一。

所谓个体心理，确切地说是个体社会心理，即个体在特定社会部门中因所处的地位而表现出的心理现象。个体心理研究的内容主要包括：个体的心理活动规律；需要、动机与态度；员工的心理健康；激励理论等。

个体心理研究的目的是揭示不同个体的心理差异和心理特征，更好地调动、激发员工的工作积极性。

2. 群体心理

群体是由个体组成的。所谓群体心理是指群体成员在共同活动中表现出来的心理活动和行为规律。它不是个体心理的简单相加，而是个体心理相互影响、相互作用的有机整体。

群体心理研究的内容主要包括：群体行为形成的原因；群体规范、压力、凝聚力；群体中的人际关系和信息沟通；士气与群体意识等。

群体心理研究的目的是为了更好地解决组织中的协调交流、团结合作的问题。

3. 组织心理

组织是群体或个体存在的形式，组织的状况直接影响群体或个体的行为效率。

组织心理研究的内容主要包括：组织结构；组织环境；组织变革以及各种不同的领导方式及其效果；组织中的领导心理；领导者的选择与训练；影响领导效果的因素等。

群体心理研究的目的是为了使组织自身能更好地适应组织任务和组织使命的要求，以利于组织目标的实现和维护组织的生存和发展。

总之，管理心理学研究的重点内容是：企业管理中具体的社会、心理现象，以及个体、群体、领导、组织中的具体心理活动及规律。

四、管理心理学与相关学科的关系

管理心理学是心理学的一个分支。也就是说，心理学的知识用于解决组织和管理问题就是管理心理学。在组织和管理方面运用较广的是普通心理学、工程心理学、社会心理学、组织行为学、教育心理学以及文化人类学的知识。

1. 管理心理学与普通心理学

普通心理学：研究人的心理活动的一般规律的科学。其研究范围包括：人的心理过程和个性。管理心理学要运用普通心理学提示的人的心理活动的一般规律，并使之在管理活动中具体化，了解人的心理活动规律是管理的一个重要方面。普通心理学中关于心理过程和个性的知识都会在管理中发挥作用。普通心理学与管理心理学的关系是基础理论与具体应用的关系，管理心理学以普通心理学为基础，并在此基础上研究管理过程中人的心理活动的特殊规律。

补充阅读材料 1-1

全球化管理：文化敏感度

全球化的浪潮下，不论你是留在中国，或是驻外工作，都可能面对来自不同国籍、不同文化背景的工作伙伴，文化的差异不可小觑。举例来说，日本员工的沟通习惯是无论多大多小的问题，都要先说背景和原因，认为这样才是有礼貌的方式。有时在问问题前，还会先发封 E-mail 询问方不方便问个问题。但是碰上美国员工，美国员工会觉得这样的沟通方式毫无效率，也无法直接针对问题好好讨论。至于"开会"，各国文化对开会的定义也不一样，美国人开会要事先规划议程，而且一定要有结论；意大利人的会议就像开 party 一样欢乐。

诸多跨国企业开始投入跨文化训练，例如，有些科技公司将不同文化的背景和开会模式制作成"跨文化沟通"的内部训练教材，以降低内部开会的冲突，并避免冒犯客户的文化。至于外派，企业一般也会在员工出发前，安排以多元文化为基础的课程，教导员工如何适应当地文化，与不同文化背景的员工共事，让即将外派的员工，有机会了解当地人的价值观与思考模式。这些做法都是为了提升员工的文化敏感度，协助扩展员工的全球化格局，让来自不同文化的同仁可以互相了解，进而一同工作并达成企业目标。

（资料来源：陆洛，高旭繁等著. 管理心理学. 北京：经济管理出版社，2015.）

2. 管理心理学与工程心理学

管理包括两部分内容：物和人。工程心理学研究的对象是人与机器的关系，是研究人与机器、环境相互作用过程中人的心理活动规律。管理心理学研究的对象是人与人的关系，是研究管理者与被管理者相互作用过程中人的心理活动的规律。工程心理学和管理心理学的研究对象都涉及人的心理问题。工程心理学必然涉及管理心理学的研究，管理心理学也需要工程心理学的研究内容和成果予以丰富和补充。

3. 管理心理学与社会心理学

社会心理学的研究对象是群体中人们彼此之间发生相互作用的情况下所产生的心理活动规律。主要包括：个人心理活动对群体心理活动的影响；群体心理活动对个人心理活动的影响；个人与个人之间心理活动的相互作用、相互影响；群体与群体之间心理活动的相互作用、相互影响。这些内容在企业管理领域中的具体化也就是管理心理学的研究内容。社会心理学的知识在企事业管理中的运用也就是管理心理学的基本内容。

4. 管理心理学与组织行为学

管理心理学侧重研究组织管理过程中的心理因素，而组织行为学侧重研究组织管理过程中的行为因素。由于在实践过程中人的心理因素与行为因素是统一的，因此管理心理学与组织行为学研究的内容存在重复交叉的现象。

5. 管理心理学与教育心理学

管理心理学侧重研究组织管理过程中的心理因素，而教育心理学主要研究教育过程中人的心理活动规律。在形成人的能力、指导和控制人的行为等方面具有共同的内容。其原理和规律可以相互借鉴、相互启发。管理者对人进行管理时必然包括教育的因素。

6. 管理心理学与文化人类学

人类学是研究人类的体质特征及其变化与发展规律的科学。其研究内容包括人类的进化；现代人的体质特征；性别差异和年龄的变化等。分为体质人类学和文化人类学。文化人类学是研究人类群体的演化过程和不同群体之间的文化差异的一门科学。在心理学界，心理学家特别注意吸收文化人类学研究的理论成果，逐步建立和发展了文化心理学和跨文化心理学。

第三节
管理心理学的研究原则和方法

一、管理心理学的研究原则

1. 理论联系实际原则

理论联系实际的过程是一个辨证的过程。贯彻理论联系实际原则，首先是学习研究要有理论指导。这些理论包括心理学、管理学、社会学、社会心理学、人类学以及管理心理学自身的理论等。以这些理论、程序和方法，来指导人们的实际研究和具体研究。其次，进行管理心理学研究要自觉地把某些具体研究成果上升到理论高度，坚持在实践中检验、丰富和发展管理心理学理论。这就要求学习研究管理心理学不能照搬照套理论成果，也不能就事论事，只摆现象不究原因。要尊重我国的客观实际，找到一条既符合我国国情，又能和国际接轨的行之有效的方法和途径，建立有中国特色的管理心理学。

2. 客观性原则

管理领域中的一切心理现象都是一种客观存在的事实，它是和活动的外部条件和内部条件互相联系的。客观性原则就是研究者要以客观的态度，运用客观的手段对所研究的内容进行客观的分析，从而保证得出客观的研究结果。对人的心理进行研究不能凭主观臆测，把管理心理学当作脱离客观存在的抽象理论，想当然地进行逻辑推理。而应尊重事实，并善于透过现象看本质，找出真正的心理原因。

3. 系统性原则

一个组织是一个大系统，各群体是它的子系统。在各个系统中，人的心理现象与外部环境的刺激、主体的状况和反应活动紧密地联系着。研究者要把组织中人的行为和心理活动放在一定的系统中进行研究，也就是说研究人的心理活动要坚持事物普遍联系的观点。系统性原则又称联系性原则，即研究者要把组织中人的行为和心理活动放在一定的系统中进行研究。系统性原则要求研究者要善于对人的行为及心理活动进行综合考察，把几个不同的系统对人的影响联系起来考察。即要把社会系统、组织系统、群体系统、个体系统对人的心理活动的影响联系起来进行考察，而不是将这些联系割裂开来，孤立地进行研究。

4. 发展性原则

世界上的万事万物都是处在运动与发展之中，所以管理心理学的研究也要贯彻发展性原则。发展性原则，即研究者要以动态的观点来分析研究人的心理行为活动。人的心理活动既然是对客观事物的反映，也一定会像客观存在的一切事物一样，不断地发展变化。发展性原则要求研究要依据客观事物的发展变化来分析研究组织中人的心理活动规律，而不是用僵化、静止的观点去研究动态中的心理活动。

5. 定性定量相结合的原则

定性定量相结合的原则就是对人的心理活动进行定性研究时，尽可能采用定量研究的方法，对人的心理活动进行定量地分析，使之更符合客观实际。

二、管理心理学的研究方法

管理心理学的研究方法主要是以心理学的研究方法为基础，结合管理的实际，使问题的解决更有科学依据。管理心理学常用的研究方法主要有以下几种。

（一）观察法

观察法是心理学、社会学中常用的、最简单的方法。它是指在日常的不作人工干预的自然和社会情况下，有目的有计划地直接观察组织中人的行为的研究方法。观察法是科学研究中最原始的，但也是应用最广泛的一种方法。只要在日常生活条件下，能够直接地、系统地观察到观察对象的心理活动，均可运用观察法进行研究。运用这种研究方法，首先要求观察者必须要有明确的目的和任务，并制定出详细的观察方案。

一般来说，观察法可以分为自然观察法和控制观察法两种。

1. 自然观察法

自然观察法，是在完全自然状态下所进行的观察，被观察者一般不知道自己处于被观察之中。例如，要了解某位员工的工作表现和工作态度，可以观察他工作中的行为。

2. 控制观察法

控制观察法，是在限定的条件下进行观察，被观察者可能知道，也可能不知道自己处于被观察之中。例如，为了进行动作-时间分析，观察者需要系统地观察工人的操作过程。

按照观察者与被观察者的关系，观察还可以分为参与观察和非参与观察两种。随着现代科学技术的发展，在管理心理学研究中，可以借助摄影机、录像机、录音机、闭路电视等先进的技术来协助，以提高观察的深度、广度和精确度。

观察法的优点是应用广泛、简便易行，观察到的情景是当时的实际情况，所获得的资料比较真实、可靠。但是这种方法也有缺点，研究者处于被动的地位，消极地等待有关现象的出现，难以把握时机，观察所得到的材料难以进行定量分析。此外，观察很大程度上取决于观察者自身的水平和理解程度，主观因素难以控制。仅能了解大量的一般现象和表面现象，对一些复杂现象和本质特征很难深入了解。所以，最好能与其他方法配合使用。

（二）实验法

实验法是研究者有目的地通过严格控制或创设的条件，主动地引起被试者的行为变化，从而进行分析研究的方法。

实验法的主要优点是：研究者可以积极地干预被实验者的活动，而不是被动地等待某种现象的出现。研究者可以通过改变某些控制条件，从而揭示某种心理现象产生的原因。还可以通过反复实验积累材料，判断出某种心理现象的典型性和偶然性。实验法要求研究者必须事先进行周密的实验方案设计。

实验法一般有实验室实验法和现场实验法两种。

1. 实验室实验法

实验室实验法是指在专门的实验室内，借助各种特设的心理仪器，严格控制实验条件来研究人的心理活动的方法。这种方法具有控制条件严密，操作程序固定，可反复验证等特点。缺点是具有很大的人为性，与实际生活条件有一定的距离，所得结果也与实际生活有一定差距。

2. 现场实验法

现场实验法又称自然实验法。这种方法就是在正常工作的条件下，适当地控制与实际生产活动有关的因素，以观察员工心理活动的表现。这种方法能与日常工作结合起来，具有较大的现实意义。这种研究的主要优点是它既可以主动地创造实验条件，又是在自然情况下进行的，因而其结果更加符合实际，并兼有观察法和实验法的优点，因而具有广泛的应用性和很强的适用性。缺点是不如观察法广泛，也不如实验室实验法精确。现场实验需要有一个周密的计划，并坚持定期观察研究方能成功，著名的"霍桑实验"即为典型的一例。

（三）访谈法

访谈法是研究者通过与对象面对面的谈话，在口头信息沟通的过程中了解对象心理状态的方法。访谈可以是单独的，也可以是集体的。

访谈法可以分为结构式访谈和非结构式访谈。

1. 结构式访谈

结构式访谈也就是组织谈话，是主试者根据事先拟订的提纲提出问题，被试者针对所提出的问题进行回答。这种方法结构严谨、层次分明，具有固定的谈话模式。但在这种谈话中，研究对象较被动、受拘束，研究者与研究对象之间不易产生情感交流。如招聘中的第一次面试谈话，了解对方的年龄、学历等，就属于这种方法。

2. 非结构式访谈

非结构式访谈，也称为无组织访谈，是指没有一个固定的模式，主试者只提出一个范围较大的问题，被试者可以根据自己的想法，创造性地进行回答。它的结构较为松散、层次交错、便于交流情感，但这种谈话费时较多，研究者也难以掌握进程。

总之，谈话是一门艺术。访谈的质量在很大程度上取决于双方所建立的良好关系。既要明确目标，又要讲究方式、进行有效的引导，并要注意保持谈话过程中轻松愉快的气氛。

谈话法简便易行，便于快速取得第一手资料，因而使用较为广泛。缺点是必须从被试者的回答中寻找其心理特点，所以也有较大的局限性。

（四）问卷法

问卷法研究者运用事先设计好的问卷，让被试者根据个人情况和看法如实填写，然后运用统计方法处理数据，进而分析研究个体心理及行为规律的方法。

常用的问卷表有三种格式。

1. 是非判断

这种方式要求被试者对问卷中的每个问题作出"是"或"否"的回答。

例如：你喜欢上网吗？　　　　　　　　　　　　是□　否□

你喜欢体育运动吗？　　　　　　　　　　　　是□　否□

2. 答案选择

这种方式即出一些有多种并列答案的问题，让被选择者任选一个或几个答案。

例如：你的新上司，一个相当冷淡的人，邀请你去他家吃饭，你会（　　）

A. 羞怯而坚强地应邀而去。

B. 想去留个好印象。

C. 希望去好好地乐乐。

3. 等级排列

这种方式要求被试者对多种可供选择的答案按其重要性（对自己而言）的次序予以排列。

例如，我最喜欢的奖励方式是：奖金、旅游、调休、先进个人、脱产学习。

问卷法的优点在于它是一种标准化、结构化的工具，可以在很短的时间内取得广泛的资料，并使结构尽可能定量化。缺点是处理数据的工作量很大，要求问卷设计科学、抽样科学、数据处理科学（最好用计算机处理）。

（五）测量法

测量法是根据预先制定的标准化的测量表对人的心理品质进行测量的方法。在管理心理学的研究中，测量法常常作为员工选择、人员安置的一种工具。

根据不同的分类标准，心理测量有不同的分类方式。

① 根据参加测量人数的多少，可以把心理测量分为个别测量与集体测量。

② 根据测量时间是否限定，可以将其分为速度测量与难度测量。

③ 根据测量的内容不同，可以将其分为能力测量与个性测量（人格测量）。

④ 根据测量的形式不同，可以将其分为书面测量与操作测量。

测量法对于组织的人员选用、培训、领导行为测评等都有重要意义。

采用测量法要特别重视信度和效度这两个基本因素。信度是指测验的可靠性和准确性；效度是指测验的有效性，现在许多国家已经明确规定用于人员选择的测量表，信度系数必须达到或超过 0.80，效度系数必须达到或超过 0.60。

（六）个案法

个案法也叫案例分析法，是指对某一全过程个体、某一群体或某一组织，运用各种调查研究方法，在较长时间内进行连续、全面、系统的调查研究，探索其心理发展变化的方法。

这些案例的取得有以下两种途径。

① 通过对某一个群体组织在较长时间里（几个月、几年或更长时间）的连续调查，收集全面的资料，然后进行归纳总结和深入分析。

② 直接借鉴学习相关书籍资料、网络信息里的管理心理学案例等。

个案分析是一种跟踪研究，是一种从个别到一般的研究方法，亦即"解剖麻雀"的方法。该方法能提供变化的动态方面的见解，对于组织内部问题的诊断和纠正极有帮助。特别适用于在新的情境中发现问题，要求研究者对新事物反应敏锐、搜集的资料要详尽，而且要有驾驭众多资料的能力。缺点是不适合探究变量间的因果关系，而且用该方法归纳出来的结论往往缺乏普遍性，另外，需要投入大量的人力、物力和时间，这对研究者来讲是一个限制因素。

第四节 管理心理学的研究任务和意义

一、管理心理学的研究任务

管理心理学是将心理学的基本原理与管理实践相结合而形成的一门应用学科。当前，管理心理学作为一门新兴的学科，面临着三项基本任务。

首先，作为一门应用理论学科，管理心理学的首要任务是提高企业的劳动生产率，即如何运用其基本理论最大限度地激发人的潜能，提高人们的创造性及工作效率，为发展社会生产力服务。因此，管理心理学的根本任务是寻找组织管理与组织中人的心理活动规律的结合点，使组织保持一种最佳状态，形成良好的团队气氛，提高人的积极性、主动性和创造性，提高组织的工作效率，保障员工的身心健康。

改革开放后，我国发生了巨大变化，但与发达国家相比，还有很大差距。特别是在管理水平和管理思想方面，我们还很落后。因此，认真学习先进的管理心理学理论，结合我国的国情，深入探索我国组织中个体、群体、组织与领导的心理，促进我国企业管理的现代化，也是管理心理学首要的、核心的任务。

其次，管理心理学的另一个重要任务是对劳动者进行管理教育，提高管理者和组织成员的思想水平和心理素质，促进精神文明的发展。管理心理学，通过对组织成员的心理与行为规律的研究，可以预见、调整和控制人的心理和行为，使组织的思想政治工作具有预见性、针对性和科学性；通过对个体、群体、组织心理的研究，可以培养员工高尚的情操，增进群体凝聚力，形成正确的组织观念，提高领导者的素质和领导效能。因此，不断提高领导者和组织成员的思想水平和心理素质，促进社会主义精神文明的发展，也是管理心理学为现代化建设服务的光荣职责。

最后，管理心理学还面临着不断完善理论体系的迫切任务。当前我国的管理心理学还处在以介绍和借鉴学习国外研究成果为主的阶段，虽然已初步形成了一定的科学架构，但要形成一整套具有中国特色的管理心理学体系还有大量的工作要做，还迫切需要完善自己的理论体系和方法论的基础。我国管理心理学工作者遵循"实践—理论—实践"的指导方针，积极借鉴、学习国外的研究成果，汲取古代优秀的管理心理思想，同时充分吸收心理学、社会学、管理学、运筹学等相关学科的优秀成果，并面向生产、管理第一线，用理论指导实践，再从实践中获取经验、发展理论，努力建设具有较高科学水平和中国特色的管理心理学。

二、管理心理学的研究意义

实践证明，加强管理心理学的研究与应用，对于改进管理工作、提高工作绩效、调动员工的积极性，都具有十分重要的意义。具体表现在以下四个方面。

1. 加强个性研究与管理，推进管理的现代化

组织中的每个人都有独自的个性特征，有不同的气质、能力、性格、需要、动机等。传统的管理方式强调"权威"和"服从"，管理者是独裁式、专制式的管理。对人才的使用、选拔是主观随意的，很少考虑人的心理特点和差异。现代的管理是以人为中心的管理，推行符合人的心理特点和行为规律的管理，它同传统的管理方式是完全不同的。管理心理学强调推行"合乎人性"的管理：强调要尊重员工的心理和行为规律；强调各种激励机制，满足员工的各种需要去激发人的工作积极性、创造性；强调民主管理，提倡员工参与决策与管理；通过对个体心理行为差异的研究，使管理者能全面了解员工的特点，安排与之相适应的工作岗位和职务，真正做到人尽其才、人尽其用。总之，管理心理学的研究，无论从理论价值和实用价值，还是从思想和方法，都对推进管理的现代化进程产生了积极的作用。

2. 加强群体研究与管理，不断提高工作绩效

组织中的员工不是孤立的，必然存在着与他人的协作配合，从而形成各种各样的关系群体，包括正式群体和非正式群体。在非正式群体中，人们的价值观一致，就容易产生群体的凝聚力和向心力，满足人们归属感的需要。在和谐的人际关系下，群体的凝聚力和向心力越高，群体工作的绩效才能最好。通过群体性研究与管理，掌握生产过程中群体的心理活动规律之后，就可以制定出行之有效的科学管理的原则和方法，提高管理者的领导艺术和决策水平，从而极大地调动每个职工的积极性和创造性，促进工作效率和效益的提高，促进生产的发展。管理者应把组织中的正式群体和非正式群体的作用结合起来，加强群体性研究与管理，充分发掘、利用人的潜能，以促进工作绩效的不断提高。

3. 加强组织心理研究与管理，增强思想政治工作的科学性和有效性

企业作为社会的一个群体，不仅要发展生产，而且还负有教育、培养和改造人的历史任务。随着我国改革开放的深入发展，人们的社会心理活动不断地产生新的变化。研究在改革开放的新形势下人们社会心理活动的新情况、新特点，探索思想政治工作的规律和办法，是加强和改进思想政治工作的前提和基础，也是当前管理心理学面临的一个新课题。管理心理学通过研究人的心理活动特点和行为规律，探索思想政治工作的规律性和科学性，使思想政治工作更有针对性、科学性和有效性，培养具有良好素质的建设者和管理人才，为社会主义物质文明和精神文明建设服务。

4. 提高领导者自身素质，讲究领导艺术

管理心理学的研究和管理的实践充分证明，领导者不同的素质、领导行为与领导艺术，对组织的兴衰与成败有着重要影响。领导的实质是处理人与人的关系。

领导者的素质泛指品德、知识、才能和体格、领导方式及领导水平等方面因素。管理心理学研究人的心理活动和行为规律，研究领导心理，将有助于领导者提高自身心理素质。

管理心理学既研究人的心理活动和行为规律，也研究领导方法和领导艺术。领导方法是领导者思考问题、处理问题和指导工作的方式和方法。每一位组织的管理者都有自己的领导方法，领导方法反映了领导工作的普遍规律。而领导艺术则无固定的模式，它体现了领导工作的特殊规律，即领导者要根据不同情况、不同对象灵活地采取不同的领导方法，不能照搬照抄、因循守旧、墨守成规。一个具有高超领导艺术的领导者必然与众不同，他的领导方法能给人耳目一新的感觉。因此，领导者要掌握科学的领导方法与领导艺术，就必须认真学习和研究管理心理学，这样才能了解和掌握人的心理活动和行为规律，不断提高领导者自身素质，提高领导的有效性。

补充阅读材料 1-2

决定成功的十种积极心态

1. 决心——决心是最最重要的积极心态。是决心，而不是环境在决定我们的命运。

2. 企图心——企图心，即对达成自己预期目标的成功意愿。要想成功，仅仅希望是不够的。

3. 主动——被动就是将命运交给别人安排，是消极等待机遇降临，一旦机遇不来，他就没办法。凡事都应主动，被动不会有任何收获。

4. 热情——没有人愿意跟一个整天都提不起精神的人打交道，没有哪一个领导愿意去提升一个毫无热情的下属。

5. 爱心——内心深处的爱是你一切行动力的源泉。不愿奉献的人，缺乏爱心的人，就不太可能得到别人的支持；失去别人的支持，离失败就不会太远。

6. 学习——信息社会时代的核心竞争力，已经发展为学习力的竞争。信息更新周期已经缩短到不足五年，危机每天都会伴随我们左右。

7. 自信——信心就是眼睛尚未看见就相信，其最终的回报就是你真正看见了。

建立自信的基本方法有三：一是不断地取得成功；二是不断地想象成功；第三是将自己在一个领域取得成功的"卓越圈"运用神经语言的心理技术，移植到你需要信心的新领域中来。

8. 自律——人人崇尚自由，然而，自由的代价是自律。

成功需要很强的自律能力。你是不是能忍受与家人暂时分开，去外地推销产品？这一切，就是你必须"强迫"自己付出的成功代价。

9. 顽强——我们追求成功的过程中，一定会遇到许多艰难、困苦、挫折与失败。你不打败它们，它们就会打败你。持续的毅力就是你顽强的意志力。

> 成功有三部曲：第一，敏锐的目光；第二，果敢的行动；第三，持续的毅力。用你敏锐的目光去发现机遇，用你果敢的行动去抓住机遇，用你持续的毅力把机遇变成真正的成功。
>
> 10. 坚持——假使成功只有一个秘诀的话，请问那会是什么？那应该是坚持！

本章小结

1. 管理心理学是研究组织中人的心理活动规律，用科学的方法改进管理工作，充分调动人的积极性的一门科学。管理心理学具有应用性、综合性的特点。

2. 管理心理学的形成，经历了以下几个阶段：霍桑实验、群体动力理论、社会测量学、需要层次理论。

3. 霍桑实验包括以下4个方面的主要内容：照明实验、福利实验、访谈实验、群体实验。

4. 管理心理学的研究对象是组织中人的行为和心理活动，是研究如何调动人的积极性的科学。

5. 组织管理过程包括两个系统：技术系统和社会心理系统。

6. 一个组织是由人和物两大因素构成的。两大因素在组织中形成了三大关系系统：物—物关系；人—物关系；人—人关系。

7. 管理心理学的研究内容主要有三个方面：个体心理、群体心理、组织心理。

8. 管理心理学的研究原则主要有：理论联系实际原则、客观性原则、系统性原则、发展性原则、定性定量相结合的原则。

9. 管理心理学研究的方法主要有：观察法、实验法、访谈法、问卷法、测量法、个案法。

10. 管理心理学的研究任务是：提高企业的劳动生产率；对劳动者进行管理教育；完善理论体系。

11. 管理心理学的研究意义具体表现在：加强个性研究与管理，推进管理的现代化；加强群体研究与管理，不断提高工作绩效；加强组织心理研究与管理，增强思想政治工作的科学性和有效性；提高领导者自身素质，讲究领导艺术。

关键概念

管理心理学　霍桑实验　群体动力理论　社会测量学　需要层次理论　技术系统　社会心理系统　领导心理　客观性原则　系统性原则

复习与思考

1. 简述管理心理学的概念。
2. 管理心理学的研究对象是什么？主要包括哪些内容？
3. 简述霍桑实验及其重要贡献。
4. 谈谈你对马斯洛的需要层次理论的理解。

5. 管理心理学的研究任务是什么?
6. 研究管理心理学有什么重要意义?
7. 如何理解管理心理学的研究原则?
8. 现代企业管理为什么重视人的心理研究?
9. 简述管理心理学的现状及发展趋势。

观念应用

案例分析

鸡蛋凭票供应

20世纪80年代中期，某市商业局局长向市领导反映食品公司积压了大量鸡蛋，天气渐热，如不尽快销售掉，可能变坏，损失会很大。市领导召开了会议，讨论对策。最后决定，采取一项巧妙政策：从某日起，鸡蛋凭票供应，并通过有关媒体广为宣传。结果，积压的鸡蛋很快被销售一空。

实训题

请采用问卷法，对你所在班级的管理现状进行调查，并列出班级管理的优缺点，进行模拟训练。

心理小测验

危机管理心理测试

危机既是危险又是机会，危机管理是企业在"刀尖上的舞蹈"。危机管理绝不是危机出现以后才开始管理，而是要在危机发生之前采取措施，处理不好就会产生恶劣的后果。作为管理者，你可通过下面的测试来看看自己是否善于危机管理!

1. 以往的成功经验让你陶醉，认为危机离你还很远，等危机到了再说。
   A. 就这样
   B. 不，保持一定的清醒
   C. 十分注意居安思危，危机意识强
2. 危机出现，你是否会迅速组织企业成员为决策提供咨询?
   A. 这是公关部门的事
   B. 偶尔过问、组织一下
   C. 是的，一个人的力量有限，我会组织相关人员作为智囊团
3. 当智囊团意见不一致时，你会如何处置?
   A. 不知所从，左右摇摆
   B. 听从主流意见
   C. 在危机压力的影响下，团体思维会有一定局限，我会找出大家想法中的遗漏，在全面审核基础上做出决策

4. 你是否会很快查明并面对危机?
   A. 问题棘手,选择逃避
   B. 偶尔过问、催促一下
   C. 直面事实,尽快澄清事实
5. 你是否会尽快成立危机新闻中心?
   A. 没有注意到这方面
   B. 发布部分消息
   C. 会尽快公开、坦诚、准确地告诉媒体实情,以免媒体从其他渠道探听不确实的消息
6. 你是否会动员民间力量协助处理危机?
   A. 没有注意到这方面
   B. 偶尔会借助他们的力量
   C. 民间力量是一种潜在的资源,对舆论有很大说服力,会运用这方面的资源
7. 你是否会与政府官员、消费者、利益关系人直接沟通?
   A. 很少如此
   B. 偶尔如此
   C. 会及时告诉他们危机处理的进展
8. 你是否会通过内部渠道与员工沟通,尽量做到与发言人口径一致?
   A. 没想到这一点
   B. 偶尔如此
   C. 会组织员工一起度过危机,让每个人的发言都能代表公司立场
9. 你是否会采取相应的补救措施?
   A. 很少如此
   B. 偶尔为之
   C. 会付诸补救行动,挽回声誉
10. 你是否会注意事后沟通与改造?
    A. 没有注意到这方面
    B. 有这个意识,但很少付诸行动
    C. 是的,会从危机中吸取经验教训,从而推出更完善的产品和服务

计分标准

选 A 得 1 分,选 B 得 2 分,选 C 得 3 分,然后将各题所得的分数相加。

测试结果

(1)总得分为 24~30 分:你的危机应变能力较强,尽管情况十分紧急,但你心里已经有了一套清晰的处理方案。 不过,你应该清楚居安思危、防范危机更加重要。

(2)总得分为 17~23 分:你的危机应变能力一般,在危机处理中,虽然你并没有逃避或者反应不敏捷,但不明朗的态度令你被动。记住:必须全力以赴处理危机,这关系到你和公司的未来。

(3)总得分为 10~16 分:你的危机应变能力较差,危机频发所造成的损失也日益严重,这是企业管理者无法避免的现实。 因此,你需要增强危机管理的意识和敏感性,建立预防机制,在危机发生时自己敢于站出来积极应对。

CHAPTER 2

第二章
管理心理学的基础理论

学习目标

1. 明确管理的含义
2. 掌握管理基础理论内容及其对管理的影响
3. 理解心理活动的主要内容
4. 熟悉心理的实质
5. 了解人性假设的含义、理论观点及其对管理的影响

导入案例

提升员工的能力

周华刚来到公司担任总经理时,发现公司的很多员工都暮气沉沉,很多事都不能做好,一开始他以为是员工的能力有问题,可是经过一段时间的接触后,他发现并不是这么回事儿,有很多员工本身的能力并不低,可为什么他们表现却不好呢?

调查后发现,原来公司不鼓励员工在工作上尝试新方法,偶尔有员工去尝试新方法,也会受到批评,时间久了,就没有员工愿意再去尝试新的工作方法了。于是,大家越发变得死气沉沉,没有一点活力,工作能力和责任心都降低了。

了解到这个情况后,他大力鼓励公司的员工在工作上尝试新方法、接触新事物,还大力奖励那些有所创新的员工。慢慢地,公司员工恢复了朝气,能力和责任心也提升了很多。

管理心理学是一门多学科相互渗透的综合性应用学科,它既是心理学的一个分支,也是管理学的一个重要组成部分。本章将重点介绍管理心理学的基础理论,掌握这些基础理论有助于明确管理心理学的研究方向,加深对管理心理学理论和实际问题的理解。

第一节 管理学基础理论

 一、管理的概念

1. 管理的定义

随着管理科学的产生和发展,在不同时期,不同学者对管理做出了不同的解释,其中比较有代表性的有以下一些定义。

古典管理学派代表人物泰勒认为:管理就是"确切地知道你让别人去干些什么,并注意让他们用最好最经济的方法去干"。

法约尔认为:管理就是实行计划、组织、指挥、协调和控制。

决策理论学派的代表人物美国管理学家西蒙认为:管理就是决策。

行为科学学派的梅奥认为:管理就是做人的工作,它主要的内容是以人为中心,激励员工的行为动机,调动员工的积极性。

综合起来,我们认为,管理是指在一定组织中的管理者,运用一定的职能和手段来协调他人的活动,使别人同自己一起高效率地实现既定目标的活动过程。

2. 管理的几层含义

① 管理总是在一定的组织中进行的。组织是一种社会机构,其活动会受到外部环境的影响和制约,环境既提供了机会,也构成了威胁。正视环境的存在管理,一方面要求组织创造良好的物质环境和文化环境;另一方面,管理的方法必须因环境条件的不同而变化,才能取得管理的成功。

② 管理的本质是活动或过程。

③ 管理的对象是包括人力资源在内的一切可以调用的资源。在这些资源中,人是最重要的。管理的核心是处理各种人际关系,如管理者和下属的关系、管理者与管理者之间的关系、组织内成员之间的关系等,是对人的管理。

④ 管理是通过各种职能体现出来的。管理的职能包括计划、组织、指挥、协调和控制。

⑤ 管理的目的是为了实现既定的目标,而该目标仅凭单个人的力量是无法实现的。管理本身不具有自己的目标,不能为管理而管理,只能使管理服务于组织目标的实现。另外,组织机构内部有分工协作的系统结构,这些分工、协作以规章制度的形式规定下来,以使每个人明确自己的职责和义务。只有通过管理的协调才能使组织目标的实现成为可能。

案例 2-1

石 头 汤

有一个装扮奇特的人对迎面而来的村民说:"我有一颗神奇的汤石,会立刻变出一锅美味的汤来,如果不相信,我现在就煮给大家喝。"

有人立刻找了锅子和水,并且架上炉子和木柴煮了起来。这个陌生人很小心地把汤石放入锅中,然后用汤匙尝了一口,很兴奋地说:"哇!太美味了,如果再加一点洋葱就更好了。"立刻有人冲回家拿了一堆洋葱，陌生人尝了一口："太棒了，如果再放些肉片就更完美了。"又有一个妇人快速回家端了一盘肉出来。

在陌生人的指挥下，有人拿了糖和酱油，还有人拿来其他的材料。当大家一人一碗享用时，他们发现这真是非常美味好喝的汤。

其实，那只不过是陌生人在路边随手捡到的一颗普通石头而已。

当我们需要通过别人来完成任务时，作为管理者需要去理解他人的行为，并且通过教育、鼓舞、激励等方式，达到协同合作，完成任务的理想效果。

 二、管理理论及其发展

管理是人类社会的一种普遍现象。但是，管理学成为一门独立的学科还是在20世纪初，1911年泰勒出版了《科学管理原理》一书，标志着管理学成为一门新的学科。

回顾整个管理发展史，可以将管理理论大致分为古典管理、行为科学管理和现代管理三个阶段。

（一）古典管理理论阶段

根据时间划分，古典管理理论由三个管理理论组成，其主要思想与观点如下。

1. 早期管理理论

早期管理理论产生于18世纪下半期，主要代表有：亚当·斯密、大卫·李嘉图、圣西门、傅立叶、欧文等。

（1）亚当·斯密　他是英国古典政治经济学家，他的代表作是《国富论》，他提出了劳动分工的学说，分工观点适应了当时工业革命对迅速扩大劳动分工的要求，成为资本主义管理的一条基本原则。亚当·斯密的另一个贡献是他的"经济人"假设，对于资本主义管理的理论与实践都有重要影响。

（2）大卫·李嘉图　他继承了亚当·斯密的劳动价值学说，认为以劳动创造价值为基础，工人劳动创造的价值是工资、利润和地租的源流，对资本主义经济管理的本质进行了分析。

（3）罗伯特·欧文　他是一位空想社会主义代表人物。他认为要做好人的管理工作，就必须重视人的因素和作用，对人进行投资，改善员工的待遇和工作条件，重视管理方法，深入分析和解剖人的本性等。这些观点对现代管理都具有重要的借鉴作用。

2. 传统管理理论

传统管理理论是根据企业多年管理实践的经验积累而成的一整套管理理论和方法。代表人物有巴贝奇、艾默生、麦尤斯和白朗等。

（1）巴贝奇　英国著名的数学家，他在亚当·斯密的劳动分工的基础上，对专业化问题进行了系统的研究，得出劳动分工可以提高经济效益的结论，并将劳动分工作为工资与奖金分配的基础。

（2）艾默生　他概括了管理效率12条原则，如管理人员要有明确的奋斗目标、要有严明的纪律、公平待人、规范工作的标准方法、要有明确的奖惩制度等。从这12条原则可以看出资本主义科学管理的雏形，为今后科学管理理论的发展奠定了基石。

3. 科学管理理论

19世纪末20世纪初，以泰勒的科学管理理论——《科学管理原理》为代表，企业管理由漫长的经验管理阶段步入科学管理阶段。泰勒因此被后人尊称为"科学管理之父"。其科学管理的主要内容如下。

(1) 科学管理的核心问题是提高劳动生产率　提高劳动生产率是泰勒创建科学管理理论的基本要求，是确定各种科学管理理论、方法和技术的出发点。因此，泰勒认为只有用科学化、标准化的管理替代传统的经验管理，才是实现最高工作效率的手段。

(2) 进行动作研究　确定操作规程和动作规范，确定劳动时间定额，完善科学的操作方法，使机器、设备、工艺、工具、材料、工作环境尽量标准化，以提高工效。

(3) 科学地挑选工人　对工人进行科学选择，制定工时定额，建立各种明确的规定、条例、标准，使工人掌握标准化的操作方法，使用标准化的工具、机器和材料，使一切工作制度化、标准化、科学化。

(4) 实行差别计件工资制　为了鼓励工人努力工作，泰勒提出了差别计件工资制，即根据工人完成定额的不同而采取不同的工资率，而不是根据工作类别来支付工资。

(5) 职能管理　为了提高生产率，泰勒主张把计划职能与执行职能分开，泰勒的计划职能实际上就是管理职能，执行职能则是工人的劳动职能。

(6) 在管理上实行例外原则　泰勒提出规模较大的企业实行例外原则，即企业的高级主管人员把一般事务的权限下放给下级管理人员，自己只保留对例外事项的决定和监督权。

科学管理理论的另一位代表人物是法国管理学家亨利·法约尔。法约尔的主要代表作是《工业管理与一般管理》，提出管理不同于经营，管理只不过是经营的6种活动之一，他认为这6种基本活动为：技术活动、商业活动、财务活动、安全活动、会计活动和管理活动。管理的5种职能是：计划、组织、指挥、协调和控制。在此基础上，又提出了14条管理原则，从而从一般管理原理的角度对管理理论进行了系统的研究。

科学管理理论的另一重要组成部分，就是由德国管理学家马克斯·韦伯提出的行政管理理论。韦伯从行政管理的角度对管理理论进行了系统的研究，开辟了行政组织管理理论研究的新领域，为后来的行政管理研究奠定了理论基础，为此他被西方誉为"组织管理之父"。

(二) 行为科学管理理论阶段

在20世纪20~30年代，随着管理者与员工矛盾的日益加剧、人们生活水平的提高，企业的员工对缺乏人性关怀的科学管理感到厌倦。"经济人"假设越来越不适应管理实践的发展，"社会人"假设逐渐取代"经济人"假设，在行为科学管理阶段成为主流。学者们开始由科学管理转向对人的研究。他们强调从心理学、社会学的角度去研究工作效率的影响，主张用关注人性的方法去调动员工的积极性，这一时期的代表人物主要是梅奥。

1924年，美国的西方电器公司在梅奥的组织下，在芝加哥附近的霍桑工厂进行了一系列实验，后来被多数专家命名为"霍桑实验"，得出如下结论。

① 员工是"社会人"。企业的员工不是单纯追求物质和金钱的"经济人"，他们还有对友情、安全感、归属感等心理方面和社会方面的情感需求。员工受重视的感受可以有效地调动他们的工作积极性。

② 企业中存在着非正式组织。在企业中，员工因非正式接触与交往，形成非正式组织。非正式组织有自己的行为规范，有时这些行为规范与管理者的正式规定相冲突，影响劳动生产率。管理者要善于利用非正式组织的作用，既要有科学管理、理性分析能力，也要通晓人性，重视人际关系的协调。

继梅奥的"霍桑实验"之后，又有许多学者致力于从心理学和社会学的角度对劳动生产率进行研究，形成人际关系——行为科学学派。此后，学者和企业管理者开始关注工人的需要，研究工人的行为特点，并试图在管理中突出人的重要性。

行为科学从心理学、社会学的视角，研究企业中对人的管理，同时又容纳了更多的内容，把科学管理片面强调技术管理、对事的管理，转向在关注人的基础上，在提高员工工作满意度的条件下，追求物质资源的有效利用和技术管理的规范化，将管理理论推向了一个新阶段。

（三）现代管理理论阶段

20世纪50年代以后，资本主义管理理论发展到现代管理理论阶段。归纳起来主要有以下几个方面。

1. 社会系统学派

系统理论是从整体出发而不是从局部出发去研究事物，把分析的对象看作是一个系统，认为人与人之间、企业与企业之间都存在着联系，管理者应从整体出发，系统、全面而不是孤立、片面地处理各种问题。社会系统学派的代表人物是美国管理学家切斯特·巴纳德，他的代表作是1937年出版的《经理的职能》一书，其观点主要有以下几点。

① 在组织中，经理人员是最为重要的因素。经理人员的职能主要有：制定并维持一个信息系统，使组织中每个人都能做出贡献，阐明并确定本组织的目标。

② 组织分为正式组织和非正式组织，在正式组织中，非正式组织起着非常重要的作用。

③ 社会的各级组织都是一个社会协作系统，即一种人的相互关系的协作系统。这个系统的存在取决于三个条件：a. 协作效果，即组织目标能否顺利达成；b. 协作效率，即在实现目标过程中，协作的成员损失最小而心理满足程度较高；c. 组织目标应和环境相适应。巴纳德还指出，在一个正式组织中要建立这种协作关系，必须满足以下三个条件：a. 共同的目标；b. 合作的意愿；c. 组织内部有一个能够彼此沟通的信息系统。

2. 决策理论学派

该学派的代表人物是著名的诺贝尔经济学奖获得者，美国卡内基·梅隆大学的教授西蒙。该学派是从社会协作系统学派发展形成的，是当代西方影响较大的管理学派之一。西蒙认为决策程序就是全部的管理过程，决策贯穿着管理的全过程。强调决策和决策者在系统中的重要作用，建立了有关决策过程、决策的准则、程序化决策和非程序化决策、组织机构的建立与决策的联系等原则。

西蒙采用"令人满意的准则"代替传统决策理论的"最优化原则"，并且认为"有限理性"是人认识问题的标准。

西蒙的决策理论是以社会系统理论为基础的，以后又吸收了行为科学、系统理论、运筹学和计算机科学等学科的内容，既重视了先进的理论方法和手段的应用，又重视了人的积极作用。

3. 系统管理学派

系统理论学派是运用系统科学的理论、范畴及一般原理，分析组织管理活动的理论。是在系统论和控制论的基础上建立起来的。其代表人物是美国管理学家卡斯特、罗森茨韦克等。系统管理学派对当代系统管理经济中的自动化、控制论、管理情报系统理论的发展有着重要影响。其理论要点如下。

① 组织是由相互联系的若干要素所组成的人造系统。

② 组织是一个为环境所影响，反过来影响环境的开放系统，它在与环境的相互影响中取得动态平衡。组织同时要从外界接受能源、信息、物质等各种投入，经过转换，再向外界输出产品。

③ 运用系统观点来考察管理的基本职能，可以提高组织的整体效率。

该理论在20世纪60年代最为盛行，目前由于它在解决管理的具体问题时略显不足，流行度稍有减弱，但仍不失为一种重要的管理理论。

4. 经验管理学派

经验主义学派又称案例学派，其代表人物是美国管理学家彼得·德鲁克和欧内斯特·戴尔。这一学派强调管理的艺术性。他们认为，古典管理理论和行为科学都不能完全适应企业发展的实际需要，有关企业管理的科学只有从企业的实际出发，以大企业的管理经验为研究对象，通过分析总结管理的经验教训，不断实践才能掌握管理。他们主张通过案例研究经验，不必企图去确定一些原则，只要通过案例研究分析一些经理人员的成功经验和他们解决特殊问题的方法，便可以在相仿的情况下进行有效的管理。

其主要观点如下。

① 关于管理的性质，他们认为管理是管理人员的技巧，是一个特殊的、独立的活动和知识领域。

② 关于管理的任务，他们认为经理人员要使企业的各种资源，特别是人力资源得到充分发挥。经理在作出每一项决策和采取每一次行动时，要把当前利益和长远利益协调起来。

③ 提倡实行目标管理。

5. 权变理论学派

权变理论是 20 世纪 70 年代在经验主义学说基础上进一步发展起来的管理理论。权变理论认为，在组织管理中要根据组织所处的环境和内部条件的发展变化随机应变，没有什么一成不变、普遍适用的"最好的"管理理论和方法。权变理论就是依据环境自变量和管理思想及管理技术的因变量之间的函数关系来确定一种最有效的管理方式，它要求具体问题具体分析。

权变理论的基本观点主要有以下几个方面。

① 权变理论的思想结构就是认为管理同环境之间存在着一定的函数关系，但不一定是因果关系。所谓函数关系，就是作为因变量的管理思想、管理方法和技术随环境自变量的变化而变化。

② 权变理论以权变思想为基础，把组织看成是一个既受外界环境影响，又对外界环境施加影响的"开放式系统"。

③ 在人事管理方面，权变理论认为在不同的情况下要采取不同的管理方式，不能千篇一律。

④ 权变理论学派认为并不存在一种普遍适用的"最好的"或"不好的"领导方式，组织的任务、个人或小组的行为特点要依领导者和职工的关系而定。

6. 管理科学学派

管理科学学派又叫数量学派，是泰勒"科学管理"理论的继续和发展。其代表人物是伯法。管理科学学派认为，管理就是制定和运用数学模型与程序的系统，就是用数学符号和公式来表示计划、组织、控制、决策等合乎逻辑的程序，求出最优的解答，以达到企业的最终目标。

管理科学学派强调数量分析，主张用先进的技术成果和科学研究成果对管理学进行研究，其意义也是十分明显的。但管理活动纷繁复杂，并非所有的管理问题都能定量化，能用模型来分析，所以，在管理活动中应用一分为二的态度对待数学模型。

此外，还有社会—技术系统学派、经理角色学派、人际关系学派、群体行为学派、企业文化学派等，这些学派都对现代管理理论的发展做出了一定的贡献。

补充阅读材料 2-1

松下公司的管理诀窍

日本松下公司的创始人松下幸之助有 21 条管理诀窍。

1. 让每个职工都了解自己的地位的重要性和必要性。
2. 一有成绩,立即奖赏。
3. 如有不测,应事先或尽快通知有关人员以示尊重。
4. 让职工参加和他们自身有关问题的规划和决策。
5. 要信任他们,以赢得职工们的信赖和忠诚。
6. 多亲自和职工们接触交谈,了解其能力、习惯、兴趣、爱好等,能正确地认识职工,也是一种资本。
7. 要耐心地倾听职工的建议,尤其是合理化建议。
8. 对举止怪异的职工要查清其原因,不可轻率处理。
9. 应妥善地讲清管理人员的意图。
10. 交代一件任务时,要讲清为什么要这样干。
11. 自己有了错误要及时承认,向有关部门表示歉意,不要推卸自己的责任。
12. 及时告诉职工每项工作的重要意义。
13. 鼓励职工提出批评意见,并力求找到改进方法。
14. 在责备某人时,要先讲他的优点,对其缺点、错误有帮助的诚意,不只是惩罚。
15. 自己要以身作则,做出好榜样。
16. 自己要言行一致,不要失信于职工。
17. 把握一切机会表明以有这样的职工而骄傲。
18. 有人发牢骚时,应耐心找出其不满原因的合理性,而加以改善。
19. 尽可能安抚不满情绪,不使之蔓延。
20. 每个职工自己都定出目标规划并及时衡量进步。
21. 尽量支持职工使之责、权、利一致。

他的 21 条诀窍,条条围绕一个"人"字,处处体现"以人为中心"的精神,这种思想产生了巨大的影响,已成为现代管理的大趋势,得到越来越多企业家的认同。

(资料来源:许芳. 组织行为学原理与实务. 第 2 版. 北京:清华大学出版社,2014.)

第二节 心理学基础理论

心理学是管理心理学的又一基础学科,是专门研究人的心理现象及其规律的科学。研究和应用管理心理学,做人的工作,预测人的行为的规律性,首先必须了解和掌握人的心理过程、心理特征及其规律性。

一、心理的含义及实质

（一）心理的含义

心理是心理现象的简称，是人们最常见、最熟悉、最普遍的精神现象，它指导、调节着人类的各种活动，在人的实际活动中表现出来。人的心理活动是丰富多彩的，同时也是错综复杂、变化多端的。对于管理者来说，如果不了解员工的心理需求，就难以调动员工的积极性，甚至会引发员工的不满和对抗。因此从事管理活动，必须研究人的心理现象。

（二）心理的实质

人的心理是世间最复杂的现象之一，也是几千年来唯物主义和唯心主义竞争的焦点之一。唯心主义认为，心理是人脑之外的不依赖人脑而独立存在的难以捉摸的抽象之物；辩证唯物主义则认为，心理是人脑的功能，是人脑对客观现实的反映。我们可从以下几方面理解。

1. 心理是人脑的机能，人脑是产生心理的器官

现代科学研究表明，人的大脑是产生心理活动的器官。随着动物的演化，神经系统趋于复杂，特别是到了人类，神经系统的活动变得异常复杂。所以说，心理不是物质之外的独立实体，它是人脑的一种机能。

2. 心理是客观现实的反映

没有外在的客观现实，心理就成了无源之水，也就没有了心理活动。因此，客观现实是心理产生的源泉，大脑只是提供了人们产生心理的物质基础和可能性。没有客观事物作用于人脑，心理活动不可能产生。

3. 实践活动是心理发生、发展的必要条件

心理的发生与发展，离不开人们的实践活动。人的心理是在活动的基础上产生和发展的，人们总是在实践活动中认识世界和改造世界的。一定具体的人在过去实践中已形成的知识、经验、世界观和个性心理特征总会影响他对客观现实的反映。社会生活实践对人的心理起制约作用，实践活动的性质、深度和广度直接制约着认识的性质、深度和广度，因此，实践是心理现象发生和发展的基础和必要条件。

4. 人的心理是人脑对客观现实主观能动的反映

人们对于客观事物的反映不是消极被动的，而是在实践中积极能动地把外界事物变成观念的东西，把客观的东西反映到主观上来，然后，人又通过实践活动使主观见之客观，变主观的东西为客观的东西。同时，人的心理活动又受到实践活动的检验。人们在反映现实的活动中总是依照实践的标准，不断地调整自己的行为，使所反映的东西能符合客观现实的规律。

二、心理现象及内容

心理学是研究人的心理现象的产生、发展和变化规律的科学。人的心理现象是极其复杂的，同时也是绚丽多彩的。根据心理学研究，心理现象一般分为心理过程和个性心理两大类。

（一）心理过程

心理过程是心理学研究的一个重要方面。心理过程是心理现象的不同形式对现实的动态反映。心理学家把人的心理过程划分为三个方面,即认识过程、情感过程和意志过程,简称知、情、意。

1. 认识过程

认识过程是心理活动的起点,包括感觉、知觉、记忆、想象和思维等心理活动。感觉是当前客观事物的外在、个别属性在人脑中的反映。如我们用眼睛看、用耳朵听等就是感觉。知觉是在感觉信息的基础上,对客观事物的整体反映;记忆是人对经历过的事物的反映。想象是人脑对记忆形象的加工和创造;思维是人对客观事物的内在本质规律的间接和概括反映。可见,认识过程是从感觉、知觉到记忆,再到想象和思维,是人脑对客观事物由表及里、由浅入深、由现象到本质的过程,表现为一个不断深化、不断发展、不断完善的历程。

2. 情感过程

人们在认识事物后,决不会无动于衷,而总是要对所认识的事物表现出不同的态度,给予不同的评价并伴随着不同的感受和体验,如满意或厌恶、喜爱或憎恨、高兴或烦恼等。这种对客观事物的态度体验,我们称为情感过程。情感过程又可细分为情绪和情感两个方面。情绪是与有机体生理需要是否得到满足相联系的态度体验;情感是指与人的社会性需要相联系的态度体验。

3. 意志过程

人不止于对事物的认识和产生情感,还根据对事物的认识和在情感的激励下,进行有意识地变革客观世界的活动。这种想办法、订计划、采取措施、克服困难,力求实现预定目的的心理活动过程,称之为意志过程。

认识、情感和意志是既有区别又有紧密联系的心理活动过程的三个方面。认识是情感和意志的前提,人对事物的态度取决于对该事物的认识,人的意志行动是在认识的基础上、在情感的推动下产生的。意志对认识和情感又起着控制和调节作用,意志坚强的人能够控制自己的情感,能够调节和提高自己的认识。

总之,人的认识过程、情感过程和意志过程是密切联系、相互影响的。意志行动以一定的认识和情感为依据,认识为意志确定目的,调节行为,情感则激励其行为;反过来,意志又推动认识,并控制情感。在管理行为中,这三种心理过程总是彼此渗透,构成统一的心理活动。

(二) 个性心理

个性心理是一个人在社会实践中经常表现出来的比较稳定又带有一定倾向性的心理特征的总和,包括兴趣爱好、能力、气质、性格等。它是一个人在生理素质的基础上,在一定社会历史条件下,通过社会实践活动形成和发展起来的。

个性心理结构是一个多层次、多水平、多动力、多侧面的有机统一整体,它主要包括个性倾向性、个性心理特征。

1. 个性倾向性

在复杂的现实生活中,由于个人的种种因素和条件的不同,人们总会有这样或那样的个别差异,这些差异在心理学上被看作是人们表现出来的不同的个性倾向性。个性倾向性决定人对现实的态度和行为的方向,是人从事活动的基本动力,包括需要、动机、兴趣、信念、理想和世界观等方面。

需要是个性倾向性的基础。人的一切活动,无论是简单的,还是复杂的,都是在某种内部动力的推动下进行的。这种推动人进行活动,并使活动朝着一定的目标进行的内部推动力,称为动机。动机的基础是人的各种需要,如愿望、态度、信念、理想、目标等。一个人的愿望、态度、信念、理想等,都是由一个人的价值观、人生观所支配的。价值观是一种渗透于人的所有行动和个性中,并支配着个体评价和衡量好与坏、对与错、美与丑的心理倾向性。价值观的基础也是人的各种需要。

个性倾向性的各成分是相互联系和相互影响的。需要是个性倾向性的基础,价值观则处于个性倾向性的最高层次,它制约、调节着人的需要、动机等个性倾向性的诸成分。

2. 个性心理特征

与个性倾向性相关联,人们的认识、情感、意志和行为通常也反映着个人的许多不同的心理特点。个性心理特征,是人的多种心理特征的一种独特组合。它集中反映了一个人精神面貌稳定的类型差异。个性心理特征包括能力、气质、性格。

能力标志着人完成某项活动的潜在可能性上的特征。比如,对同一事物的认识过程,有的人感知敏锐,而另一些人则相反;有的人善于形象思维,有的人则善于抽象思维等,在认识及活动效率方面表现的不同,就构成人们在能力和智力方面的差异。

气质标志着人的心理活动的稳定的动力特征。比如,有的人性情暴烈,有的人则性情温和;有的人外向,有的人则内向等,这些表现就构成了人们在气质方面的差异。

性格显示着人对现实的稳定的态度和习惯化的行为方式上的特征。比如,有的人活泼,有的人多愁善感;有的人安静,有的人善于交际等,这种表现在人们经常的态度和行为方式上的不同,就构成了人们在性格方面的差异。

在人的个性结构中,个性倾向性和个性心理特征都是由自我调节和控制的,从而使个性倾向性和个性心理特征形成了一个完整、统一的个性系统。

总之,心理过程和个性心理总是密切联系在一起的。心理过程是通过每个具体的人发生的,个性心理通过心理过程而形成,并在心理过程中表现出来,已形成了的个性差异又制约着心理过程的进行。因此,心理学研究的两个内容——心理过程和个性心理是不能分割的。我们在对每一种心理现象进行研究时,必须考虑人的心理活动的整体性。

综上所述,人的心理现象的内容结构见图2-1。

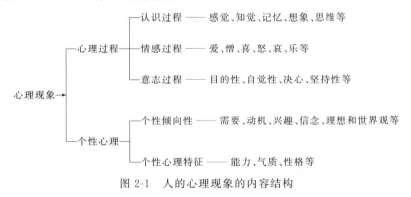

图2-1 人的心理现象的内容结构

第三节 人性假设理论

什么是"人性"?简单讲就是指人的本性。研究人类自身心理现象和行为规律的心理学,包括管理心理学,当然也离不开对人性问题的研究,管理心理学基本理论的出发点是人性假设。

所谓"人性假设"是指管理者对被管理者劳动态度和工作目的的基本估计,是对劳动者为什么要工作,以及用什么方法去激励他们的基本看法。它是管理人员世界观的一个组成部分。

一、人性假设的 X 理论和 Y 理论

美国管理心理学家道格拉斯·麦格雷戈认为,在每一个管理决策或每一项管理措施的背后,都必有某些关于人性本质及人性行为的假设。麦格雷戈通过研究认为,在理论研究和管理实践中,存在两种不同的人性观。麦格雷戈将这两种人性观称之为 X 理论和 Y 理论。

(一)人性假设的 X 理论

1. 基本观点

X 理论是指领导和控制的传统观点。麦格雷戈称之为"X 理论"的人性假定如下。
① 一般人天生趋于懒惰,不愿多做工作,只要可能,便会规避工作。
② 人类缺乏雄心,希望依赖他人,而不喜欢担负责任。
③ 人类大都宁愿受人监督,性喜规避责任,志向不大,但求生活的安全。
④ 管理者必须管理其下属,并需要利用说明、奖赏、处罚与控制手段。

2. 管理思想与措施

根据 X 理论,必将出现下述的管理思想与措施。
① 任何一个组织绩效低下都是由于人的本性所致。
② 人必须在强迫与控制之下才肯工作,因而在管理上要求集权化管理。
③ 由 X 理论推出的一项组织的基本原则称为"阶梯原则",即透过权威的运作以执行督导与控制。
④ 从 X 理论出发,强调"组织要求"重于"个人需要"。

(二)人性假设的 Y 理论

与 X 理论相对的一种人性假设,该理论强调个人目标与组织目标融合的观点。麦格雷戈称之为"Y 理论"的人性假定如下。

1. 基本观点

① 一般人并非天生厌恶工作,工作究竟是否是一种满足的来源,视人为情况而定。人在工作中消耗体力与智力,乃是极其自然的事,如同游戏和休息一样的自然。
② 促使人朝向组织的目标而努力,外力的控制及惩罚并非唯一的方法。人为了达成自己已承诺的目标,能够"自我督导"和"自我控制"。
③ 人对于目标的承诺,就是由于达成目标后产生的一种报酬。所谓报酬,项目甚多,其中对人最有意义的报酬是自我需要及自我实现需要的满足。这种报酬是使人朝向目标而努力的动力。
④ 只要情况适当,一般人不仅能学会承担责任,而且能学会争取责任。常见的规避责任、缺乏志向,以及徒知重视保障等现象,是后天习得的结果,而非先天的本性。
⑤ 大多数人均拥有以高度的想象力、智力和创造力来解决组织中各种问题的能力,而非少数人所独具的能力。
⑥ 在现代产业生活的情况中,常人的智慧和潜能仅有一部分得到了利用。

可见,这些假定都是动态的,而非静态的。这些假定指出了人都具有成长和发展的潜在可能,组织管理的方式将直接影响这种潜能能否被发掘。

2. 管理思想与措施

麦格雷戈认为,Y 理论的各项人性假设,是对传统的根深蒂固的管理思想与习惯的挑

战。根据 Y 理论，必然会导致下述管理思想与措施。

① 任何一个组织绩效低下的原因都应归之于管理。

② 人是依靠自己的主动性、天资禀赋与自我督导去工作的，因而在管理上要求由集权化管理回到参与管理。

③ 由 Y 理论推导出一项组织管理的基本原则是"融合原则"，即创设一种环境，以使组织中的成员在该环境下，既能达到各成员本身的个人目标，又要努力促成组织的成功。

④ 由 Y 理论出发，强调组织管理必须同时兼顾组织需要与个人的需要。

总之，根据 Y 理论，组织要能够创造出一种环境，使组织中的每一个成员都深切地了解到，唯有努力促成组织的成功，才是他们达成个人目标的最佳方法。

麦格雷戈认为，X 理论和 Y 理论在管理实践中导致两种不同的管理取向。根据 X 理论，管理者在管理中强调的是各种控制技术、步骤与方法；而根据 Y 理论，管理人员在管理实践中，要建立一种环境，这种环境将鼓励职工对组织目标的承诺，同时也提供一种机会，使职工得以发挥自己最大的聪明才智，达到自我实现的目标。

二、超 Y 理论

超 Y 理论是由摩尔斯和洛斯奇提出来的。该理论的提出实际是受了权变理论的影响。

（一）基本观点

X 理论并非一无是处，Y 理论也不一定是普遍适用的，应该是针对不同的情况，将任务、组织、人员作最佳的配合，以激励工作人员取得有效的工作业绩。超 Y 理论认为，组织的适当模式应根据工作性质和工作人员的特殊需要而定。

例如，假定有两个工作单位，甲单位工作任务比较确定，比如是在高速自动流水线制造某种标准化的产品；乙单位的工作任务则具有较大的灵活性，比如是从事 IT 行业工作。那么对于这两个单位的管理方式，必须根据工作任务的性质以及从业人员的特点而定，只有这样才可能取得相同的高效率的工作结果。

表 2-1 表明，对不同性质的工作单位采取不同的组织形式，可以达到相同高效率的工作效果。

表 2-1 适应不同任务采取不同组织形式达到同等高效率

特点	甲单位	乙单位
工作关系和职责的模式	结构严谨,规定明确	结构松散,规定含糊
规章、程序、控制和衡量系统的模式	遍布各处、具体、一致、全面	极少、松懈、有伸缩性
赋予工作制度的时间范围	短期	长期
赋予工作制度的目标范围	制造	科研

从表 2-1 中可见，对于甲单位，建立更多的控制和更为正规化的组织是合乎需要的。即使这样的组织也不一定是强迫性的或惩罚性的。如果其中的人员，从他们的需要和工作上看，认为这种组织是有道理的，就会对他们具有激励作用。但对于从事科研工作的乙单位而言，人员的需要是实行更为广泛的自治，随着社会和技术的变化，更多的参与管理的方法更为适合。

（二）超 Y 理论对人性的假设

超 Y 理论对于人性的看法，概括起来主要有以下四点。

① 人们工作的动机和需要是各不相同的，但其主要的需要是获得胜任感。

② 取得胜任感的动机尽管人人都有，但不同的人可以采用不同的方式来实现，它取决于这种需要同一个人的其他需要，诸如权力、独立、结构、成就和交往等力量的相互作用。

③ 如果任务与组织形式相适应，胜任感的动机极可能得到实现。

④ 即使胜任感达到了目的，它仍然继续起激励作用。一旦达到一个目标后，就会树立一个新的、更高的目标。

由此可见，超Y理论的人性假设认为，X理论与Y理论对于人性的看法以及相应的管理方式都有其合理的一面，但片面强调其中一种理论的正确性是不科学的。超Y理论认为，现实生活中人性是复杂的。但从发展的眼光看，追求胜任感是最重要的，是工作的核心动机。作为管理人员，可能采取的最佳的组织管理方法，就是整顿组织使之适合任务性质与人员。如果取得了这种最佳适合，工作单位的有效工作表现和人员的较大胜任感的动力可由此而生。

三、经济人、社会人、自我实现人与复杂人假设

管理心理学家雪恩在其名著《组织心理学》一书中对人性的假设提出了另一种分类，认为管理活动中存在四种不同的人性假设，即经济人、社会人、自我实现人与复杂人假设。

（一）经济人假设

"经济人"又名为"唯利人"。这种假设起源于享乐主义哲学和亚当·斯密关于劳动交换的经济理论，从享乐主义的观点出发，认为人的行为动机源于经济诱因，工作是为了获得最大的经济报酬。以泰勒为代表的古典管理理论实际上就是经济人假设的具体体现。

1. 经济人假设的基本观点

① 职工基本上都是受经济性刺激物的激励的，不管是什么事，只要能向他们提供最大的经济收益，他们就会去干。

② 因为经济性刺激又是在组织的控制之下，所以职工的本质是一种被动的因素，要受组织的左右、驱使和控制。

③ 感情这东西，按其定义来说，是非理性的，因此必须加以防范，以免干扰了人们对自己利害的理性的权衡。

④ 组织能够而且必须按照能中和并控制住人们感情的方式来设计，也就是要控制住人们的那些无法预计的品质。

2. 经济人假设与管理策略

从根本上说，经济人假设把人划分成两大类：一类是那些不值得依赖的、受金钱驱使的、斤斤计较的群众；另一类人则是可以依赖的，是受更广泛因素激励的，并且在道德上是高尚的，这些人组织并管理多数群众。

根据经济人假设而制定的管理策略主要可以归纳为三个方面。

① 组织是用经济性奖酬来获取职工们的劳动与服从。"胡萝卜加大棒"式的管理方式，即以金钱来刺激工人的生产积极性，以严厉的惩罚来对付工人怠工行为。

② 主要采用任务管理的措施。主张管理的重点应摆在高效率的工作效益上，而对人们的感情和士气方面应负的责任是次要的。认为管理就是通过一套权利与控制系统，实现其计划、组织、人员指派、指导、控制职能，从而提高生产效率，完成任务指标。

③ 管理工作是少数人的事，与广大职工无关。工人只是服从命令，听从指挥，接受管理，努力工作，无须参与管理。

经济人假设以及由之而来的管理原则，是可以适用于许多不同类型的场合的，但也会造成消极影响：①要是工人们指望能从组织中获得的唯一东西就是薪酬，那么更多的奖酬之外的工作他们是不会去干的。②管理者认为人们只靠钱刺激才能动一动，由此而采取的管理策略其后果是多给钱多干、少给钱少干、不给钱不干的一切向钱看的消极后果。

（二）社会人假设

"社会人"也称"社交人"。这种假设的理论基础是梅奥等人在霍桑实验的基础上提出的人际关系理论。该理论强调员工良好的人际关系，认为员工绝非是简单地为追求最大经济利益而工作。

1. 社会人假设的基本观点

社会人假设认为，人们最重视的是工作中与周围人的友好关系，良好的人际关系是调动职工生产积极性的决定因素，物质刺激只具有次要作用。

社会人假设可以概括为以下几点。

① 社交需要是人类行为的基本激励因素，而人际关系是形成人们身份感的基本因素。

② 从工业革命中延续过来的机械化，其结果是使工作丧失了许多内在的意义，这些丧失的意义必须从工作中的社交关系里寻找回来。

③ 与管理部门所采用的奖酬和控制的反应比起来，职工们会更易于对同级同事们所组成的群体的社交因素做出反应。

④ 职工们对管理部门的反应能达到什么程度，当视主管者对下级的归属需要、被人接受的需要以及身份感的需要满足到什么程度而定。

2. 社会人假设与管理策略

根据社会人假设而制定的管理策略主要可以归纳为几点。

① 管理者不要把自己的注意力局限于完成任务上，而应更多地注意为完成任务而工作的那些人的需要。

② 管理者不仅要注意对下属的指导和监控，还应关心职工的心理健康，注意他们的归属感与地位感。

③ 管理者要重视班组的存在，在奖励方式上不仅考虑个人奖酬，更应注重集体奖酬。

④ 管理者的职能不仅是抓计划、组织与控制，更要充当下级职工与更上层领导者之间的联络人，将下情（下级的需要与感情）上达。

（三）自我实现人假设

"自我实现人"也叫"自动人"。自我实现人假设是由马斯洛、阿吉里斯、麦格雷戈等人所倡导的一种人性假设。它强调的是要求自主、挑战、个人成长以及充分发挥自己潜能与才智等的较高层次的需要。

1. 自我实现人假设的基本观点

自我实现人假设认为，人并无好逸恶劳的天性，人的潜力要充分发挥出来，人才能感受到最大的满足。

① 人具有寻求最大限度地利用自己的才能与资源的需要，即自我实现的需要。

② 厌恶工作并非是普通人的天性，相反个人总是追求在工作中变得成熟起来。

③ 人主要还是由自己来激励和控制，外部施加的刺激与控制很可能变成一种威胁，并把人降低到较不成熟的状态中去。

④ 自我实现和使组织的绩效更富成果并不一定矛盾。如果给予适当的机会，职工们是会自愿把他们的个人目标和组织目标结合为一体的。

2. 自我实现人假设与管理策略

根据自我实现人假设，应该采取如下的管理策略与措施。

（1）管理重点的改变　管理者要较多地考虑怎样才能使工作本身变得具有内在意义和更高的挑战性。管理者要为职工创造一种适宜的工作环境，充分发挥个人的特长和创造力，发掘人的潜力和才能，使职工在工作中找到意义，从而使他们产生自豪感与自尊感。

（2）管理职能的改变　管理者的主要职能应该是生产环境与条件的设计者与调节者，管理者要为发挥人的聪明才智创造适宜的条件，减少和消除职工自我实现过程中所遇到的障碍。

（3）奖励方式的改变　奖励方式可以分为内在奖励和外在奖励两种。外在奖励即"经济人"和"社会人"假设强调的工资、提升、晋级、良好的人际关系等奖励模式。内在奖励即重视职工获得知识、施展才能，以及满足自尊、自重、自主、利他、创造等自我实现需要，以达到调动职工积极性的目的。只有内在奖励才能满足人的自尊与自我实现的需要，从而极大地调动职工的积极性。

（4）管理方式的改变　管理制度与方式应能保证职工充分展示自己的才能，达到自己所希望的成就。随着竞争的加剧，企业使全部职工全心全意地参与进来，对于尽可能最大限度地提高其长期生产率与创造性来说，是十分必要的。

案例 2-2

自主管理的管理制度与方式的改革实验

美国耶鲁大学的心理学家阿吉里斯（C. Argyris）在工厂进行了自主管理的管理制度与方式的改革实验。实验是在一个工厂的班组中进行的，该班组从事收音机装配工作。原先，组内 12 名女工按照工程师的设计，有明确的分工，如领班、包装、检验。小组实行自主管理后，让这些女工按照她们的想法组织生产，并规定，产量下降不扣工资、产量提高则增加工资。自主管理实行后的第一个月，产量下降 70%。但六个星期后的产量就超过了实验前的产量，而且成本下降、质量提高，用户对质量的批评信件减少了 96%。这说明，自主管理实行有一个调整过程，总的结果是能极大地调动人的积极性，这样做既能满足工人的自我实现的愿望，又能提高生产效率。

（四）复杂人假设

复杂人假设是管理心理学家雪恩在对经济人、社会人、自我实现人三种人性观进行回顾和总结的基础上，提出的一种新的人性假设。该假设的提出受权变理论的影响，同由摩尔斯和洛斯奇提出来的超 Y 理论有很大的相似性。

1. 复杂人假设的基本观点

复杂人假设是指人是很复杂的，人们的需要与潜在欲望是多种多样的，而且这些需要的模式随着年龄与发展阶段的变迁，随着所扮演角色的变化，随着所处境遇及人际关系的演变而不断变化着。因此，人性是复杂的、可变的，必须以一种权变的、动态的观点来看待人性。

① 人类的需要是分成许多类的，并且会随着个体的发展和环境的变化而变化。人的需要的等级层次会因人、情景、时间而不同。

② 由于需要与动机彼此作用，并组合成复杂的动机模式，所以满足需要、达成激励目的的方式是复杂多变的。另外，在不同发展阶段又可以用不同的方式来满足社交动机或自我

实现需要。

③ 人们可以在生活和工作情境中习得新的动机,这也就意味着一个人在某一特定的职业生涯中总的动机模式和目标是他的需要与经历之间交互作用的结果。

④ 每个人在不同组织中或是同一组织的不同部门中,可能会表现出不同的需要。

⑤ 人们可以在许多不同类型的动机基础上,成为组织中重要的一员,全心全意地参与到组织中去。对个人来说,激励的性质是能否使职工获得根本满足,进而影响绩效的决定因素之一。

⑥ 职工是否能够对多种互不相同的管理策略做出反应,这要取决于他们自己的动机和能力,也取决于工作任务的性质。

2. 复杂人假设与管理策略

根据复杂人假设而制定的管理策略主要可以归纳为以下几个方面。

① 管理者要有权变论的观点,正确的组织、管理或领导方式是要随大量的实际情境而定的。

② 管理者的管理策略不能过于简单化、一般化。例如,在企业任务不明、工作混乱时,需采取较严格的管理措施;而在工作秩序走上正轨、任务明确、分工合理时,则可以更多地采取授权形式,充分发挥下级的能动性。

③ 由于人的需要和动机是各不相同的,那么管理者就要根据员工的具体情况,采取灵活多变的管理措施,要因人而异、因事而异,不能千篇一律。

从上面的演变过程我们可以看到西方管理心理学发展的整个过程。西方学者关于人性的种种假设和对于人性的研究对管理工作是具有重要意义的。但是我们也要看到其所偏重的都是人的自然本质,而离开了人的社会本质。

21世纪的今天强调"以人为本",21世纪的人应是能系统思考的、不断自我超越的、不断改善心智模式的、积极参与学习的、能在共同愿景下努力发展的"学习型的人"。

补充阅读材料 2-2

我国古代的人性思想

人性问题是管理理论的哲学基础。我国古代的思想家对"人性"问题有不同的论述。

春秋时期,孔子在《论语·阳货》中提出"性相近也,习相远也"。他对人性善恶问题还说得不具体。

战国时期,孟子主张"人之初,性本善",他认为人人有善的萌芽,统治者能保持发展它,庶民则不能。孟子的"性善说"是他"仁政说"的理论基础,这类似现代西方的Y理论观点。荀子主张"人之初,性本恶",他在《荀子·性恶》篇中指出:"人之性恶,其善者伪也。"又说:"今人之性,饥而欲饱,寒而欲暖,劳而欲休,此人之性情也。"这种理论与现代管理的X理论认为工人天生懒惰、缺乏雄心、不愿负责任的观点是相似的。韩非在《八经》篇提出:"凡治天下,必因人情。人情者,有好恶,故赏罚可用。"这是自然人性论。

汉代扬雄认为人性中有善的一面,也有恶的一面,这又有点近似于现代权变理论的观点。

本章小结

1. 管理是指在一定组织中的管理者，运用一定的职能和手段来协调他人的活动，使别人同自己一起高效率地实现既定目标的活动过程。
2. 管理理论大致分为古典管理、行为科学管理和现代管理三个阶段。
3. 心理是心理现象的简称，是人们最常见、最熟悉、最普遍的精神现象，它指导、调节着人类的各种活动，在人的实际活动中表现出来。
4. 心理的实质：心理是人脑的机能，人脑是产生心理的器官；心理是客观现实的反映；实践活动是心理发生、发展的必要条件；人的心理是人脑对客观现实主观能动的反映。
5. 心理现象一般分为心理过程和个性心理两大类。心理过程划分为认识过程、情感过程和意志过程。个性心理包括个性倾向性和个性心理特征。
6. 所谓"人性假设"是指管理者对被管理者劳动态度和工作目的的基本估计，是对劳动者为什么要工作，以及用什么方法去激励他们的基本看法。

关键概念

管理　认识过程　情感过程　意志过程　个性倾向性　个性心理特征　人性假设

复习与思考

1. 什么是管理？有哪些主要内容？
2. 简述人性假设基本理论的主要观点。
3. 谈谈你对人性假设的认识。
4. 管理理论包括哪几个阶段？主要代表人物有哪些？
5. 如何理解心理的实质？
6. 心理活动有哪些主要内容？

观念应用

案例分析

新上任的销售部王经理

上个月月底的一次公司办公会议上，公司李总经理宣布了一项人事任免决定：考虑到销售部陈兴经理月初出车祸受伤后销售部工作受到了一定的影响，为了加强销售部工作，任命王军为销售部经理，免去他现任的公司办公室副主任职务，以便于他全力抓销售部工作。

王经理上任后，一直在琢磨：怎样才能抓好销售部的工作呢？他认为销售部任务是否能完成全部都落在销售员身上，因此抓好销售员是个关键。王经理在他上任的第一次全体销售部员工大会上表示，他先要花一周时间作调查研究，在此期间一切仍按原来的程序工作。这一周内王经理做了三件事：一是查阅近5年的本公司销售统计资料，特别注意每个销售员每个月完成的销售量。他发现前几年销售员完成的量在30~40台/月，可这两年一直在25~30台/月之间。销售员的人数从原来的6个，增加到8个，现在是10个，但销售总量却没有大的增加。二是他走访了本市和邻近地区的同类厂家，了解它们的销售情况，特别是销售员的工作情况，了解下来大体上好的厂家销售员的销售量达30~35台/月，差的只有10~20台/月。三是制定一个销售员的奖金、浮动工资与完成销售量挂钩的方案。王经理发现，以往销售员的奖金与完成的销售量有些挂钩，但拉开的差距不大，浮动工资基本是平均分摊。王经理准备在这方面要有所突破。

在第二次全体员工会议后，王经理把10位销售员留下来继续开会，在会上他推出了一个奖金、浮动工资与完成销售量挂钩的试行方案。方案的要点有三：①每位销售员每月应完成的销售量定为38台。②完成这一指标得全奖，如完不成，则每完不成一台扣20%奖金，达不到34台，扣除全额奖金（值得一提的是，全额的奖金金额约为工资的2/3）。③连续3个月完成指标，第4个月向上浮动一级工资，连续一年完成指标再向上浮动一级工资，如享受浮动工资后，没完成指标，第2个月起取消浮动工资，如连续半年完不成指标，则下浮一级工资，连续一年完不成，再下浮半级工资。在对试行方案作解释时，王经理说，方案是在调查研究的基础上制定出来的，试行方案首先需要大家转变观念，要体现按劳分配原则。同时他告诉销售员，他实施奖金向销售员倾斜的原则，销售员的奖金额为一般人员的200%，但要拿到，则必须完成指标。同时他补充，完成销售量是以资金回笼到位为准。可想而知这方案一宣布，马上引起销售员的一片哗然。但王经理坚持实施这一方案，他口头上解释说：这是试行方案，可在实施中修改，但一定要试。心里却在想：就得要采取强硬措施，好好管一管，要不大家怎么肯拼命干。

问题：
1. 王经理对人的看法属于哪种"人性假设"？
2. 王经理的方案是否能激励员工？为什么？你认为该如何改进？

实训题

就你所在学校的校园生活管理人性化问题进行讨论，并提出合理化建议。

心理小测验

你是否具备管理才能

指导语：假如你真正了解了与管理工作有关的事项，是否仍想从事管理工作？请自测下列问题并作出回答。

测验一：变化
假如你已知道你的生活将发生如下变化，是否仍能愉快地从事管理工作？
1. 你将更多地涉及管理，而逐渐远离技术性工作。

2. 搞管理不能半途而废。即使你想再去搞你原来擅长的技术也很难，因为技术的发展太快了。

3. 你将从一个自己干什么都较有把握的领域，转向一个各方面都无把握的领域。

4. 你必须扩大知识面和接触范围，不能将兴趣集中于一个专业。

5. 你必须放弃在专业上所取得的成绩，为自己能支配更多的人及能够帮助其他专业人员取得成功而感到满足。

测验二：兴趣

1. 如果让你选择不同于现在的一份职业，你喜欢：
   A. 医生　　　　　　　B. 勘探员
2. 你喜欢阅读哪一学科的书？
   A. 地理学　　　　　　B. 心理学
3. 你喜欢怎样度过一个周末的夜晚？
   A. 看新家具　　　　　B. 和朋友打保龄球
4. 如果某人耽误你的时间，怎么办？
   A. 心平气和　　　　　B. 往往会发火
5. 你喜欢做哪件事？
   A. 会见陌生人　　　　B. 看规模很大的展览
6. 你喜欢别人称赞你：
   A. 善于合作　　　　　B. 足智多谋
7. 每样东西都放置得秩序井然，这对你：
   A. 很重要　　　　　　B. 无关紧要
8. 如果你强烈反对某个人，怎么办？
   A. 力求统一，减少争论　B. 把分歧争论弄个水落石出
9. 你是否能容易地放下正在阅读的一部很吸引你的爱情小说？
   A. 能　　　　　　　　B. 不能
10. 在一出戏中，你喜欢演哪个角色？
    A. 富兰克林　　B. 拿破仑
    C. 查理斯·凯特玲（工程师，电机的发明人）。

测验三：适应

1. 你做出从事管理工作的决定，是否与你的能力、兴趣、品质、个性和目标相一致？是否比你从事技术工作更能充分施展你的才能，更能在成就感上满足你？

2. 你是否具有从事管理工作的较强的能力和必要的条件？是否准备将来投入管理工作中去？

3. 你肯定管理工作能使自己得到事业上的更大满足吗？

4. 你是否对本企业的情况有一个全面的了解？你熟悉不同部门的不同要求和不同管理方法吗？你是否很容易从这一部门转到另一部门工作？

5. 你已确立了今后5到10年的奋斗目标吗？你现在的工作更能达到你的目的吗？管理阶层中，你已意识到存在更残酷的竞争吗？你肯定自己能信心十足地参与这些竞争吗？

6. 你是否更注重人而不是工作？你更喜欢和别人合作吗？你能很容易地找到合作者吗？你愿意帮助别人吗？你确切了解人们为什么在社会中如此表现吗？

7. 你的同事和朋友认为你友善随和吗？假如你意识到帮助别人时要牺牲个人利益，你是否仍会这样做？朋友在大事上请教你吗？你乐意接受别人的帮助吗？

8. 你能在变化莫测的情况下灵活处理，在一时混乱的情况下镇定自如吗？当所有的情况都不顺心时，你仍能保持乐观吗？当对自己的决定尚无把握时，你觉得烦躁不安吗？

9. 你在工作中注重人的主观因素吗？你重视利用他人吗？

10. 你是否觉得同事会信任你？你能很容易地消除隔阂吗？

11. 你是否注意自己的行为举止？你是否有时发觉自己的言论像是来自别人的观点？你曾努力从别人的立场出发来寻求看待事物的方法吗？

12. 你觉得自己善于接触各种各样的人，并在用人时能人尽其才吗？

测验四：管理

你赞成还是反对下列说法？

1. 每个专业人员都有类似的个性和要求，应该同等对待，用一种方式领导他们。
2. 对专业人员来讲，最重要的报酬是得到更高的薪水。
3. 一个出色的管理人员，初次见到一位专业人员便能对他做出较准确的评价。
4. 萎靡、消极、牢骚满腹是因为缺少竞争对手或缺少个人爱好，而不是天生懒惰。
5. 管理人员不应顾及专业人员的情感。
6. 不要对专业人员的每项成果都加以赞扬。那样的话，他们将很难领导。
7. 使专业人员提高工作效率的最有效方法是常常告诫他们随时都有失去工作的危险。
8. 一组专业人员总比一个专业人员能更完善地解决问题。
9. 一个称职的管理人员必须像每个专业人员一样熟悉其专业。
10. 具体细致地了解本企业中每个人的个性，对防止士气低落大有益处。
11. 如果一个管理人员对某专业人员提出的问题答不上来，他应该说："我不知道，找到答案后我再通知你。"然后继续做自己的事。
12. 在做出与专业人员有关的决定前，管理人员应该让他们参与讨论。
13. 专业人员对要求他们提建议的管理人员并不太尊重。
14. 知己知彼是至关重要的。
15. 一个出色的管理人员应该当好参谋而不是一味监督。
16. 即使持反对意见，管理人员也应该坚持执行其上级的决定。
17. 管理人员不能授权给管理下的专业人员。
18. 重要的是分清每个专业人员的工作成绩，而不是赞赏专业人员所在的集体。
19. 一般来说，对专业人员要求分别对待。
20. 管理的最重要的作用之一是提供信息及减少失误。

计分与解释

测验一：主要是测查你如果从技术领域往管理领域转变时，你是否能适应。如果你的生活在发生上述的四到五种变化时仍能适应，那么你适合于管理工作。

测验二：主要是测查你是否具有当领导的兴趣。适合于搞管理工作的人，通常回答如下：1. A, 2. B, 3. B, 4. A, 5. A, 6. A, 7. B, 8. A, 9. A, 10. A。如果你的选择很接近上述答案，说明你喜欢与人打交道，喜欢有创造性的工作，不愿一成不变，愿意表现而且善于表现自己，喜欢说服他人。

测验三:主要测查处理难题的能力。上述 12 个问题中,你有 6 个以上回答是"是",那就有可能领导一个棘手的团体。

测验四:主要测查你的管理能力。如果你的管理能力较强,往往会赞成以下几个说法:4、10、11、12、14、15、18、19、20。

(资料来源:朱吉玉. 管理心理学. 大连:东北财经大学出版社,2011.)

CHAPTER 3

第三章
社会知觉与管理

学习目标

1. 熟悉知觉的分类及其基本特征
2. 掌握社会知觉的概念与目的
3. 了解社会知觉的影响因素及分类
4. 掌握社会知觉中的常见偏见
5. 了解归因的概念和常见归因理论
6. 学会运用归因理论对员工的行为做出合理解释

导入案例

他在"行凶"吗？

这是一个真实的故事。我在一家超级市场看到拐角处突然跑出一个七八岁的小女孩，她边回头边叫喊："住手！住手！你要把他弄死了，你要把我父亲弄死了。"我放下自己的东西，向小女孩的方向跑去。转过墙角，我看到一幅吓人的景象，地板上躺着一个男子，被另一个人压在身上。上面的人个头高大，估计有1.8米、100公斤重，他掐着受害者的喉咙，将头向地上撞，地板上到处是血。我赶忙跑去找商店经理，当我和经理回到行凶现场时，警察也到了，好长时间才弄清真相。事情是这样的，地板上的男子患有糖尿病，服用胰岛素后产生了反应，因此昏了过去，摔倒时碰破了头。实际伤口很小，但是造成"满地是血"，上面那个"家伙"看到病人跌倒，怕他昏迷中进一步受伤，正在设法帮助他，给他松领口。我差点就将他当成了"行凶者"。

问题：这个案例给我们的启示是什么？

第一节 知觉概述

一、知觉的概念

知觉是个体对作用于感觉器官的客观事物整体属性的反映，是对客观事物的意义组织和解释的过程。通俗地讲，知觉过程就是我们对事物的认识过程。

大量研究表明，不同的个体对于同一事物的认识往往不同。事实上，任何人看到的都不能说是事实，我们只是在解释我们看到的事物，并将其称为事实。

二、知觉的基本特征

人对于客观事物能够迅速获得清晰的感知，这与知觉所具有的基本特性是分不开的。知觉具有选择性、整体性、理解性和恒常性等特性。

（一）知觉的选择性

知觉的选择性在于把一些对象（或对象的一些特性、标志、性质）优先地区分出来，从而对它们做出清晰的反映，知觉的这种特性称为知觉的选择性。客观事物是多种多样的，人在知觉客观世界时，总是有选择地把少数事物当成知觉的对象，而把其他当成知觉的背景，以便清晰地感知一定的事物与对象。知觉的选择性揭示了人对客观事物反映的主动性。例如，在课堂上，学生把黑板上的文字当作知觉的对象，而周围环境中的其他东西便成了知觉的背景。

知觉的对象与背景是互相依存、互相转化的。当我们从注视黑板上的文字转移到挂图时，挂图便成了清晰的对象，而黑板上的文字则成了知觉的背景。知觉的对象与背景的互相转化在双关图形中表现得更为清楚，如图3-1和图3-2所示。

图3-1 知觉的选择性1

图3-2 知觉的选择性2

影响知觉选择性的因素有主观和客观两个方面。从客观而言主要有以下几点。一是对象与背景之间的差别。对象与背景之间的差别越大，对象从背景中区分出来就越容易；反之，则越困难。如批改作业,用红笔最明显。二是对象的活动性。夜空中的流星,闪烁的霓虹灯广告等活动,都易被人知觉。三是刺激物的新颖性。教师讲课的声音抑扬顿挫,更容易引起学生优先知觉。

从主观因素看:知觉有无目的和任务;已有知识经验的丰富程度;个人的兴趣、爱好、动机;定势与情绪状态等都影响知觉对象的选择。

(二) 知觉的整体性

知觉的对象具有不同的属性,由不同的部门组成,人在知觉的过程中,不是把对象感知为个别的孤立部分,而是倾向于把它感知为一个有组织的整体,知觉的这种特性称为知觉的整体性或知觉的组织性。

在知觉过程中,人们常根据自己的知识经验,把直接作用于感官的不完整刺激整合为完整而统一的整体,过去的知识、经验可为当前知觉活动提供补充信息。如图3-3易被知觉为两个重叠的三角形覆盖在三个黑色的圆形上。但实际上图形中居于中央的白色三角形没有完整的边缘,即没有轮廓,然而在知觉经验中,它们都是边缘最清楚、轮廓最明确的图形。这种没有直接刺激作用而产生的轮廓称为主观轮廓。主观轮廓是在一定的感知信息的基础上,进行知觉假设的结果。视野中存在某些不完整因素,是主观轮廓形成的必要条件。

图 3-3 知觉的整体性

知觉的整体性不仅体现了个体的主观能动性,还体现了个体对事物的认知能力。例如,我们在读小说时,虽然我们不能记住小说的每一句话,但是却能准确地描述小说中的人物个性和行为,这是因为我们对小说的内容是从整体上进行把握的。

(三) 知觉的理解性

个体在知觉事物时,总是以自己过去的经验予以解释,并用语词把事物标识出来,知觉的这一特性称为知觉的理解性。

知觉的理解性是以知识经验为基础,是人把对当前事物的直接感知,纳入到已有的知识经验系统中去,从而把该事物看成某种熟悉的类别或确定的对象的过程。如图3-4所示,人们根据已有的经验很容易把它知觉为一匹马。

个体在知觉事物时,常用语词把事物标识出来。语词对人的知觉具有指导作用,可以帮助并加快理解。例如图3-5,图上画的是什么?如果你看不出来,给提示说是画着一条狗,你可能就会看出它像一头生活在北极地带的狗。

由于知觉者的知识经验、实践经历、个人爱好和兴趣、价值观等因素的影响,人们对同一事物可以形成不同的解释,做出不同的判断。知觉的理解性对于我们从背景中区分出知觉对象和形成整体知觉都有很大的帮助,有利于扩大知觉的范围,加快知觉的速度。

图 3-4　知觉的理解性 1

图 3-5　知觉的理解性 2

（四）知觉的恒常性

当知觉条件在一定范围内发生变化时，知觉的映像（大小、形状、明度、颜色）仍然相对地保持不变，知觉的这种特性称为知觉的恒常性。知觉的恒常性主要表现为以下几种。

1. 大小恒常性

在一定范围内不论观看距离如何，我们仍倾向于把物体看成特定的大小，这就是大小恒常性。例如，同样的一个人站在离我们 3 米、5 米、15 米的不同距离处，他在我们视网膜上的成像因距离不同而改变着，但是我们看到这个人的大小却是不变的。

2. 形状恒常性

当我们从不同角度观察同一物体时，物体在视网膜上投射的形状是不断变化的。但是，我们知觉到的物体形状并没有显出很大的变化，这就是形状恒常性。图 3-6 是一扇从关闭到敞开的门，尽管这扇门在我们视网膜上的投射形状各不相同，但人们看去都是长方形。

图 3-6　形状恒常性

3. 明度（或视亮度）恒常性

在照明条件改变时，物体的相对明度或视亮度保持不变，叫明度（或视亮度）恒常性。决定明度（或视亮度）恒常性的重要因素是从物体反射出的光的强度和从背景反射出的光的强度的比例，只要这个比例保持不变，就可保证物体的明度（或视亮度）恒常性不变。例如，两张白纸，不管是在阳光下，还是在阴影中，它们都互为背景和对象，对光的反射比例始终保持不变，因而我们对明度（或视亮度）的知觉也就保持了恒常性。

4. 颜色恒常性

尽管物体照明的颜色改变了,我们仍把它感知为原先的颜色,这就是颜色恒常性。例如,不论在黄光照射下还是在蓝光照射下,我们总是把一面国旗知觉为红色的。

> **补充阅读材料 3-1**
>
> ### 知 觉 适 应
>
> 当视觉输入发生变化时,我们的视觉系统能够适应这种变化,使之恢复到正常的状态。在日常生活中,我们有过这样的经验,一个戴眼镜的人,在新换了一副眼镜之后,开始时会觉得不习惯,半天或一天后这种不舒服的感觉就消失了。
>
> 19世纪末,心理学家开始研究知觉适应现象。斯特拉顿(Stratton,1896)给自己戴上一副自行设计的眼镜,这副眼镜使物体在网膜上的投影反转和变位。也就是说,视野上方的物体投影在视网膜的上方,视野下方的物体投影在视网膜的下方等。戴镜后的头三天,由于网像颠倒,空间定向有很大困难,当他伸手取物时,手的方向往往和物体的实际方向相反;三天以后,他开始可以看到自己的手在写字;第四天,能在两手间进行正确的知觉选择;第五天,能在房内从容的散步;第七天,他开始能欣赏散步途中的景色。这说明,经过学习和适应,视觉和触觉、前庭觉之间建立了新的联系,空间定向能力得以恢复。到第八天,他摘下了反转镜,这时看到的每件东西都上下、左右颠倒了。几个小时后,空间定向才重新恢复正常。

三、知觉的分类

从不同的角度和标准出发,知觉也就有了不同的种类。

(一)根据知觉时起主导作用的器官的特性,可以把知觉分为视知觉、听知觉、触知觉、嗅知觉等

如对物体的大小、距离和运动的知觉属于视知觉。在这些知觉中,除了起主导作用的器官外,还有其他感觉成分参与,如在视觉空间定向中,常常有听觉或触觉的成分参与。

(二)根据知觉所反映事物的特性,可以把知觉分为物体知觉和社会知觉

任何事物都具有空间特性、时间特性及其运动变化。因此,物体知觉包括空间知觉、时间知觉和运动知觉;社会知觉包括对他人的知觉、人际知觉、角色知觉和自我知觉。社会知觉部分的内容将在第二节中详细介绍。

1. 空间知觉

空间知觉是反映空间物体特性的知觉。我们对物体的大小、形状、方位和深度等的判断都属空间知觉。对一般人而言,空间知觉主要为视空间知觉和听空间知觉。视空间知觉指的是深度知觉,也就是平时所说的立体知觉或远近知觉。视空间知觉靠视觉器官收集视觉信息。对于生活在三维空间的个体而言,关于空间的感受,除了视觉之外还能从听觉中获得,即听空间知觉。

2. 时间知觉

时间知觉是反映事物和现象的持续性、速度和顺序性等时间特征的知觉。它是在不使用任何计时工具的情况下人们对时间变化的感受和判断。人总是通过某种衡量时间的标准来反映时间的。这些标准可能是自然界的周期性现象，如太阳的升落、昼夜的交替、月亮的盈亏、季节的变化等，也可能是机体内的一些有节奏的生理活动，如心跳的节律、有节奏的呼吸等。人们常常有过高估计较短时间间隔和过低估计较长时间间隔的倾向。对时间的长短知觉依赖于人的活动内容。当学生积极努力地活动时，就会觉得"时间飞逝而过"。

3. 运动知觉

运动知觉是反映物体在空间位置的移动和移动快慢等运动特性的知觉。人们通过运动知觉可以分辨物体的运动、静止和运动速度的快慢。物体的运动总是在一定的时间和空间进行的，所以时间知觉和运动知觉有非常密切的联系。它依赖于对象运行的速度、对象距观测者的距离以及观测者本身的静止与运动状态。如对象距观测者的距离直接影响观测者的运动速度的知觉。对象距离越远，看起来速度慢；对象距离近，看起来速度快。近处的汽车好像从面前急驰而过，远处的汽车好像不动或只慢慢移动。

（三）根据知觉映像是否符合客观实际和反映现实的精确性程度可以把知觉分为精确知觉、模糊知觉、错觉和幻觉

我们的知觉所反映的事物或现象如果是符合客观实际的，这就是精确知觉。如果是不清晰、不准确的就是一种模糊知觉。

错误的、与客观实际不相符合的就是错觉。错觉是由相应的现实刺激作用于感觉器官时所产生的不正确的知觉。如法国国旗是由蓝、白、红三条色带组成的，这三条色带看上去显得非常自然、匀称，人们总以为这三条色带的宽窄是一样的。其实，它们的宽度并不相同，蓝、白、红之比为 37∶32∶30。据说，最初的法国国旗是按蓝、白、红三色同样宽窄的尺寸做成的。可是旗做好以后，看上去总觉得蓝色条带比白色条带窄，而红色条带则比白色条带宽，这就是一种错觉。为了克服这种错觉，只好把蓝色条带加宽，把红色条带缩窄了。

幻觉则不同于错觉，幻觉是没有相应的现实刺激作用于感觉器官时出现的知觉体验，是一种严重的知觉障碍和常见的精神症状。

案例 3-1

他们的答案为何如此不同？

在一次公司组织的培训班上，23名管理人员参加了一项有关内因如何影响认知的实验。这些管理人员中，有6名从事销售、5名从事制造、4名是会计、8名从事公司的其他职能事务。

研究人员给培训班的参试人员一项有关公司的组织和活动的万字案例。任务是审视该项案例，然后确定哪些是这家公司面临的首要问题。

结果显示，6名销售经理中有5名认为问题在销售。5名主管制造过程的经理中有4名认为问题在制造。4名会计主管中有3名（他们的工作与销售密切相关）认为问题在销售。

研究人员由此得出结论：尽管该案例要求从全公司角度而不仅仅从一个部门来审视问题，但大多数管理者仍从自己的背景来认知问题。这项研究是管理人员选择认知的典型例子。

第二节 社会知觉与管理

一、社会知觉的概念

社会知觉就是指个体对社会环境中的人和群体中的社会现象所产生的直觉判断和初步认识的过程。社会知觉是人的一种基本的心理过程,在管理中涉及的多属于社会知觉问题。

社会知觉是人的社会行为的基础,服从知觉的一般规律,具有整体性、选择性、理解性和恒常性的特征,但是它更强调各种社会条件和社会因素,包括态度、需要、愿望等。

社会知觉是协调人际关系,调动人的自觉性、主动性、积极性、创造性的重要心理成分。它是知觉主体的一种特殊的社会意识,影响着主体的心理活动,调节着主体的社会行为。管理水平的提高,组织效率的发挥,团体内部凝聚力的增强,都受社会知觉的影响。

二、社会知觉的分类

社会知觉实质上是对人的知觉,而我们在知觉人的过程中,可以从不同的角度和侧面进行,所以就有不同的社会知觉类型。对他人的知觉、人际知觉、角色知觉和自我知觉是四种主要的社会知觉类型。

(一)对他人的知觉

对他人的知觉指对他人的需要、动机、情感、观点、信念、性格等内部心理状态的知觉。这种知觉,主要是通过一个人的仪表、风度、表情、姿态、言谈、行为举止等外部特征,来认识这个人的需要、动机、情感、观点、信念、性格等心理特点与内在品质,即"听其言观其行而知其人"。这种知觉受条件制约。

对他人的知觉依赖于很多因素,但概括地说,包括两个方面。

1. 知觉对象的外部特征

包括面部表情、言语表情、身段表情和目光接触四个方面。研究认为,一般根据人的外部特征了解其内心活动的指标有四类。

(1) 面部表情 即通过人的面部肌肉活动变化来表达情绪状态及对现实的态度。知觉者根据他人的面部表情做出判断时受到多种因素的制约和影响,例如知觉者的文化知识程度、社会经验、知人技巧以及他人的暗示等。

(2) 目光接触 眼睛是心灵的窗户,透过一个人的眼睛可以洞察到他内心深处的东西。眼睛的接触是非语言文字交流的很重要的方式,同时它也是一种表情,通过它可以传递感情和信息。有很多成语就充分说明了这一点,如脉脉含情、暗送秋波、剑眉倒竖、杏眼圆睁、飘忽不定等。

(3) 身段表情 一个人的体态和动作变化可以表达其情绪状态和思想感情,知觉者可以根据他人的身体姿态和手势来了解、判断其性格和心理活动状态。我们观察一个人,如果他能做到站如松、坐如钟、睡如弓,我们就可初步判断他为人正派、干练、刚直不阿。相反,如果一个人弓背哈腰、贼眉鼠眼,我们搭眼一看,这就是个"小混混"。

(4) 言语表情 人们说话的语音、声调、节奏、速度的变化也能表达其情绪和思想状态。个体言语表情的流露，常为真情实感。言语表情是人们特有的，在对他人的知觉中，言语表情具有调节功能和信号作用。

2. 知觉者的认知结构

就是一个人在认识别人时，并不能像镜子一样客观公正地认识对方，总要受到他自身的态度、观点、需要、动机、认识和判断能力的影响。研究发现：无忧无虑的人倾向于把别人看成是热情的人；善于思维的人不会轻易表达对别人的知觉；那些对自己持肯定态度的人比那些对自己持否定态度的人，更容易从积极角度去感知别人的言行。

（二）人际知觉

人际知觉是指对人与人之间关系的知觉，它是社会知觉的核心部分。例如：在工作、学习和生活中，人们互相接触，互相观察，而且彼此之间形成一定的态度，产生各种各样的情感，如敬仰、爱慕、信赖、同情或鄙视、憎恶、猜疑、反感等。

人际知觉是复杂的知觉，它受多种因素的影响。一方面，人际知觉受客观因素的影响，主要包括人际关系对自身价值的大小、社会作用的优劣以及人际关系发生时的情景。例如，人们对讲坛上的知名教授的知觉与在菜市场上与教授相逢的知觉可能会完全不同。另一方面，人际知觉受主观因素的影响，主要受知觉者的价值观、情绪状态、态度倾向和个性特征等影响，所以人们对待同一个人会有不同看法。

（三）角色知觉

1. 角色知觉的过程

角色知觉是指对他人或自己的地位、身份及行为规范的认识。角色体现着一个人在社会中所处的某一位置及相应行为模式或规范。一个完整的角色知觉过程包括角色认知、角色行为、角色期望和角色评价。

（1）角色认知　是指一个人对自己应该在社会与组织中所处地位的认识。社会中角色纷杂、形形色色，人们在学习、工作中不仅承担一定角色，而且不断与各种角色打交道。在此过程中，每个人都在不断地认识这些角色，在心目中勾画着自己的形象，试图改变自己的角色，思考着自己应该在社会中承担何种角色。

（2）角色行为　是指一个人按照特定的社会与组织所赋予角色的特定的行为模式而进行的行为。一种角色就意味着一类行为，比如，一个担任商店营业员角色的职工，其在商店内的行为模式就是要有熟练的服务技能、丰富的业务知识、周到热情的服务态度等。而作为一个单位的领导与管理者的角色，其行为模式应该是完成多项领导行为与职能，包括群众组织者、群体教育者、群体利益代表者与维护者、信息使用和传播者的角色行为。

（3）角色期望　就是指某某对一个人达到角色要求、履行角色行为的期待和向往。人在一定的客观环境中，必被寄予一定的期望。显然，人们依照自己认定的角色标准，期望着扮演一定角色的人的角色行为。角色期望既包括对自己角色的期望，也包括对别人角色的期望。

（4）角色评价　是指他人对一个人的角色扮演的评论与估价。人们自然而然地由角色期望开始，最后对角色扮演者的角色行为进行"评头品足"，做出应有的评价。

角色知觉中的四个过程既受到角色扮演者主观因素方面的影响，也受到他人对角色扮演者的期望、反馈信息等客观因素方面的影响。只有在这种主客观因素的相互作用下，才能最后形成一个完整、正确的角色知觉。这也说明，角色知觉是一个人在社会实践中动态的实现过程，而不是消极的静态的反映过程。

2. 角色知觉的内容

（1）对别人扮演角色的知觉　就是人们能够根据他人的行为表现并对照角色规范识别他

人所扮演的角色。例如，在特定的情境条件下，根据他人表现出来的种种行为、言谈乃至服饰打扮、仪表风度，就可以判定他是领导、下属、知识分子、工人、农民或是其他社会角色。

(2) 对自己扮演角色的知觉　它主要是包括自己在社会上所扮演的角色和这种角色所应遵循的行为的社会标准的认识。个人对自己的角色知觉，对其行为有重大影响。人们在工作岗位内外都有多种角色。例如，一个人在家里扮演儿女的角色，到学校扮演学生的角色，课外活动（演出）时扮演歌唱家的角色，到市场上采购则扮演消费者的角色。每一个角色都要求不同的行为。

3. 影响角色知觉的因素

影响角色知觉的因素很多，依据每一过程分述如下。

(1) 对角色认知的影响因素　一个人对自己所应承担角色的认知主要受两个因素的影响，一是客观的自我评价，二是个人的文化背景和家庭社会环境。我们常说，"人贵有自知之明"，这说明，人对自己的估计要有客观、清醒的认识，要正确分析自己的长处与短处，然后明确自己所应追求角色的方向。一定的家庭环境、社会环境、个人所受的文化教育都制约着人的角色认知与抱负。音乐世家、梨园世家的家庭环境有可能造就音乐家、艺术家的角色认知。"乱世出英雄""时势造英雄"都证实了社会环境对角色认知的影响。在当今市场经济条件下，争当"创业家""企业家"的角色认识愈益成为人们追求的目标。因此，只有顺应历史潮流，以天下为己任，具有远大抱负的人才能有超常的角色认知，完成惊天动地之伟业。

(2) 对角色行为的影响因素　一个人能否按照角色所规定的行为模式而行动，这会受到个人对角色认知的程度与自己的个性特征的影响。在单位里的领导者，对自己所扮演的领导者角色的认知与意识愈深刻，时时刻刻想到自己是一个领导者，那么，该领导就会承担领导者的责任，使用领导者的权力，履行领导者的义务，勤勤恳恳地做好本职工作。反之，对领导者角色的认知与意识甚差，那么，他就不能履行领导者的行为模式，不能承担应该承担的领导责任，起不到领导者的应有作用。另外，不同个性的人在履行角色行为时会有不同的表现，甚至会影响角色行为的效果。例如，项羽个性中义气性的一面使得他没有在鸿门宴上杀掉刘邦，给自己留下了造成千古遗恨的遗患。但是个性也不是不可改变的，我们可以通过角色塑造，即按照角色所规定的规范来改变人的个性特征。因为，在角色认知的基础上，人对自己的个性是否适合该角色会有所认识，从而设立角色形象，按照形象来调整自身的个性特征，进行角色行为。

(3) 对角色期望的影响因素　一个人对某人的角色期望受到他自己的经验、对角色扮演者的能力以及所扮演角色的了解程度的影响。经验越丰富、对角色扮演者的能力及所扮演角色的了解越多，角色期望越准确；角色扮演者的能力越强，某角色给自己带来的满足越大，角色期望越高。需要说明的是，所有这些判断，像能力的高低，经验的多少，对角色的了解，都是建立在期望者知觉的基础上，而并非都是真实的、现实的水平。因此，期望者的知觉水平也影响着角色期望的水平。

(4) 对角色评价的影响因素　他人对某一人的角色评价的高低，首先制约于对该角色的期望与该角色实际上的角色行为的差距。角色期望与角色行为的差距说明：对某一角色的期望过高，而该角色实际上又做不到，最后必然导致大失所望。所以作为领导者如果向群众"许愿"过多，而实际做不到，结果是遭受群众较低的评价，导致自我形象的贬低。

另外，对某一角色的评价，还受到来自纵向与横向对比的影响。在一个工厂中，如果前任领导专搞"管、卡、压"，那么，后任领导搞点"感情激励"，群众在对比中会给后任领导以较高的角色评价。这是纵向对比的结果。如果甲厂领导发了较高的奖金，乙厂领导没有发或发得很少，其结果是甲乙两厂群众都对甲厂领导有较高的角色评价，相形之下，对乙厂领导评价不高。这是横向对比的结果。

4. 角色知觉的实践过程

要形成正确的角色知觉，需要从三个方面做工作：

① 综合角色认知和角色期望，将主观可能与客观需要相结合，寻找明确的自我角色形象；

② 体察客观的角色评价，吸收各方面的反映和意见，并结合角色认知，调整自己的角色行为；

③ 充分检验自己的角色，并根据角色评价，确立自己固定的角色行为模式，最终达到角色确认的目的。

对角色知觉及角色知觉全过程的研究具有重要的激励作用，它将有助于合理使用人才，搞好人事管理，调动各类人员积极性，做好各类人员的政治思想工作。角色知觉对角色扮演者的激励作用可以通过角色的自我评价、社会组织的认可程度和角色效益三个指标来衡量。只有在角色的自我评价与社会组织的响应程度都高时，角色的效益最高，最能发挥角色知觉对角色扮演者的激励作用。

（四）自我知觉

自我知觉是指一个人通过对自己行为的观察而对自己心理状态的自我感知，是自己对自己的看法，是个体的自我观念。即一个通过对自己的行为的观察而形成的对自己的思想、情感、能力、性格、道德水平等的认知。

自我知觉对于个体的行为的基本形态，以及生活态度具有决定性的作用。一般来说，一个能够全面、正确地认识自己的人比较不容易发生行为失当的现象，但是人并非在任何情况下都能正确认识自己的心理状态。例如，在顺利的情况下，往往过高地估计自己的水平，得意忘形；而在受挫的情况下往往对自己的能力、水平产生怀疑。

1. 自我知觉的内容

自我知觉的内容包括三个方面。

（1）物质自我　物质自我是指个体对自己身体的存在的知觉。它是自我知觉的最原始形态。当个体能够把自己的躯体同外界分开来时，物质自我的认识就产生了。物质自我的存在必然导致物质自我的追求，人们要生存，就必须要首先满足其各种物质需求：衣、食、住、行、生儿育女等，形成各种追求的目标。

（2）社会自我　社会自我是指个体对自己在社会上或组织中的地位以及社会关系的知觉。一般来说，人所处的社会地位是由他的职业所决定的。社会自我不仅要受到社会制度的制约，还要受到其他个体或群体规范的制约，同时也要受到个体自身的制约。社会存在的知觉必然导致人们对社会地位的追求和对建立良好人际关系的追求。

（3）精神自我　精神自我是指人对自己的智慧、能力、道德水平、上进心和道德感的认识。它的存在是人们除物质存在和社会存在以外的另一重要的存在形式，是人区别于一般动物的关键所在。这方面的追求包括上进心、道德感、自我实现、友谊、爱情等。

管理人员要有意识地鼓励青年人，不要只注意物质自我的追求，而是要有社会自我和精神自我的追求。单纯地追求物质自我的人，思想境界是很低的，只有追求社会自我和精神自我的人的思想境界才能是高的。

2. 自我知觉的途径

要想正确地认识自我，形成正确的自我知觉，需要通过以下途径。

（1）以人为镜　即通过别人对自己的认识与评价获得自我认识。

(2) 以人为师　即以人之长，补己之短，促进自我知觉的发展。
(3) 自我评价　根据别人的认识和评价，对自己进行评价，形成正确的自我观念。
(4) 自我剖析　通过对自己的行为和心理活动的特点进行自我分析，从而认识自我。

补充阅读材料 3-2

意外的收获

某中学的数学教师每天给他的一个学生出三道数学题，作为课外作业让他回家后去做，第二天交上来。

有一天，这个学生回家后才发现老师今天给他留了四道题，并且最后一道题似乎有些难度。他想，以前每天的三道题，他都很顺利地完成了，从未出过任何差错，早该增加点题量了。

于是，他志在必得、满怀信心地投入到解题的思路中。天亮时分，他终于把这道题给解答出来了。但他还是感到一些内疚和自责，认为辜负了老师多年的栽培——一道题竟然做了几个小时。

谁知，当他把这四道已解的题交给老师时，老师惊呆了。原来，最后那道题竟是一道在数学界流传百年而无人能解的难题。老师把它抄在纸上，也只是出于好奇心。结果，不经意间竟把它与另外几道普通题混在一起，交给了这个学生。这个学生不明实情，竟然意外地把它攻克了。

这个故事告诉我们，人的自信往往能创造奇迹。渺小的小草也能迎来阳光，涓流的小溪也能奔腾到海，弱小的燕子可以一口气飞越千里，而深埋土地的种子一样可以萌芽长成参天大树。所有这些，唯有自信是力量的源泉。自信是激活心中力量的一道闪电，更是一道阳光，使每个人的内心永远生机无限！

(资料来源：马中宝. 管理心理学. 北京：国防工业出版社，2011.)

三、社会知觉的影响因素

社会知觉的目的是要通过对别人所形成的正确印象，从而洞察被知觉者。那么怎样形成正确的知觉印象呢？这要依赖于知觉者、被知觉者和情景因素这三个参数以及它们相互之间的正确影响。

（一）知觉者

知觉者是指洞察和知觉别人的人。知觉者的个人特征直接影响到对被知觉对象的正确认识。这是因为，当人们观察他人或试图对自己所观察到的目标进行解释时，往往以自我为准则，在很大程度上受到自身主观因素的影响，这些主观因素包括个性、态度、动机、兴趣、过去的经验和期望等。比如，同样是看到一朵花，不同的人就会产生不同的知觉经验。商人看到了它，首先想到的是谋利，可以赚到多少钱；植物学家看到它，则会数一数它的花瓣，看看花蕊，推测它的花期等；而对一位诗人来说，一朵花就是一个世界、一段情，就会使他想到怜香惜玉，想到黛玉葬花等。

因此，对于管理者来说，必须认识到知觉与现实的差距，必须认识到对于下级的知觉并不是一件简单的事,它必然受到自身某些特征的影响。管理者在感知别人的时候应该学会移情作用,不能仅凭一时知觉而不做充分了解妄下结论。

(二) 被知觉者

被知觉者是指被观察的目标或对象。他们的特征也影响到社会知觉的正确性。像被知觉者的地位、范畴、类别、外显特征等都是知觉者对其判断的因素。比如,人们往往认为,在合作性上,地位高的人会自动合作,地位低的人极可能是被动合作的,地位高的人更容易使人产生好感;被知觉者令人喜欢,就容易得到正确的知觉,如果被知觉者令人讨厌,则不易被正确知觉。

(三) 情景因素

人们所处的客观环境会影响到知觉者与被知觉者之间的人际知觉的正确性。

1. 自然环境影响人们之间的知觉

比如,穿上艳丽的晚礼服参加舞会,给人一种高雅、漂亮之美;但如果白天穿着它上班,则给人一种轻佻、不庄重感。

2. 人际关系环境影响人们之间的知觉

当人们处在一个相互友好且不断相互交往的环境中,人们相互之间会变得更加融洽,更加友好。

3. 组织环境中人的不同层次也会影响到人们的知觉

处在组织中的不同层次的人会产生不同的自我知觉和角色知觉,它们影响人际知觉的正确性。比如,处于领导地位的领导者,会以领导型特征创造性地描述自己,而职工则以服从型特征来描述自己。组织地位会产生不同的心理地位,不同的心理地位会产生不同的社会知觉。

四、社会知觉中的偏见

由于知觉者、被知觉者的特点以及情景因素的复杂性,社会知觉往往发生偏差或错觉,产生多种反应效果,这就是我们所说的社会知觉的偏见。管理心理学研究这些偏见对于正确处理管理过程中人与人、人与组织之间的关系有一定的现实意义。社会知觉的偏见很多,常见的有以下几种。

1. 首因效应

首因效应也叫作第一印象,是指一个人在同他人初次接触时所形成的最初印象。它是一个人通过对他人的外部特征的感知,进而取得对他的动机、情感、意图等方面的认识,最终形成关于这个人的印象。对某人的第一印象一旦形成,就会影响到人们对他以后一系列行为的解释。首因效应在实际生活以及管理过程中有重要的积极意义。经验表明,在接洽应聘人员时,第一个五分钟的印象往往对录取与否有较大的影响。管理者在会见新来的人员时,会迅速通过这些人的服饰、表情动作、语言谈吐、文化水平等方面形成对他的第一印象。如果认为某个人很好,那么可能就会一直认为这个人好;反之亦然。

首因效应在实际生活和管理过程中也有一定的消极意义。①首因效应的形成会不同程度地受到周围不同环境或事物的影响,而很少会单纯地根据人们的观察去直接形成印象。例如,在一个豪华餐厅中遇到一个人,与在一个普通饭馆里遇到一个人,这两种环境下形成的第一印象会有很大的差别。②首因效应是根据被观察对象的一个有限的行为样组形成的,而且是高度个体化的、偶然的反应，它忽视了对被观察对象的个性、智力等的考察，因而带有一定的片面性，有可能歪曲被观察对象。③首因效应会造成认知上的惰性，形成对被知觉对象的固定看法。④首因效应在实际生活中会造成先入为主的"第一印象"。这会给管理人员带来认识上的片面性。第一印象是好的时候，就会看不到他的缺点；反之，第一印象是坏的时候，就看不到他的优点。

当然，首因效应形成后也不是无法改变的，一般来说，随着时间的推移、交往的增多，所获得的信息越来越全面，第一次见面留下的印象也会改变。

在管理工作中，管理者既不能忽视首因效应的积极作用，同时也要克服首因效应的消极影响，要在全面、客观、变化发展中考察被知觉对象，最终获得正确的人际知觉。看人不能先入为主，要有发展的眼光，以第一印象为先导，连续观察感知，反复深入甄别，防止对人的错误判断和错误结论。此外，管理者也要注意给自己的工作对象留下良好的第一印象，这是今后更好地开展工作的良好基础。

2. 近因效应

近因效应是指最近获得的信息冲淡过去形成的印象，对新印象的形成产生决定性影响的现象。近因效应与首因效应是相对的。一般来讲，首因效应对初次或短期交往作用影响较大，当面对长期或较熟悉的事物时，首因效应已经淡化，而近因效应会成为新的心理定势，给人留下较深刻的印象。所谓"浪子回头金不换"，说的便是近因效应的道理。

在管理工作中，当第一次给人留下不好的印象时，并不是世界末日，不可改变。只要不断努力，用真诚打动人，用事实改变人，用实力说服人，最终会赢得别人的信任。

我们应该把第一印象和近因效应结合起来对人、对事进行感知。首先，要预防两种效应的消极影响，既不能"先入为主"，也不能只看现在、不看过去。应该以联系发展的态度感知事物，把对人、对事的每一次感知，都当作我们认知事物过程中的一个阶段，避免形而上学的片面性。其次，要在一定条件下，发挥两种效应的积极作用。讲话、办事、接触人、做具体工作，要善始善终，不能使人感觉"虎头蛇尾"。

3. 晕轮效应

所谓"晕轮"效应是指在知觉过程中，通过获得知觉对象某一行为特征的突出印象，而将其扩大成为整体行为特征的认知活动。晕轮效应实质上是一种逻辑推理上的"以点概面""以偏概全""光环效应"，即根据一个人的个别品质做出对其全面的评价。它往往在对人的道德品质的知觉中表现得很明显。例如，一个员工从来不缺席或迟到，我们可以认为他很可靠，但进而推论认为他很正直，从来不会利用组织的资源谋取个人私利，这种推论就没有依据，犯了晕轮效应的错误。

补充阅读材料 3-3

晕 轮 效 应

晕轮效应在凯利 1950 年的印象形成实验中表现得比较明显。凯利的这个实验是通过教学做的。他利用心理学教学课堂，把 55 名学生分成两组，分别向学生介绍一位新聘任的教师，两组学生得到的介绍材料仅有一词之差：甲组的学生被告知，这位教师是"热情的";乙组的学生被告知,这位教师是"冷漠的"。学生们看完这份材料后,新教师来到课堂授课,并分别领导两组学生进行20分钟的讨论。下课后,实验者让每个学生填写一份问卷,说明自己对新教师的印象。结果发现,两组学生对这位教师的印象却有显著的不同。一个组的印象是:有同情心、会体贴人、有社交能力、富有幽默感、性情善良,等等;另一组的印象则相反,认为该教师严厉、专横。这就是说,两组学生对该教师的印象,都有自己的推断成分夹在其中,由"热情的"特点推出一系列的优点,由"冷漠的"特点推出一系列的与冷漠有关的缺点。实验中的另一个现象是,一个组积极发言的达56%,另一组积极发言的仅32%,这表明,大学生对新教师不仅有一定的看法和印象,而且在行为上也有一定的倾向:对教师的印象好,发言就多;印象不好,发言也就不积极。凯利的这个实验证明,在印象形成的过程中有明显的个人主观推断的作用。晕轮效应实际上就是个人主观推断、扩张的结果。由于晕轮效应,一个人的优点或缺点一旦变为光圈被夸大,其缺点或优点也就退到光圈的背后视而不见了。

(资料来源:高玉祥. 人际交往心理学. 北京:中国社会科学出版社,2009.)

晕轮效应在评价职工工作表现时常起很大作用。一方面,管理人员可能选用一种品质作为基础来判断员工其他方面的表现。例如,如果某人全年无一次旷工、迟到行为,那么,很可能由此就会认为他的生产率也高,工作质量也好,工作勤勉。另一方面,管理人员评价员工时往往把某些品质联系起来。例如,可能认为进取心强的人必然精力充沛,能控制别人,必有成就;待人友好的人,必然是热情的、慷慨的,且富有幽默感。

4. 知觉防御

知觉防御是指人们对不利于自己的信息会视而不见或加以歪曲,以达到防御的目的。也就是当知觉者发现被知觉对象与自己已有的定型模式不相符合时,便会通过抹去被知觉对象中那些与模式不相符的部分,从而对被观察对象加以歪曲。知觉防御是一种回避欲求的知觉倾向。它既是对社会知觉的歪曲,又是一种有效的心理防护手段。它的积极作用就在于能够使人对刺激的冲击加以缓冲,以增加心理承受能力。但要真正解决问题,光靠回避、歪曲知觉对象是不行的,而必须客观地修正自己的心理定型模式,使其与外部世界相适应。

5. 刻板印象

刻板印象也称定型效应,是指人们把在头脑中形成的对某类知觉对象的形象固定下来,并对以后有关该类对象的知觉产生强烈影响。人们在社会生活实践中,不断地感知某类对象,因而对该类对象逐渐地形成了固定化的印象。比如,中国人勤劳勇敢,美国人敢于冒险;山东人豪放,上海人精明;已婚员工比未婚员工更稳定;无商不奸;学习、工作就要认真努力,休息、娱乐就要轻松愉快等,这都是刻板印象的例子。

刻板印象反映了共性,有利于迅速从总体上把握人的概貌。但刻板印象也有很僵化、不灵活的缺点,抹杀人的个性,因而并不能保证适合同类中的每一个人。在组织管理工作中,要注意利用刻板印象的积极方面,克服刻板印象的消极方面。例如,对于工作程序、教学程序、日常事务性工作等,都要培养起人们的固定模式,使工作有序进行;而对于认识上的偏见、交往中的误解、体制上的弊端造成的固定模式,要认真面对,实事求是地纠正。

6. 投射效应

投射效应也叫以己度人,是指一种通过以己度人的方法而达到心理防御的目的的方法,通过投射方法将自己的失败、罪过推到别人身上去。特别是当知觉者本身有某些不良品质而自己又没有意识到的情况下尤其如此。例如，一个管理人员可能被即将到来的组织改革谣言吓坏了，于是将别人看得比自己更害怕组织改革；具有消极个性特征的人，如懒惰、吝啬、顽固、办事无条理等，往往认为别人比自己在这些方面更严重。

总之，通过研究社会知觉以及社会知觉的偏见，我们必须认识到，管理者和员工在很多时候是根据知觉而不是客观事实做出反应的，他们是对所看到的事情进行理解和解释的。这必然有产生很大的知觉偏见的可能性。因此，管理者的任务就是要找出知觉偏见的原因，尽量纠正偏见，以获得准确、全面的认识，保证组织活动的顺利进行。

第三节 社会归因理论

一、什么是归因

1. 什么是归因

归因就是指根据人的外部特征对他的内心状态所做的解释与推论。归因是对社会知觉的拓展，正是通过归因过程，人们才会由表及里、由浅入深地认识自己和他人。

2. 归因的作用

归因在社会知觉中具有非常重要的作用。其作用表现在两个方面。第一，归因会影响到我们对他人的根本特征或特质的判断；第二，归因会影响我们对他人行为的评价和预测，从而进一步影响我们对环境或他人行为的控制。对同样的结果，人们的行为反应常常会非常不同，这可能是由于对知觉情境的知觉和归因的差异造成的。

归因理论是说明和分析人们行为活动的因果关系的理论。归因理论认为，人是理性的，人们总是试图识别和理解他们所处环境的因果结构，以便能够采取正确的行动来控制环境。在现实生活中，人如果缺乏对世界的理解、预测和控制感，人们就会感到无所适从。人们总是无时无刻不在进行归因活动，归因是人们社会知觉的一部分。进一步考查归因的过程，将有助于我们理解归因与行为的可能关系。

二、社会归因理论

很多专家对此理论有所贡献，下面将介绍较有影响的几种归因理论。

（一）海德的归因理论

归因理论最初是由 F. 海德（F. Heider，1958）在《人际关系心理》中提出来的，因此，海德是归因理论的创始人。海德的"归因理论"是关于人的某种行为与其动机、目的和价值取向等属性之间逻辑结合的理论。

海德的归因理论认为，人们对过去的成功或失败主要归结于四个方面的因素：努力、能力、任务难度和机遇。这四种因素又可按内外因、稳定性和可控性进一步分类：从内外因方面来看，努力和能力属于内因，而任务难度和机遇则属外部原因；从稳定性来看能力和任务难度属于稳定因素，努力与机遇则属不稳定因素；从可控性来看，努力是可以控制的因素，而任务难度和机遇则超出个人控制范围。

海德指出，在日常生活中，每一个人，不只是心理学家，都对各种行为的因果关系感兴趣，力图弄清周围人们行为的前因后果。海德还区分了导致行为发生的内在因素，包括能力、动机、努力程度等。他认为行为观察者对因果关系进行朴素分析时，试图评估这些因素的作用，而且对行为的归因和对行为的预测两者密切相关。海德的归因理论开创了归因问题的先河，他对行为原因所做的个人—环境的划分一直是归因的基础，影响深远。

（二）凯利的归因理论

1967年，美国社会心理学家凯利（H. H. Kelley）发表《社会心理学的归因理论》，继海德的相应推断理论之后提出三维归因理论，也称为三度理论，对海德的归因理论进行又一次扩充和发展。凯利将归因现象区分为两类：一类是能够在多次观察同类行为或事件的情况下的归因，称为多线索归因；另一类则是依据一次观察就做出归因的情况，称为单线索归因。凯利认为，人们对行为的归因总是涉及三个方面的因素：客观刺激物、行动者、所处关系或情境。其中，行动者的因素属于内部归因，客观刺激物和所处的关系或情境属于外部归因。

对上述三个因素的任何一个因素的归因都取决于下列三种行为信息。

1. 区别性

指行动者是否对同类其他刺激做出相同的反应，他是在众多场合下都表现出这种行为还是仅在某一特定情境下表现出这一行为。例如，一名今天迟到的员工是否经常表现得自由散漫、违反规章纪律。如果行为的区分性低，则观察者可能会对行为作内部归因；如果行为的区分性高，则活动原因可能会被归于外部。

2. 一贯性

指行动者是否在任何情境和任何时候对同一刺激物做相同的反应，即行动者的行为是否稳定而持久。例如，如果一名员工并不总是上班迟到，她有7个月从未迟到过，则表明这是一个特例，行为的一贯性较低；而如果她每周都迟到两三次，则说明行为的一贯性高。行为的一贯性越高，观察者越倾向于对其作内部归因。

3. 一致性

指其他人对同一刺激物是否也做出与行为者相同的方式反应。如果每个人面对相似的情境都有相同的反应，我们说该行为表现出一致性。比如，所有走相同路线上班的员工都迟到了，则迟到行为的一致性就高。从归因的观点看，如果一致性高，我们对迟到行为进行外部归因。如果走相同路线的其他员工都准时到达了，则应认为该员工的迟到行为的原因来自于内部。

凯利认为这三个方面信息构成一个协变的立体框架，根据上述三方面的信息与协变，可以将人的行为归因于行动者、客观刺激物或情境。如果一名员工完成目前工作的水平，与其他类似的工作相同，即低区分性，而在这项工作中其他员工的水平总是和他的水平十分不同（或低或高），即低一致性，并且他的这一工作绩效无论何时都是稳定的，即高一贯性，则他的管理者或其他任何人在判断他的工作时，都会认为他自己对这一绩效负有主要责任（内部归因）。

凯利还研究了归因中的错误或偏见。比如，尽管我们在评价他人的行为时有充分的证据支持，但我们总是倾向于低估外部因素的影响而高估内部或个人因素的影响。这称为基本归因错误。它可以解释下面这种情况：当销售代表的业绩不佳时，销售经理倾向于将其归因于下属的懒惰而不是客观外界条件的影响。个体还有一种倾向是把自己的成功归因于内部因素如能力或努力，而把失败归因于外部因素如运气，这称为自我服务偏见。由此表明，对员工的绩效评估可能会受到归因偏见的影响。

（三）维纳的归因理论

韦纳认为：能力、努力、任务难度和运气是人们在解释成功或失败时知觉到的四种主要原因，并将这四种主要原因分成控制点、稳定性、可控性三个维度。根据控制点维度，可将原因分成内部和外部；根据稳定性维度，可将原因分为稳定和不稳定；根据可控性维度，又可将原因分为可控的和不可控的，如表 3-1 所示。

表 3-1 韦纳的归因因素

稳定性 \ 控制的位置	内部因素	外部因素
稳定因素	能力、人格特征	社会条件
不稳定因素	动机、努力	社会影响、运气

韦纳（B. Weiner）认为，每一维度对动机都有重要的影响。在内外维度上，如果将成功归因于内部因素，会产生自豪感，从而动机提高；归因于外部因素，则会产生侥幸心理。将失败归因于内部因素，则会产生羞愧的感觉；归因于外部因素，则会生气。在稳定维度上，如果将成功归因于稳定因素，会产生自豪感，从而动机提高；归因于不稳定因素，则会产生侥幸心理。将失败归因于稳定因素，将会产生绝望的感觉；归因于不稳定因素，则会生气。在控制性维度上，如果将成功归因于可控因素，则会积极地去争取成功；归因于不可控因素，则不会产生多大的动力。将失败归因于可控因素，则会继续努力，归因于不可控因素，则会绝望。将失败归因于内部、稳定、不可控时是最大的问题，会产生习得性无助感。

韦纳通过一系列的研究，得出一些归因的最基本的结论。

① 个人将成功归因于能力和努力等内部因素时，他会感到骄傲、满意、信心十足，而将成功归因于任务容易和运气好等外部原因时，产生的满意感则较少。相反，如果一个人将失败归因于缺乏能力或努力，则会产生羞愧和内疚，而将失败归因于任务太难或运气不好时，产生的羞愧则较少。而归因于努力比归因于能力，无论对成功或失败均会产生更强烈的情绪体验。努力而成功，体会到愉快；不努力而失败，体验到羞愧；努力而失败也应受到鼓励。这种看法与我国传统的看法一致。

② 在付出同样努力时，能力低的应得到更多的奖励。

③ 能力低而努力的人受到最高评价，能力高而不努力的人受到最低评价。因此，韦纳总是强调内部、稳定和可控性的维度。

正确的归因是了解人、分析人的行为的基础，是管理心理学研究的重要内容之一。归因理论提出了人们在对他人的行为进行判断和解释过程中所遵循的一些规律，在管理过程中，管理者和员工对行为的归因也不可避免地受到这些规律的影响。管理者要认识到员工是根据他们对事物的主观知觉而不仅仅是客观现实做出反应的。员工对于薪水、上级的评价、工作满意度、自己在组织中的位置和成就等方面的知觉与归因正确与否，对于其潜力的发挥和组织的良好运作是有重要影响的。同时，管理者在对员工的行为进行判断和解释时也应该尽量避免归因中的偏见和误差。

本章小结

1. 知觉是个体对作用于感觉器官的客观事物整体属性的反映，是对客观事物的意义组织和解释的过程。通俗地讲，知觉过程就是我们对事物的认识过程。

2. 知觉的基本特征是指知觉的选择性、整体性、理解性和恒常性。

3. 从不同的角度和标准出发，知觉也就有了不同的种类。（1）根据知觉时起主导作用的器官的特性，可以把知觉分为视知觉、听知觉、触知觉、嗅知觉等；（2）根据知觉所反映事物的特性，可以把知觉分为物体知觉和社会知觉；（3）根据知觉映像是否符合客观实际和反映现实的精确性程度可以把知觉分为精确知觉、模糊知觉、错觉和幻觉。

4. 社会知觉就是指个体对社会环境中的人和群体中的社会现象所产生的直觉判断和初步认识的过程。

5. 社会知觉包括对他人的知觉、人际知觉、角色知觉和自我知觉等。

6. 社会知觉中的偏见有：首因效应、近因效应、晕轮效应、知觉防御、刻板印象和投射效应。

7. 归因就是指根据人的外部特征对他的内心状态所做的解释与推论。

8. 归因理论是说明和分析人们行为活动的因果关系的理论。归因理论认为，人是理性的，人们总是试图识别和理解他们所处环境的因果结构，以便能够采取正确的行动来控制环境。

9. 社会归因理论主要有：海德的归因理论的内外因、稳定性和可控性；凯利归因理论的区别性、一贯性与一致性；韦纳归因理论的控制点、稳定性、可控性三个维度。

关键概念

知觉　社会知觉　对他人的知觉　人际知觉　角色知觉　自我知觉　首因效应　近因效应　晕轮效应　知觉防御　刻板印象　投射效应　归因

复习与思考

1. 简述知觉的基本特征。
2. 怎样正确理解社会知觉的概念？
3. 简述社会知觉的分类。
4. 举例说明社会知觉中的常见偏差。
5. 简述海德的归因理论。
6. 简述凯利的归因理论。
7. 简述韦纳的归因理论。

观念应用

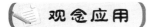
案例分析

一次录用讨论

克里斯蒂·约翰逊准备对应聘者做最后的选择，她希望了解应聘者应聘的动机。她把考官召集在一起，最后看一次卷宗。

"我认为理查德克·托马斯不行"，林达·赫里拉说，"他回答问题太平淡，要是他太死板，顾客会厌烦的。"

"原因是他太紧张了",肯特·罗宾逊说,"正式上班后可能会有所不同。"

"啊,别忘了他曾给阿尔伯尼斯·希特干过好几年。他对待顾客应该不错。"约翰逊说。他面前放着托马斯的简历表。

"那他为什么想跳槽呢?"赫里拉说,有点儿不服。"也许,原来单位想摆脱他。"

"他说他想要新的挑战",约翰逊答道,"而我们给他的薪水可能比阿尔伯尼斯·希特给的高。"

"我想,这是可能的。"赫里拉说。

"其他人怎么样?"约翰逊问道。

"玛丽·帕特·斯拉夫克给我的印象不错。"罗宾逊说。

现在是约翰逊不服了。"我认为她不够活跃。她赚的钱已经跟我们预备付的工资一样多了。而她在我们这儿上班的钟点还更长。"

"这也许说明她真的情愿",罗宾逊提示道。

"要不就是有其他理由。她的公司现在不是正有难处吗?她可能是想在情况不太糟时赶紧脱身。"赫里拉说。

"可能",罗宾逊说,"我听到了传言。不过不应让传言左右我们的决定。"

"但是",赫里拉坚持道,"这可能意味着,她只要能脱身干什么都行,但不会跟我们干长了。她并非真正投入地跟我们干。"

"大卫·科恩怎么样?"约翰逊问。

"这倒是他目前工作的一种自然进展",罗宾逊回答,"他在那儿好几年了,是该前进了。"

"可他似乎缺乏一种自然友好的感情",赫里拉打断道,"他看都不大看我,说起话来颇为失礼。"

其他人纷纷点头附和……约翰逊和她的同事们探讨着申请人的特点和动机,下班了,讨论还在继续。

(资料来源:张晨辉.管理心理学.北京:清华大学出版社,2007.)

思考题:
1. 个体知觉受何种因素影响?
2. 为什么大家对应聘者的评价不同?试根据归因理论进行分析。
3. 你认为最合适的人选是谁?为什么?

实训题

1. 自我解剖一下,最近在学习或生活中取得成功或失败的原因,并分析自己的归因是否有积极意义。
2. 班级组织一次模拟招聘,分析招聘中存在失误的偏差类型。

心理小测验

你是一个有责任心的人吗?

你是那种没有责任感、每个妈妈都不放心让儿女与你交往的人吗?通过下面的测试,你可以检查一下你的责任心如何。每个题目你只需要答"是"或"否"。

1. 与人约见，你通常准时赴约吗？是____否____
2. 你认为你这个人可靠吗？是____否____
3. 你会因未雨绸缪而储蓄吗？是____否____
4. 发现朋友犯法，你会通知警察吗？是____否____
5. 出外旅行，找不到垃圾桶时，你会把垃圾带回家吗？是____否____
6. 你经常运动与保持健康吗？是____否____
7. 你不吃有害健康的食物吗？是____否____
8. 你永远先做正事，再做其他事情吗？是____否____
9. 你从来没有错过任何选举活动吗？是____否____
10. 收到别人的信，你总会在一两天内就回信吗？是____否____
11. 既然决定做一件事情，那么就要把它做好。是____否____
12. 与人相约，你从来不会耽误，即使自己生病时也不例外吗？是____否____
13. 你曾经犯过法吗？是____否____
14. 在求学时代，你经常拖延交作业吗？是____否____
15. 小时候，你经常帮忙做家务吗？是____否____

评分方法

如果你回答"是"，请为自己计上 1 分；如果回答"否"，请为自己计 0 分。

计分结果

10~15 分：你是个非常有责任心的人，行事谨慎、懂礼貌、为人可靠并且诚实。

3~9 分：大多数情况下，你都很有责任感，只是偶尔会率性而为，欠考虑。

0~2 分：你是个完全不负责的人。你一次又一次地逃避责任，造成每个工作都干不长，手上的钱也老是不够用。

（资料来源：张卉妍，白虹. 世界上最流行的 500 个心理测试和心理游戏. 北京：北京联合出版公司，2016.）

第四章 个性与管理

CHAPTER 4

学习目标

1. 了解个性的含义和特征
2. 明确个性的形成与发展过程
3. 明确气质的含义、类型和特征
4. 熟悉性格的含义、类型及对管理的影响
5. 掌握能力的作用、分类及其发展的影响因素
6. 熟悉气质、性格与能力的联系与区别

导入案例

看电影迟到的人

某一天,有四个人去看电影,迟到了,门卫不让迟到的人进去。

其中一个人,匆匆赶来之后,对自己的迟到带着怒气,想进电影院的心情十分迫切,便和门卫大声吵闹,而且不顾阻拦往里闯。

另一个赶来之后,对门卫十分热情,又是问好又是感谢,想出许多令人同情的理由,并急中生智找熟人或寻找别的途径进去,进不去也会爽快地离开。

第三个人来了之后,犹犹豫豫地想进去又怕门卫不让进,微笑而平静地向门卫解释迟到的原因,规规矩矩站在门口,看着别的迟到的人和门卫争取进去,结果不行,就平静地走开。

第四个人来了之后,也不愿意解释迟到的原因,只是唉声叹气说:"真不走运,太倒霉了。"说完便默默地走开,最多只是责怪自己为什么不早点来。

同样是迟到的行为,不同个性的人对迟到的反应不一样。同样,对于管理者而言,对不同个性的人应用不同的管理方法。

(资料来源:朱吉玉.管理心理学.大连:东北财经大学出版社,2011.)

问题:这个案例给我们的启示是什么?

第一节 个性概述

一、什么是个性

所谓个性，也就是人格，是一个人之所以成为其自身而区别于他人的稳定的心理特点和行为模式的综合。

个性是个人带有倾向性的、本质的、比较稳定的心理特征，如兴趣、爱好、气质、性格、能力等的总和。由于人的先天遗传因素和后天影响不同，就使人的心理活动过程和行为方式形成了千差万别的个性差异。在性情上，有人机敏活泼，有人含蓄深沉；有人急躁粗心，有人稳重细致；有人爱交际，有人喜欢独处等，这都表现出人的个性的差异性。

个性包含心理倾向和心理特征两个部分。

1. 个性心理倾向

个性心理倾向是指人对社会环境的态度和行为的积极特征，包括需要、动机、兴趣、态度、理想、信念等。

2. 个性心理特征

个性心理特征是指人的多种心理特点的一种独特结合，包括气质、性格、能力等。

个性心理特征和个性心理倾向相互联系、相互制约，从而构成一个有机的整体。心理学把个体心理特征的与众不同的所有差异总和，称之为"个性"。个性对心理活动有积极的引导作用，研究和掌握人的个性心理，其目的就是为管理实践服务。只有针对人的不同特点，采取不同的管理方法与措施，才能取得良好的管理效果。

二、个性的基本特征

人的个性尽管各不相同，但却包含以下几方面的特性。

1. 本质性

个性是对人的总的、本质的描述。一个人的个性既能表现、代表这个人，又能解释这个人的行为，是一个人的基本精神面貌，而不是一些非本质、次要的特征。

2. 独特性

个性具有独特性，即每个人的心理和行为是各不相同的。正如一位哲人所说，一棵树上没有两片完全相同的叶子，世界上也不可能有两个完全相同的人。

然而，强调个性的独特性，并不排除个性的共同性。虽然每个人具有不同的个性，但是受到本民族或本地区思想、文化、习俗等因素的影响，在个性心理上同时又表现出一定的共同性。正是个性具有的独特性和共同性才组成了一个人复杂的心理面貌。

3. 稳定性

个性具有稳定性，即个体的人格特征具有跨时间和空间的一致性。个性是在一定社会历史条件下，在一个人的长期生活历程中逐渐形成的，而且个性一经形成就比较稳固。在个体生活中暂时的偶然表现的心理特征，不能认为是一个人的个性特征。例如，一个人在某种场合偶然表现出对他人冷淡，缺乏关心，不能以此就认为这个人具有自私、冷酷的个性特征。

只有在绝大多数情况下都得以表现的心理现象才是个性的反映。

个性的稳定性是相对的，不是绝对的、一成不变的，随着社会环境和生活条件、知识水平的提高，以及年龄的增长、主观努力等，个性也可能会发生某种程度的改变。特别是青年人的个性具有很大的可塑性。由此可见，个性既具有相对的稳定性，又有一定的可塑性。管理者要充分认识到这一点，管理员工时才能有耐心和信心。

4. 社会性

个性又是在个体生活过程中逐渐形成的，个性中的各个方面都受社会现实的影响。可以说，每个人的人格都打上了他所处的社会的烙印，即个体社会化结果。然而，个性并不是社会环境的消极产物，个人在社会实践中不断进行着有目的、自觉地、积极地活动，在这些活动中逐渐形成了自己的个性。所以，个性既有社会性又有个体性，是二者的统一。

5. 倾向性

倾向性是指人们在与客观现实的相互作用中，总是对现实事物持有一定的看法、态度和倾向性。这种倾向性决定了一个人心理活动的选择、行为的方向。

三、个性的形成与发展

一个人个性的形成和发展，大体经历三个时期。

1. 儿童时期

儿童出生之后长期生活在家庭之中。家庭所处的经济地位和政治地位，父母的教育观点、教育水平、教育态度和方法，家庭成员之间的关系、儿童在家庭中的位置等，对儿童个性的形成都有很大的影响。

2. 学生时期

个体主要受学校的老师和同学的影响，使个性的发展按照一定的规律去实践。学生在学校不仅掌握一定的科学文化知识，也接受一定的政治观点和掌握一定的道德标准，学会了为人处世的方式，形成着自己的个性。

3. 走向社会时期

这是个性发展的最复杂阶段，有许多因素影响个性的发展。如社会制度、经济发展、文化教育等都对个性的发展有重要影响。为了适应日益扩大的生活领域，在反复学习担当新角色应用的行为方式和对事物的态度的同时，形成和改变着某些个性特征。

个性的形成与发展既受先天的遗传影响，也受后天的环境影响。先天的遗传因素提供个性发展前提，后天的环境，特别是社会生活条件对个性形成和发展起决定性的作用。

补充阅读材料 4-1

动机斗争与学业成绩的相关依据

苏联心理学家以人作为被试者，巧妙地设计了一个趋避动机斗争的实验：在距离 1.5 米处的一块垂直板上有一个光点，沿 25 厘米直径做圆周运动，圆周的正上方既为起点又为终点，整个圆周划分为 60 格，被试者的任务是在光点开始顺时针方向转动后，跟踪监视，当被试者认为光点回到起点时，即按一下手键，使光点停止移动。

若光点正好停在起点处，得 10 分，超前一格扣 10 分，滞后不给分也不扣分。实验设计的意图是引起趋避动机斗争的条件：既要得分，又要避免扣分。

结果发现，不同的人可能产生下述三种不同的活动倾向。

（1）趋强于避，宁可因按键过迟而不得分，不愿轻易提前按键；

（2）趋避折中，被试者有时准时按键，使光点停在出发点上，有时略为提前，使光点停在起点左右；

（3）避强于趋，被试者倾向于提前按键，使光点在出发点的前一格停止。

实验结果的成绩表明，趋避折中得分最高，避强于趋得分最低。由此可见，趋的动机过强或避的动机过强都不利于作业。因此，在学习和工作中适当地调节趋避动机的强度，将有助于学习成绩的提高。

第二节 气质与管理

一、气质的含义

气质是指一个人与生俱来的、典型的、稳定的心理特征，它是表现在人们心理活动和行为方面的典型的、稳定的动力特征。心理活动的动力特征是指心理过程的强度、速度、稳定性、灵活性和指向性等。例如，有的人生来好动，有的人生来好静；有的人脾气温和，有的人性情暴躁；有的人动作麻利，有的人行动缓慢等，以上的区别就是心理学所称的气质区别。

对此定义的理解应注意以下四点。

① 气质是个体心理活动和行为的外部动力特点，主要表现为心理活动的速度、强度、稳定性、指向性方面的特征。如一般把知觉的速度、情绪和动作反应的快慢归结为速度方面的特点，把情绪的强弱、意志的坚强程度归结为强度方面的特点，把注意持续时间的长短、情绪起伏变化等归结为稳定性方面的特点，而把心理活动倾向于外部事物还是倾向于自身内部归结为指向性方面的特点。

② 气质作为人的心理活动的动力特征，它与人的心理活动的内容、动机无关，即气质特点一般不受个人活动的目的、动机和内容的影响，具有较强的稳定性。它能使人的心理活动染上特定的色彩，形成独特的风貌。例如，一个情绪稳定、内向的学生，在任何场合下，即使是很熟悉的环境、很热闹的场面、自己很感兴趣的活动，都会表现出不爱激动、较为稳重、不过分表现自己的特点。

③ 气质受先天生物学因素影响较大，即先天因素占主要地位。气质较多地受神经系统类型的影响。研究表明，在儿童生命最初几星期内，对刺激物的敏感度、对新事物的反应等就有明显的差异，这些气质上表现出的明显个性特征，显然不是由于后天生活条件所造成的，而是由于神经系统的先天特性造成的。

④ 气质具有一定的可塑性。气质虽然具有先天性，但并不意味着它完全不起变化，在生活环境和教育条件的影响下，在性格的掩盖下，气质可以得到相当程度的改造。例如，在

集体生活的影响下，情绪容易激动的学生，可能变得较能控制自己；行为动作较为缓慢的学生，可能变得行动迅速。

二、气质类型及其特征

气质类型是指在某一类人身上共同具有的各种气质特征的有规律的结合。人的气质是有明显差异的，这些差异属于气质类型的差异。对气质类型的划分，有不同的见解，因而形成不同的气质分类，各自具有一定的独特性。

1. 体液学说

公元前5世纪，古希腊医生希波克拉底在自己的临床实践中，首先提出人体内有血液、黄胆汁、黑胆汁、黏液四种体液，这四种体液所占的比例不同，就会形成不同的气质类型，并根据这些液体混合比例哪一种占优势，把人分为不同的气质类型：体内血液占优势属于多血质，黄胆汁占优势属于胆汁质，黏液占优势属于黏液质，黑胆汁占优势属于抑郁质。可见，他把人的气质分为多血质、胆汁质、黏液质、抑郁质四种类型，见表4-1。

表4-1 四种气质类型的心理特性

气质类型	主要心理特征
胆汁质	情绪兴奋性高,反应迅速,心境变化强烈,抑制能力差,情绪易于冲动,直率、热情、不够灵活。精力旺盛,动作迅猛,性情暴躁,脾气倔强,粗心大意。感受性较低而耐受挫折性较高,具有外倾性
多血质	情绪兴奋性高,思维敏捷,心境变化快但强度不大,稳定性较差。活泼、好动、灵活性强。乐观,喜欢与人交往,注意力易转移,兴趣容易变换。不随意反应性强,具有可塑性,外倾性明显
黏液质	情绪兴奋性和不随意反应性都较低,安静、稳定、反应缓慢。沉默寡言,情绪不易外露,注意力稳定但难于转移,善于忍耐,坚毅执拗,淡漠,自制力强。感受性较低而耐受挫折性较高,具有内倾性
抑郁质	感受性较强,善于觉察细节,细心谨慎,敏感多疑。内心体验深刻但外部表现不强烈,行动缓慢、不活泼。柔弱易倦,也易于恢复。办事不果断和缺乏信心,内倾型明显

阅读材料 4-1

艾森克的性格理论

艾森克出生在德国，后在英国求学与工作，是英国一位著名的研究人格的心理学家。艾森克接受了古希腊、罗马学者关于四种气质的描述和冯特按情绪维度来划分气质的思想，提出了人格结构的层次性质理论。

在这个理论中，艾森克主要分出了人格结构的两个维度：(1)人格的内倾与外倾；(2)人格的稳定与不稳定，有时也称高神经质与低神经质的维度或情绪性维度。根据人格的两个维度，艾森克把人分成四种类型，即稳定内倾型、稳定外倾型、不稳定内倾型与不稳定外倾型。稳定内倾型表现为温和、镇定、安宁、善于克制自己，相当于黏液质的气质；稳定外倾型表现为活泼、悠闲、开朗、富于反应，相当于多血质气质；不稳定内倾型表现为严峻、慈爱、文静、易焦虑，相当于抑郁质气质；不稳定外倾型表现为好冲动、好斗、易激动等，相当于胆汁质气质，如图4-1所示。

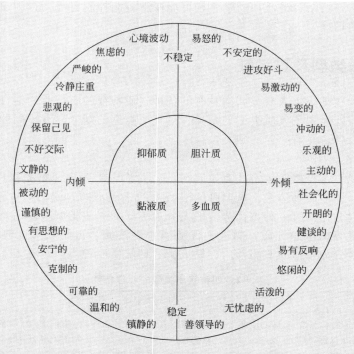

图 4-1 从两个维度来分析的人格结构图

图内的小圆代表四种传统的气质类型，大圆代表了按两个维度区分的四种人格类型。从图上可见到，艾森克关于人格结构的理论，是以传统的气质理论为基础，它所表明的人格特点，也是以个体的心理活动和行为的外部动力特点为主要内容的。

有关人格结构的基本表现，上面只提到两个维度。但实际上一个人的性格要比这些复杂得多，后来，艾森克及同事经研究提出过四、五或更多的维度。艾森克人格问卷就是测定人格维度的自陈量表。该量表包括四个量表：E（内外倾量表），N（情绪稳定性量表），P（精神质量表），L（效度量表）。前三者为人格的三个维度，它们是彼此独立的。

2. 高级神经活动类型学说

高级神经活动类型学说是巴甫洛夫创立的。他通过动物实验发现，不同动物形成条件反射是有差异的，不同动物的高级神经活动的兴奋与抑制过程有独特的、稳定的结合，从而构成不同的高级神经活动类型。划分高级神经活动类型，主要依据神经过程的基本特性。他把气质分为以下四种类型。

（1）强、不平衡型　其特点是兴奋、抑制过程都强，但兴奋过程略强于抑制过程，是易兴奋、奔放不羁的类型，又称兴奋型或不可遏制型。

（2）强、平衡、灵活型　其特点是兴奋与抑制过程都比较强，并且容易转化，反应敏捷，表现活泼，能适应变化的外界环境，又称活泼型。

（3）强、平衡、不灵活型　其特点是兴奋与抑制过程都较强，但两者转化较困难。它是一种安静、沉着、反应较为迟缓的类型，也称安静型。

（4）弱型　其特点是兴奋与抑制过程都弱。过强的刺激容易引起疲劳，甚至引起神经衰弱、神经官能症,并以胆小畏缩、反应速度缓慢为特征,又称抑制型。

巴甫洛夫还认为,这四种不同的神经活动类型是人与动物共同具有的一般特性,这种一般特性构成了人的气质的生理基础。由此可见,气质是神经活动类型在人的活动、行为中的表现。

在现实生活中,并不是每个人的气质都能归入某一气质类型。除少数人具有某种气质类型的典型特征之外,大多数人都偏于中间型或混合型,也就是说,他们较多地具有某一类型的特点,同时又具有其他气质类型的一些特点。

 ## 三、气质差异的管理

气质在个体心理发展早期阶段表现明显,虽然也随年龄增长而略有变化,但基本上是相当稳定的。员工的气质贯穿在心理活动和工作行为方式中,对他们的生活和工作都有一定的影响。作为管理者,更应针对员工的气质差异努力做好管理工作。

(一) 气质对人们行为的影响

1. 气质类型无好坏之分

气质只表明一个人心理活动的动力特征,不涉及心理活动的方向和内容。因此,任何一种气质都有其积极的方面和消极的方面,气质也没有好坏的区别。例如,胆汁质的人既有热情、勇敢、反应迅速的优点,但又有暴躁与易冲动的缺点;多血质的人既有情感丰富、活泼、亲切的优点,但又有多变、精力分散甚至轻浮的缺点;黏液质的人既有自制力较强、坚毅、冷静等积极的一面,又有对周围事物冷淡、固执的消极一面;抑郁质的人情感深刻、观察力敏锐、办事认真是优点,但又表现出容易沉沦于个人的体验和过度的沉默,以致孤僻的缺点。

2. 气质本身不决定一个人活动的社会价值和成就的高低

气质虽然对性格与能力等个性方面有一定的作用,并对个体的活动有普遍影响,但气质本身不能决定人的社会价值与成就的高低。事实上,在社会活动家、科学家、作家等卓越的人物中,各种气质类型的典型代表都可见。据苏联心理学家的分析,俄国四位著名文学家就是四种气质的典型代表:普希金属于胆汁质类型,赫尔岑属于多血质类型,克雷洛夫属于黏液质类型,果戈理属于抑郁质类型。由此可见,不同的气质类型并不影响他们在文学上取得杰出的成绩。

3. 气质可以影响人的活动效率

在各种实践领域中,气质虽不起决定作用,但它对人的工作效率有影响,因此在职业的选择上,考虑气质因素是十分重要的。

研究和实践表明,某些气质特征为一个人从事某种工作或职业提供了可能性和有利条件。例如:①胆汁质的人适合应急性强、冒险性较大的工作,如抢险、救护等;②多血质的人适合社交性、多变性的工作,如销售、采购、后勤、公关、谈判等;③黏液质的人适合原则性强的工作,如人事、调查、保管等;④抑郁质的人适合平静的、刻板的、按部就班的工作,如会计、统计等。

同时有些职业活动对人的气质提出了特殊的要求。以运动员为例,一般认为,胆汁质的人容易兴奋,比较适合从事中、短距离跑,以及跳高、跳远、拳击、球类等动作急遽、要求爆发力强的项目;多血质的人适应性强,可塑性大,对艺术的感受较深、较快,所以除上述项目外,还可以从事体操、跳水、花样滑冰、击剑、武术等运动项目;黏液质的人比较适合从事棋类、登山、长距离跑等对耐受性要求较高的运动项目;抑郁质的人不大适合从事专项体育运动。

因此，气质与职业活动的关系表现在两方面：一方面要使员工的气质特征适应工作的客观要求；另一方面在选择人才和安排工作时，要考虑个人的气质特点。

4. 气质可以影响人的情感和行动

气质对于形成和改造人的某种情感、行动或个性特征方面，具有很大的影响，做思想政治工作和教育工作都需要重视这一点。

（二）气质理论在管理中的运用

1. 依据气质的特点，合理安排工作

气质本身没有好坏之分，不影响一个人的成败，但是气质影响人的工作方式和工作效率。例如四种气质类型中的胆汁质和多血质的人，他们的气质速度更快、稳定性较差，因此更适合于要求迅速、灵活反应的工作；而黏液质和抑郁质的人气质上具有更大的忍耐性和敏感性，因而更适合于要求细致而持久的工作。所以，在人员招聘、人事安排上，可以根据工作的特点，在职位说明书中加入关于该工作人员气质的要求，选择在气质上与工作更加协调、匹配的员工，使二者相互适应。这样，员工的满意度会大大加强，同时工作效率也会大大提高。

补充阅读材料 4-2

霍兰德个性分类及其相应的职业

美国学者霍兰德对个性与工作匹配问题进行了深入的研究。他认为，一个人的志趣跟他所从事的行业是否匹配，决定着他的工作满意感和离职倾向。这里所说的志趣，实际上是人的个性的表征。

霍兰德提出了六种个性类型及与之相匹配的职业。见表 4-2。

表 4-2 霍兰德个性分类及其相应的职业

类型	个性特征	相应的职业
实际型：喜欢从事技术活动、体力活动	腼腆、诚实、有耐心，情绪稳定、顺从、实际	机械操作工、装配工、农民
研究型：喜欢思考、从事组织和理解的脑力劳动	善于分析、创新、喜探索、善于独立思考	生物学家、经济学家、数学家、新闻撰稿人
社交型：喜交往、乐于助人	喜交易、友善、合群、善解人意	社会工作者、教师、咨询人员、临床心理学家
传统型：喜照章办事，喜欢从事有条理、有秩序、任务明确的活动	服从、讲求效率和实际，缺乏想象力，缺乏灵活性	会计、公司部门经理、银行出纳、档案保管人员
有魅力型：喜欢说服别人、影响别人、获取权力	自信、雄心勃勃、精力充沛、独断专行	律师、房地产经纪人、公关专业人员、小型商场经理
艺术型：喜欢模糊的、无秩序的活动，使之有创造性的表达能力	想象力丰富、超越常规、理想化、情绪化、不实际	画家、音乐家、作家、室内装潢设计人员

2. 培养适合工作要求的气质

气质并非一成不变的，气质既是稳定的又是可塑的，既有原生成分，也有后天成分，气质是可以通过后天的培养而有所改变的。因此，在适应特殊的工作，比如高级管理人员、演员时，可以引导员工改变原有的气质，培养更加适合工作的气质。同时，组织也可以结合工作特点，分析适合工作要求的气质，让员工在工作中改变与工作不相适应的气质，更好地适应工作要求。

3. 人员配置要考虑气质的相辅和互补性

在现代社会中，越来越多的工作需要采用团队的形式，气质的相辅和互补性有利于提高团队的工作效率。

这首先是因为在一个团队中存在不同的分工，群体中的每一个成员的工作职能不同，对于气质也存在不同的要求。其次，有的工作往往需要几种不同类型的人协同完成，才能取得高的效率。这就需要在配备人员的时候要适当考虑气质类型的相辅和互补性。以一个营销团队为例，在营销策划和执行等工作中，一个成功的团队既需要富有创意的方案、果断的决策、灵活的调整、周密的计划、耐性的执行、魄力、知难而上的勇气，又需要耐心谨慎、防止急躁冒进等。这都不是一类人所能做到的。在一个团队中，按照个人的气质特征适当地进行人事编排，使不同气质成员相互合作，发挥彼此气质的互补、相辅作用，将有利于工作任务的完成和工作效率的提高。人员配置注意气质的相辅和互补性还有利于协调群体的人际关系、和谐群体的社会心理气氛。例如：多血质和胆汁质的人，热情主动，善于与人交往，因而易于与人建立友好的人际关系，而黏液质和抑郁质的人，内向、拘禁，在人际关系中处于被动地位。因此在团队成员进行组合时，要考虑气质特征对人际关系的影响，使得团队的人际关系更加协调。

4. 根据气质的差异，采用灵活的管理方法

气质没有好坏之分，每一种气质类型都有其积极的一面，又都有其消极的一面。管理者在看到某种气质积极面的同时，必须正视其消极的一面；同样的，在看到其消极的一面时，也不能抹杀了其积极的一面。正确的方法是利用每一名员工气质的积极的因素，控制其消极的影响，做到扬长避短。

根据员工气质的差异，采用不同的方法措施，作员工的思想工作，才能收到好的效果。例如胆汁质的人容易冲动、好挑衅，做思想工作时要讲求方法，不能直来直去，注重说理，批评要严肃；多血质的人表现为粗心大意，注意力不集中，对于这类人批评要尖锐一些，因为这类人比较开朗、可塑性强，易于接受批评；黏液质的人比较固执、不易改变，作这类人的思想工作要耐心细致、反复说服，使其逐步改变；抑郁质的人感情脆弱多疑，对于这类人要多鼓励，少批评，多侧面引导，少正面指正。

总之，气质是一个人典型的、稳定的心理特征，它反映了一个人的基本的心理特点，作为管理者要多观察员工的气质，在实践中不断提高自己结合员工气质特点管理的能力。

第三节　性格与管理

一、性格的含义和特征

（一）性格的概念

性格是组成个性的核心心理特征，是一个人区别于其他人的集中表现，换句话说就是个

体对现实的稳定的态度和习惯的行为方式。人与人之间的差异首先就表现在性格上,这些不同的心理特征是人的性格差异。例如,勤奋、懒惰、诚实、虚伪、正直、自私、谦虚、狂妄、热情、冷淡等,都属于性格。在日常生活中,人们经常把性格与个性混淆,也有人搞不清楚气质与性格的区别,实际上,性格与其他个性心理特征,如气质、能力密切相关、互相影响、互相渗透。

(二) 性格的特征

1. 性格的态度特征

性格的态度特征,是指人对现实的态度所表现出来的性格特征。人对现实的态度主要体现在三个方面。

(1) 对社会、集体、他人的态度　积极的态度表现为:爱祖国,关心社会,热爱集体,具有社会责任感与义务感,乐于助人,待人诚恳,正直等。消极的态度表现为:不关心社会与集体,甚至没有社会公德,为人冷漠、自私、虚伪等。

(2) 对事业、工作、劳动和生活的态度　积极的态度表现为:认真细心,勤劳节俭,富于首创精神。消极的态度表现为:马虎粗心,拈轻怕重,奢侈浪费,因循守旧等。

(3) 对自己的态度特征　积极态度表现为:严于律己,谦虚谨慎,自强自尊,勇于自我批评。消极态度表现为:放任自己,骄傲自大,自负或自卑,自以为是等。

2. 性格的意志特征

性格的意志特征是指人对自己的行为调节方式和控制程度所表现出来的性格特征。这种特征体现在四个方面:一是对行为目的明确程度的特征,如独立性或冲动性,目的性或盲目性,纪律性或散漫性;二是对行为自觉控制的意志特征,如自制或任性,善于约束自己或盲动;三是对自己做出决定并贯彻执行方面的特征,如有恒心与毅力、坚韧不拔或见异思迁、半途而废;四是在紧急或困难情况下表现出的意志特征,如勇敢或胆小,果断或优柔寡断,镇定或紧张等。

3. 性格的情绪特征

性格的情绪特征是指人对情绪的控制或情绪对个人活动的影响等方面的性格特征。主要体现在情绪活动中经常表现出来的强度、稳定性、持久性以及主导心境方面的特征。

(1) 情绪强度方面的特征　主要表现为人的情绪对工作和生活的影响程度和人的情绪受意志控制程度。如有人情绪反应强烈、明显、易受感染;有人反应微弱、隐晦、不易受感染。

(2) 情绪稳定性方面的特征　主要表现为情绪的起伏和波动程度。如有的人情绪激动,有的人较平静,有的人时而激动、时而平静。

(3) 情绪持久性方面的特征　它主要指情绪对人身心各方面影响的时间长短。如有的人情绪产生后很难平息,有的人情绪虽来势凶猛但转瞬即逝。

(4) 主导心境方面的性格特征　不同的主导心境反映了主体经常性的情绪状态。如有的人总是精神饱满、乐观开朗;有的人却整日抑郁、烦闷。

4. 性格的理智特征

性格的理智特征,是指人们在感知、记忆、思维等认识过程中表现出来的个体差异。例如,在感知方面,有的人观察精细,有的人观察疏略;有的人观察敏锐,有的人观察迟钝。在思维方面,有的人善于独立思考,有的人喜欢人云亦云;有的人善于分析、抽象,有的人善于综合、概括。在记忆方面,有的人记忆敏捷,过目成诵,有的人记忆较慢,需反复记忆方能记住;有的人记忆牢固且难以遗忘,有的人记忆不牢且遗忘迅速等。在想象方面,有的人想象丰富、奇特、富有创造性,有的人想象贫乏、狭窄;有的人想象主动,富有情感色彩，有的人想象被动、平淡寻常等。

以上性格特征的四方面不是独立存在的，它们相互联系、相互影响，构成一个统一体存在于每个人身上。要了解一个人，就应对性格的各个方面作全面分析，其中性格的态度特征和意志特征在性格特征中占主导地位。

（三）性格与气质的关系

由于性格与气质相互制约、相互影响，因而在实际生活中，人们经常把二者混淆起来，把性格特征说成气质，或把气质特征说成性格。例如，有人常说某人的性格活泼好动，有的人性子太急或太慢。其实是讲的气质特点，性格与气质是既有区别又有联系的两种不同的个性心理特征。

1. 性格与气质的区别

气质更多地受个体高级神经活动类型的制约，主要是先天的；而性格更多地受社会生活条件的制约，主要是后天的。气质是表现在人的情绪和行为活动中的动力特征（即强度、速度等），无好坏之分；而性格是指行为的内容，表现为个体与社会环境的关系，在社会评价上有好坏之分。气质可塑性极小，变化极慢；性格可塑性较大，环境对性格的塑造作用较为明显。

2. 性格与气质的联系

性格与气质的联系是相当密切而又相当复杂的。相同气质类型的人可能性格特征不同；性格特征相似的人可能气质类型不同。具体地说，有以下三种情况。

① 气质可按自己的动力方式渲染性格，使性格具有独特的色彩。例如，同是勤劳的性格特征，多血质的人表现出精神饱满，精力充沛；黏液质的人会表现出踏实肯干，认真仔细；同是友善的性格特征，胆汁质的人表现为热情豪爽，抑郁质的人表现出温柔。

② 气质会影响性格形成与发展的速度。当某种气质与性格有较大的一致性时，就有助于性格的形成与发展，相反会有碍于性格的形成与发展。如胆汁质的人容易形成勇敢、果断、主动性的性格特征，而黏液质的人就较困难。

③ 性格对气质有重要的调节作用，在一定程度上可掩盖和改造气质，使气质服从于生活实践的要求。如飞行员必须具有冷静沉着、机智勇敢等性格特征，在严格的军事训练中，这些性格的形成就会掩盖或改造胆汁质者易冲动、急躁的气质特征。

二、性格的类型

性格的类型是指一类人身上所共有的性格特征的独特结合。按一定原则和标准把性格加以分类，有助于了解一个人性格的主要特点和揭示性格的实质。由于性格很复杂，心理学中至今没有一个公认的、统一的分类原则。心理学家们从不同的角度，分别以自己的标准对性格进行分类，主要有以下几种性格类型说。

（一）心理机能类型说

这是英国的培因（A. Bain）和法国的李波特（T. Ribot）提出的分类法。他们依据人的理智、情绪、意志三种心理机能在人的性格中所占优势不同，将人的性格分为理智型、情绪型、意志型。

理智型的人通常以理智来评价周围发生的一切，并以理智支配和控制自己的行动，处世冷静；情绪型的人通常用情绪来评估一切，言谈举止易受情绪左右，这类人最大的特点是不能三思而后行；意志型的人行动目标明确，主动、积极、果敢、坚定，有较强的自制力。除了这三种典型的类型外，还有一些混合类型，如理智—意志型，在生活中大多数人是混合型。

(二) 向性说

向性说是瑞士心理学家荣格（C. G. Jung）的观点。荣格依据精神分析的观点，根据一个人的心理活动的倾向来划分性格类型，将性格分为两种：外向型和内向型。

外向型的人情感和行为外露，对外部事物感兴趣，热情开朗，好交际，适应性强，但思考和行动较轻率；内向型的人处世谨慎，深思熟虑，交际面窄，适应环境能力差。

(三) 独立顺从说

独立顺从说是美国心理学家威特金（H. A. Witkin）等人提出的，他们依据精神分析的观点，根据个体的独立程度来划分性格特征，将性格划分为独立型和顺从型。

独立型的人不易受外来事物的干扰，习惯于更多地利用内在参照即自己的认识，他们具有独立判断事物、发现问题、解决问题的能力，而且应激能力强。顺从型的人，倾向于以外在参照物作为信息加工的依据，他们易受环境或附加物的干扰，常不加批评地接受别人的意见，应激能力差。可见这两种人是按两种对立的认知方式进行工作的。

(四) 社会——文化类型说

德国的心理学家斯普兰格（E. Spranger）从文化社会学的观点出发，根据人认为哪种生活方式最有价值，把人的性格分为六种类型，即经济型、理论型、审美型、宗教型、权力型、社会型。

(1) 经济型的人　一切以经济观点为中心，以追求财富、获取利益为个人生活目的。实业家多属此类。

(2) 理论型的人　以探求事物本质为人的最大价值，但解决实际问题时常无能为力。哲学家、理论家多属此类。

(3) 审美型的人　以感受事物美为人生最高价值，他们的生活目的是追求自我实现和自我满足，不大关心现实生活。艺术家多属此类。

(4) 宗教型的人　把信仰宗教作为生活的最高价值，相信超自然力量，坚信永存生命，以爱人、爱物为行为标准。神学家是此类人的典型代表。

(5) 权力型的人　以获得权力为生活的目的，并有强烈的权力意识与权力支配欲，以掌握权力为最高价值。领袖人物多属于此类。

(6) 社会型的人　重视社会价值，以爱社会和关心他人为自我实现的目标，并有志于从事社会公益事业。文教卫生、社会慈善等职业活动家多属此类型。

现实生活中，往往是多种类型的特点集中在某个人身上，但常以一种类型特点为主。

(五) 特质论

特质是指个人的遗传与环境相互作用而形成的对刺激发生反应的一种内在倾向。特质既可以解释人格，又可以解释性格，因为性格是狭义的人格。

奥尔波特首次提出人格特质理论。他把人格特质分为两类：共同特质和个人特质。共同特质是某一社会文化形态下，大多数人或一个群体所共有的、相同的特质。个人特质是个体身上所独具的特质。个体特质以其在生活中的作用分为首要特质、中心特质、次要特质。

① 首要特质是一个人最典型、最概括的特质，影响到一个人各方面的行为。

② 中心特质是构成个体独特性的几个重要的特质。

③ 次要特质是个体一些不太重要的特质，往往只有在特殊情况下才表现出来。

美国另一位心理学家卡特尔根据奥尔波特的观点，采用因素分析法，将众多的性格分为两类特质，即表面特质和根源特质。表面特质只反映一个人外在的行为表现，是直接与环境接触、常随环境变化而变化的，不是特质的本质。

经研究，他把性格概括为 35 种表面特质。根源特质是一个人整体人格的根本特征，每一种表面特质都来源于一种或多种根源特质，而一种根源特质也能影响多种表面特质。他通过多年的研究，找出 16 种根源特质，它们是乐群性、聪慧性、稳定性、支配性、怀疑性、兴奋性、有恒性、敢为性、敏感性、幻想性、世故性、忧虑性、实验性、独立性、自律性、紧张性。根据这 16 种各自独立的根源特质，卡特尔设计了卡特尔 16 种人格因素问卷，利用此量表可判断一个人的行为反应。

三、性格发展的影响因素

性格特征不是天生的，是在先天素质的基础上，通过后天的家庭、学校和社会环境的影响，经过儿童自己的实践活动和积极主动性才逐渐形成的。

（一）生理性因素

包括遗传、体格、体形、性别以及肌肉与神经系统、体内各腺体的发育水平。性格的形成与发展有其生物学的根源。遗传素质是性格形成的自然基础，它为性格形成与发展提供了可能性。具体表现在四个方面。

① 一个人的相貌、身高、体重、性别等生理特征，会因社会文化的评价与自我意识的作用，影响到自信心、自尊感等性格特征的形成。例如：体格健壮者，性格外向，较活跃，有进取心；体格弱小者，性格内向，沉静，胆小。男性争胜好强，有表现欲；女性温柔体贴、心思细密。

② 生理成熟的早晚也会影响性格的形成。一般地，早熟的学生爱社交，责任感强，较遵守学校的规章制度，容易给人良好的印象；晚熟的学生往往凭借自我态度和感情行事，责任感较差，不太遵守校规，很少考虑社会准则。

③ 某些神经系统的遗传特性也会影响特定性格的形成，这种影响或起加速作用或起延缓作用。这从气质与性格的相互作用中可以印证：活泼型的人比抑制型的人更容易形成热情大方的性格；在不利的客观情况下，抑制型的人比活泼型的人更容易形成胆怯和懦弱的性格特征，而在顺利的条件下，活泼型的人比抑制型的人更容易成为勇敢者。

④ 性别差异对人类性格的影响也有明显的作用。一般认为，男性比女性在性格上更具有独立性、自主性、攻击性、支配性，并有强烈的竞争意识，敢于冒险；女性则比男性更具依赖性，较易被说服，做事有分寸，具有较强的忍耐性。

（二）环境因素

1. 家庭是培育个体性格的摇篮

家庭因素对性格形成与发展有重要的影响。家庭是儿童出生后接触到的最初的教育场所，家庭所处的经济地位和政治地位、家长的教育观念和教育水平、家长的教育态度与教育方式、家庭的气氛、儿童在家庭中扮演的角色与所处的地位等，都对儿童性格的形成有非常重要的影响。从这个意义上讲，"家庭是制造性格的工厂"。

家庭成员之间特别是父母之间的相互关系处理得好坏，会直接影响儿童性格的形成。在父母不同的教育态度与方式下成长的儿童，其性格特点有明显的差异。儿童在家庭中所处的地位及扮演的角色，也会影响其性格的形成与发展。例如，孩子在家庭中越受重视，其性格发展越倾向自信、独立、优越感强。如果其地位发生变化，原有的性格特征往往会随之产生不同程度的变化。

2. 学校是个体尝试和选择性格发展的时期

学校的教育对儿童性格的形成起主导作用。因为学校教育是教师根据教育目的对学生施加有目的、有系统、有计划的影响，而且是在学生生活、学习的集体中，通过各种活动进行的。

首先是班集体的影响：学校的基本组织是班集体，班集体的特点、要求、舆论、评价对学生都是一种无形的巨大的教育力量。

其次是教师的性格、态度与师生关系的影响：教师在学生性格的形成与发展中所起的作用是至关重要的。教师的性格是暴躁还是安静，兴趣是广泛还是狭窄，意志坚强还是薄弱，情绪高昂还是悲观低落，办事果断还是优柔寡断等，这些心理品质对学生性格都会产生积极或消极的影响。

3. 社会文化决定性格发展的大方向

社会文化因素对学生性格的影响主要通过社会风尚、大众传媒等得以实现，如电脑、电视、电影、报刊、文学作品等。随着信息时代的到来，通过因特网传播的各种信息会对学生性格形成产生正面或负面影响，而且其影响是广泛而深刻的。此外，报刊、文艺作品中的典型人物或英雄榜样也会激起学生丰富情感和想象，引起效仿，从而影响性格的形成与发展。

4. 自我教育对性格的塑造

自我教育是良好性格形成与发展的内在动力。人与动物的最本质区别就是人有主观能动性，有自我调控能力，因此每个人都可以通过自我教育塑造自己良好的性格。

总之，性格是在一个人的生理素质基础上，在社会实践活动中逐渐形成、发展和变化的，并具有一定的复杂性、独特性、整体性和持续性。

四、性格与管理

性格是个性中具有核心意义的心理特征，是个体社会本质的集中体现。人的行为不仅受能力、气质的影响，更多的是受到性格的影响。一个人的性格贯穿于人的全部行为之中，既表现出一个人对人、对事、对己的态度，也反映出他本人习惯性的行为方式。因此，作为管理人员应该对员工的性格特征有所了解，根据员工的性格特征实行优化管理，培养员工良好的性格，才能做出有效的管理。

1. 注意观察了解员工的性格特征

对于管理者来说，了解员工的性格，不仅可以解释和掌握员工的行为表现，还可以预测员工未来的行为趋势。要全面了解员工的性格特征，可以通过性格结构的几个方面，如对现实态度的特征、意志的特征、情绪的特征、理智的特征等，通过对员工进行全面、细致、综合的观察了解，才能全面地评价一个人，以便采取相应的管理措施。

2. 提高员工的性格与职业的适应度

气质类型无好坏之分，而性格则有褒贬之分。因此，在选人、用人时要充分考虑员工的性格与工作相适应，如让组织严密、办事果断的员工担任管理工作，让办事细心谨慎的员工从事财务工作。此外，管理者应为员工们发展各种兴趣和才能积极创造条件，使员工在各自最适合的工作岗位上"八仙过海，各显神通"，最大限度地发挥自己的作用。

3. 做好不同性格员工之间的互补

管理人是一门艺术，要善于从员工的性格中发现优势，发挥员工性格的长处，抑制性格的短处。在对员工进行管理中，应考虑员工的性格特征，对于具有不同良好性格的员工，既要注意他们之间性格上的相容性，还要有意识地考虑性格类型的差异，以及各种性格类型之间的合理搭配。这样可以集中各类性格的优点，发挥他们各自的性格特长，克服他们各自性格中的消极方面，使他们互相促进、互相鞭策、互相弥补以避免矛盾，增强团队的战斗力。

4. 针对不同性格特征的员工，做思想工作要注意方法

管理工作中思想教育工作也是非常重要的，要想使其效果好，就要采取合适的思想工作方法，针对员工的不同性格特征采取灵活多样的方法，区别不同对象，做到"因人施治、对症下药"。如对于独立型的员工，不能强加观点给他，给他独立思考时间，"以柔克刚"地解决问题；对于理智型的员工，应"晓之以理"，可以主动向其提供信息，让其自己通过判断思考改变认识；对于情绪型的员工，应更注意用典型的事例，"动之以情"地感化他，使其改变态度。

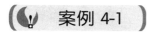

案例 4-1

唐太宗的管理团队

在一次宴会上，唐太宗对王珪说："你善于鉴别人才，不妨评论一下房玄龄等大臣，也说说和他们相比，你在哪些方面更优秀？"

王珪回答："孜孜不倦地办公，一心为国操劳，凡所知道的事没有不尽心尽力去做的，在这方面我比不上房玄龄；认为皇上能力德行比不上尧舜，而常常留心向皇上直言建议，在这方面我比不过魏征；文武全才，既可以在外带兵打仗，又可进入朝廷搞管理任宰相，我比不上李靖；向皇上汇报国家公务，详细明了，宣布皇上的命令或传达下属官员的汇报，能坚持做到公平公正，在这方面我比不上温彦博；处理繁重的事务，解决难题，办事井井有条，在这方面我比不上戴胄；至于在批评贪官污吏，表扬清正廉署，疾恶如仇，好善喜乐，在这方面比起其他几位能人来，我也有一己之长。"

补充阅读材料 4-3

个体差异与思想管理

见表 4-3。

表 4-3　个体差异与思想管理

性格类型	气质类型	行为表现	思想管理方法
开朗直率	多血质	坦白、直爽、兴趣广泛、爱发牢骚，其言行有时易被人误解	表扬为主 防微杜渐
倔强刚毅	胆汁质	能吃苦、办事有始有终，但缺乏灵活性，与领导意见不一致时，不冷静，容易产生抗衡、求胜心切	经常鼓励 多教方法
粗暴急躁	胆汁质	易冲动，心中容不得不公平之事，好提意见，不太注意方式方法、事后常后悔	肯定成绩 避开锋芒
傲慢自负	多血胆汁质	反应快、聪明能干、过分自信、好出风头、好发议论，听不进不同意见、虚荣心强	严格要求 表扬谨慎

续表

性格类型	气质类型	行为表现	思想管理方法
沉默寡言	黏液质	少言寡语、优柔寡断、任劳任怨、踏实细致，有时工作效率不高	少用指责 多加鼓励
心胸狭窄	抑郁质	小心眼儿，遇到不顺心或涉及个人利益的事，往往患得患失，难以摆脱	多加疏导 开阔胸怀
自尊心强	各种气质都有	上进心强、严于律己、争强好胜、听不进批评、情绪忽高忽低	开阔视野，正确认识自己和他人
疲疲沓沓	各种气质都有	大错不犯、小错不断、工作拈轻怕重、漠视规章制度、生活懒散	找出闪光点、及时鼓励，要求严格而且具体

（资料来源：朱吉玉. 管理心理学. 大连：东北财经大学出版社，2011.）

第四节 能力与管理

 一、能力的概念和分类

（一）能力的概念

能力是指个体顺利地完成某种活动所必需的，并直接影响活动绩效的个性心理特征。比如，在学习活动中，人们要具有观察能力、记忆能力、思维能力、分析能力、想象能力、解决问题的能力等。

对于能力的理解，要注意以下几点。

首先，能力是顺利完成某种活动直接有效的心理特征，而不是顺利完成某种活动的全部心理条件，这些条件既有客观方面的，也有主观方面的。能力就是人们成功地完成一项活动的主观条件。例如，思维的敏捷性和言语表达的逻辑性，是直接影响演讲者能否成功达到演讲效果的能力因素。如缺乏这种因素，就无法顺利有效地达到良好的演讲效果。

其次，能力总是与人的活动相联系的。离开了具体活动，能力就无法形成和表现。例如，营销人员只有在营销活动中，才能显示出来他出色的语言表达能力、敏锐的观察力、良好的服务技能和随机应变能力等。一个管理者的组织能力，只有在管理活动中才能显示出来。我们只有通过工作活动才能了解一个人能力的大小。

（二）能力的分类

能力的分类有很多种，下面介绍几种主要的。

1. 按照能力的倾向性划分，有一般能力和特殊能力

一般能力是指在进行各种活动中必须具备的基本能力。它保证人们有效地认识世界，也称智力。智力包括个体在认识活动中所必须具备的各种能力，如观察力、记忆力、想象力、逻辑思维能力、注意力等，其中抽象思维能力是核心，因为抽象思维能力支配着智力的**诸多因素，并制约着能力发展的水平。**

特殊能力又称专门能力，是指表现在某种专业活动中的能力，只适合于某种狭窄活动范围的要求，为某些特殊活动所需要，如绘画能力、音乐能力、写作能力、运动能力等。**各种特殊能力都有自己的独特结构**，如音乐能力就是由四种基本要素构成：音乐的感知能力、音乐的记忆和想象能力、音乐的情感能力、音乐的动作能力。这些要素的不同结合，就构成不同音乐家的独特的音乐能力。

一般能力和特殊能力之间是怎样的关系？我们说，二者的关系应该是辩证统一的，**即相互联系、相互依存、相互促进和相互转化的关系。**

一方面，一般能力在某种特殊活动领域得到特别发展时，就可能成为特殊能力的重要组成部分。例如，音乐能力是一种特殊能力，需要曲调感、节奏感以及听觉表象能力，而只有听觉和表象这种一般能力在音乐活动中得到强化和高度发展后有了特殊的表现，才能转化为音乐能力。

另一方面，在特殊能力发展的同时，也发展了一般能力。如数学能力，是一种特殊能力，掌握了这种能力的人，会在生活中养成严谨、周密的思维习惯，从而使分析、综合等一般能力得到发展。总之，一般能力的发展为特殊能力的发展提供了更好的内部条件，**特殊能力的发展也会积极地促进一般能力的发展。**

2. 按能力参与活动的性质划分，有模仿能力和创造能力

模仿能力是指仿效他人的言谈举止而引起的与之相类似的行为活动能力，如儿童模仿成人说话、表情等。

创造能力是指在活动中创造出独特的、新颖的、有社会价值的产品的能力。它具有独特性、变通性、流畅性的特点。像科学家有科学创造能力、艺术家有艺术创造能力。

模仿能力和创造能力是互相联系的。模仿能力是创造能力的基础，任何创造活动都不可能凭空产生。因此，为了发展创造能力，首先就应虚心地学习、模仿。在实际活动中，这两种能力是相互渗透的。

3. 按能力的功能划分，有认知能力、操作能力和社交能力

认知能力的活动对象是认知信息。它是指个体接受信息、加工信息和运用信息的能力，它表现在人对客观世界的认识活动之中。

操作能力是指操作、制作和运动的能力，如电器修理、计算机操作、汽车驾驶等方面的能力，它是人们从事日常工作和生活的重要方面。

社交能力是指人们在社会交往活动中所表现出来的能力，如组织能力、管理能力、语言表达能力、公关能力等，它是人们在社会生活中不可缺少的重要能力。

4. 按能力的表现划分，有现实能力和潜在能力

现实能力是指在现实中，已经表现出来的可以被认知的能力，如学生的学习能力。

潜在能力是指在现实中无法表现或未完全表现的潜在的、可能的能力素质，如学生的推销能力、社交能力等。

二、影响能力发展的因素

能力的形成与发展受多种因素的影响，既包括先天素质，也包括后天因素，主要指对先天素质产生影响作用的环境、教育和实践活动等。实际上，能力就是这些因素交织在一起相互作用的结果。

1. 先天素质的影响

先天素质是人们与生俱来的解剖生理特点，它包括感觉器官、运动器官以及神经系统和脑的特点。它是能力形成和发展的自然前提和物质基础。没有这个基础，任何能力都无从产生，也不可能发展。例如，先天盲的人是没法成为画家的；先天聋的人是没法成为音乐家的。

利用双生子所进行的研究比较有说服力，因为同卵双生子的遗传素质相同，他们能力上的差异可以看作是环境因素造成的；异卵双生子的遗传素质不同，他们能力上的差异则既有遗传的因素也有环境因素的作用。可以根据遗传因素和环境因素造成的能力上的差异，来计算在能力发展上遗传力作用的大小。许多国家，包括我国的某些地区用这种方法对遗传力所做的估计，其数值大约在 0.35～0.65 之间。这一结果说明遗传力对能力发展的影响并不是很大的。

2. 环境和教育的因素

一个人能朝什么方向发展，发展水平的高低、速度的快慢，主要取决于后天的教育条件。研究表明，遗传潜势不同的人，在不同的环境中，其能力发展会有不同的情况。家庭环境、生活方式、家庭成员的职业、文化修养、兴趣、爱好以及家长对孩子的教育方法与态度，对儿童能力的形成与发展有极大的影响。如歌德小时候，歌德的父亲就对他进行有计划的多方面教育，经常带他参观城市建筑物，并讲解城市的历史，以培养他对美的欣赏和历史的爱好；他母亲也常给他讲故事，每讲到关键之处便停下来，留给歌德去想象，待歌德说出自己的想法后，母亲再继续讲。歌德从小就受到良好的家庭教育，这为他能成为世界著名的大诗人打下了基础。

3. 实践活动的影响

实践活动是人与客观现实相互作用的过程，是人所特有的积极主动的运动形式。前面提到的素质和环境、教育是能力形成的重要因素，但这些因素只有在实践活动中才能影响能力的形成与发展，因此可以说，实践活动是能力形成与发展的必要条件。例如，人的自学能力是在学习活动中形成与发展的；人的组织能力也是在长期的社会实践中逐渐形成的。人的各种能力，脱离了具体的实践活动是无从提高和发展的。

4. 其他个性因素的影响

环境和教育是能力形成与发展的外部条件，外因必须通过内因起作用。一个人要想发展能力，除了必须积极地投入到实践中去之外，还要充分发挥自身的主观能动性——积极的个性心理特征，即理想、兴趣及勤奋和不怕困难的意志力。

综上所述，优秀的个性心理品质能促进能力的发展，因此，管理者在注重发展员工能力的同时，还必须重视员工优良个性品质的培养。

三、能力差异与管理

（一）能力的差异

人的能力是有个别差异的，即每个人的能力是不同的。大体表现为以下几个方面。

1. 能力发展水平的差异

能力发展水平有高低的差异，但就全人类来说，能力的个体差异呈正态分布。如果用斯坦福—比奈智力量表来测量一个地区全部人口的智商，那么，智商在 100 ± 16 范围内的人占全部人口的 68.2%；智商在 100 ± 32 范围内的人占全部人口的 95.4%；智商高于 132 和低于 68 的人只占极少数。也就是说智商的分布是两头小，中间大。

智力的高度发展叫智力超常；一般把智商高于 140 的儿童叫超常儿童，这类儿童大约占全人口的 1%；智力远低于中等水平叫智力落后，一般把智商低于 70 的儿童叫弱智儿童，这类儿童大约占全人口的 3%。

智力水平的高低并不是一个人成就大小的唯一决定因素。智商高成就低或智商较低成就较高的例子并不少见，智力水平是一个人创造成就的基本条件，但是，除智力水平这一条件之外，机遇和一个人的个性品质也是极为重要的条件。很难设想一个懦弱的人会有克服重重困难争取胜利的毅力。

2. 能力类型的差异

不同的人在能力的不同方面上所表现出来的差异也是很大的，这包括感知觉能力、想象力，以及特殊能力方面的明显差异。例如，有的人听觉灵敏，有的人视觉发达；有的人记忆力强，有的人想象力强；有的人善于分析，有的人善于综合；有的人音乐能力强，有的人乐于绘画等等。

3. 能力早晚的差异

有的人很小就非常的聪明，能作曲，能写诗，有极高的运算能力，人们常把这种儿童叫"神童"；有的人则大器晚成，到了中年甚至老年才创造出成果。大器晚成的人可能是因为早期没有得到良好的受教育和发展的机会，可能是因为早期的生活道路比较坎坷，也可能是因为成果的创造需要长期的准备和积累。

（二）能力与管理

能力是一个综合概念。从管理的角度看待能力，主要是考虑人们在完成一项工作时，他胜任的程度、解决问题的质量、工作的绩效和工作的态度，即工作基本能力、工作质量、工作绩效和工作态度。按照人的能力差异进行管理，就是管理者要合理分配工作，做到人尽其才、各尽其能。

1. 要适合人的能力结构特点安排工作

前面讲过，每个人的能力结构是不同的，有一般能力与特殊能力之分。因此，在用人的时候，首先应了解员工的所长之处，扬其所长，避其所短，合理安排能发挥其特长的岗位，做到量才录用。

正确使用人才，不仅要注意其一般能力，还要了解他的特殊能力，要用当其才、用其所长。否则，一个人再有能力，如果用错了地方，就会使有用之才变成无能之辈。

2. 对不同工作岗位的员工，应有不同能力的要求

组织中的各行各业都有自己相对独立的对任职者的能力要求，不同职业与工作岗位的工作内容、特性和要求必然不同。如对刺绣和雕刻工人以及钟表和无线电修理工来说，手指灵巧能力是一个重要因素；对染色工来说，颜色辨别能力是极其重要的；而对汽车司机则更需要的是快速反应能力。因此，管理者应正确确定本企业或本部门所需的能力标准，作为选人和用人的标准，以此谋求适应该组织能力标准的人才。只有这样才能既不浪费人才，又能提高工作效率。

3. 按照人的不同能力水平实施培训教育

首先，管理者应根据员工智能水平的现状施以不同的职业教育与训练。如对于少数智能优异、训练有素的技术人员和管理人员，可以让他们去高等学院深造，也可以创造条件送他们去参加各种级别的技能大赛，以培养他们的创造能力、设计能力和管理决策能力。

其次，职业教育与训练既要培养他们的特殊能力，也要提高一般能力。职业教育与训练内容的深度和广度要适合于员工的文化水平及职业差异，为员工队伍的可持续发展，奠定雄厚的能力基础。

第五节 心理测验

一、心理测验定义

心理测验是一种测量的技术。心理学家常用心理测验来测量评估人们的某种行为，作为判断个体心理差异的工具。

可以从以下两个方面理解心理测验。一是对心理变量如智力、记忆、才能等的测量。由于人的心理特性是不能被直接观察到的，而且还存在明显的个体差异，但任何一种心理特性总会以一定的行为表现出来。心理测验就是让人们在测验时产生某些行为，即个体对测验题目的反应，并根据这些行为反应来推断其相应的心理特性。因此，从这层意义上讲，心理测验指的是一种具体的测量心理特质的方法和活动。二是指测量这些心理变量或心理特质的工具。比如：能力测验、智力测验、人格测验等测验工具。

二、心理测验的性质

1. 间接性

迄今为止，我们还无法直接测量人的心理，只能通过测量人的外显行为，即测量人们对测验题目的反应来推断出他的心理特质。

2. 相对性

对不同人之间的行为或心理特征进行比较时，没有绝对的标准，也没有绝对的零点，有的只是一个连续的行为序列。所以每一个被测得的结果，都是与他所在团体或人群的大多数人的行为，或某种人为确定的标准相比较而言的。

3. 客观性

心理测验的客观性表现在三个方面：一是心理测验用的项目或作业、施测说明、施测者的言语态度及测试时的物理环境等，都经过标准化，测验的刺激是客观的；二是评分计分原则和手续经过了标准化，对反应的量化是客观的；三是测验分数转换和解释经过了标准化，对结果的推论是客观的。

三、心理测验的类型

现代流行的各种心理测验量表很多，每年几乎都有新的量表出现。据调查统计，仅以英语发表的就已超过 5000 种之多。1989 年出版的《心理测验年鉴》第 10 版（MMY-10）收集了常用的各种心理测验量表有近 1800 种。尽管心理测验的种类繁多，但可以从不同的角度将其归纳为几种类型。

（一）按测验目的分类

1. 描述性测验

这类测验的目的在于对人的能力、性格、兴趣、知识水平等进行描述、分析，进行某种评价。

2. 诊断性测验

这类测验的目的在于对人的某种心理功能或行为特征及障碍进行评估和判断,以确定其性质或程度。

3. 提示性测验

这类测验的目的在于从测验的结果预示被测验者未来可能出现的心理倾向或能力水平。

(二) 按测验功能分类

1. 智力测验

它是以测验人的智力为目标的测验,智力测验的方法比较多,大致依测验对象分为个别智力测验及团体智力测验两类。个别智力测验中的韦克斯(Wechser)成人智力量表和瑟斯顿(Thustone)个别智力测验较有名。

2. 特殊能力测验

智力测验可检查人的一般智力,而特殊能力测验则检查人某一特殊的能力倾向。如测量人的音乐能力、技巧运动能力等。

3. 成就测验

这类测验的主要功能是测量人的学习效果及教育、培训目标实现的程度,如有关知识、理解、应用、分析、综合和评价等方面的测验量表,都是属于这一类的。

4. 人格测验

它是指了解人的人格差异所做的测验,即个性的测验。心理学家及测验专家所设计的人格测验方法很多,如明尼苏达多项人格调查表(MMPI)、16种人格因素问卷(16PF)、艾森克人格问卷(EPQ)、罗夏墨迹测验、主题统觉测验(TAT)。

(三) 按测验材料分类

1. 文字测验

这类测验通常为文字项目组成,由文字说明做法和做出回答。Minnesota多相人格调查表、Essence人格问卷及Wechsler成人智力量表中的言语量表部分等均属于文字测验。

2. 操作测验

这类测验的项目多由实物、图片、模型之类的直观材料制作组成,测验也多以操作方式进行。如Rorschach墨迹图、Raven测验及Wechsler成人智力量表中的操作量表部分均属于非文字测验。

文字测验只是限于对问卷的回答,测验材料仅用纸笔即可。操作测验要进行一系列操作,测验时往往需要一些操作仪器。

(四) 按测验形式分类

1. 个别测验

指每次测验过程是以一对一的形式来进行的。通常只选取一个被测验者作为测验的对象。这是临床心理诊断测验中最常用的测验形式。

2. 团体测验

指每次测验过程中由一个或几个测验者对数量较多的被测验者(一个群体)同时实施测验。这种测验形式一般用于广泛的心理健康调查,而在临床诊断测验中不太适用。

(五) 按测验方法分类

1. 问卷测验

这类测验是将文字组成的各种问题(项目)作为刺激呈现给被测验者,并了解、分析其应答反应的结果。

2. 投射测验

这类测验是用没有明确意义和比较模糊不清的图片、照片、云图或填充题等构成的测验项目,观察被测验者的反应特点。

3. 操作测验

这类测验是用实物的或模型的工具所构成的测验项目,让被测验者操作,观察其完成动作的速度和特点及准确性。

在各种心理测验量表中,有些适用于个别测验,有些适用于团体测验,有些则可适用于两种测验形式,这需按测验的目的和要求而定。

四、心理测验的基本条件

一个成熟的人事测评方法,必须同时具备以下基本条件,我们既可用它作为评定各种测评方法的标准,也可以作为测评的原则。

1. 效度

效度是指一个测验有效地测量出所需要的心理品质,即测量工具能测出其所要测量特质的程度。效度是科学的测量工具所必须具备的最重要的条件。在社会测量中,对作为测量工具的问卷或量表的效度要求较高。鉴别效度须明确测量的目的与范围,考虑所要测量的内容并分析其性质与特征,检查测量的内容是否与测量的目的相符,进而判断测量结果是否反映了所要测量的特质的程度。

2. 信度

信度主要是指测量结果的可靠性或一致性。如果一个测验的可靠性程度高,那么同一个人多次接受这个测验时,就应得到相同或大致相同的成绩。信度只受随机误差的影响,随机误差越大,信度越低。因此,信度可以视为测试结果受随机误差影响的程度。系统误差产生恒定效应,不影响信度。

决定测评方法信度时,常用的方法是重测法。即用同一种测评工具,对同一组受测者前后测量两次,根据两次的分数,计算相关系数,按其数值大小表示该测评方法的信度高低。一个良好的测评工具,其信度系数通常都在 0.9 左右。

五、正确对待和使用心理测验

(一) 错误的测验观念

1. 测验万能论

自测验问世以来,就有人以为心理测验可以解决一切问题,甚至对测验顶礼膜拜,奉若神明。做决定时单纯依靠测验结果,而不考虑其他信息,达到对测验分数迷信的程度。

2. 测验无用论

随着心理测验的不断发展应用,人们逐渐认识到心理测验的局限性和不足,于是怀疑测验的价值,甚至反对使用心理测验。加上对测验结果解释的不适当,带来不良的后果,于是有些人开始认为测验是有害的,应当排斥的。

3. 文化公平测验

文化背景对测验结果的影响一直有争论。一开始人们希望找到排除文化影响的测验,后来很快被人们意识到这是不可能的，于是开始编制所谓的文化公平测验。实际上这也只是相对的文化公平，没有绝对的文化公平。因此有人以为应找出造成各个团体文化差异的原因，再想办法消除它。

4. 心理测验即智力测验

以往，有些人可能以为下列公式的正确性是毫无疑问的：心理测验＝智力测验＝遗传决定论。这也是一种误解，心理测验长期受这一错误的支配，蒙受了不少不白之冤。

（二）正确的测验观念

1. 测验是重要的心理学研究方法之一，是决策的辅助工具

科学心理学确立以后，心理测验才出现，它部分代替了内省法对行为和内心状态的观察。除实验法以外，心理测验法的出现是心理科学发展史上的一大进步。它是目前心理学研究中不可缺少的研究方法之一，它可以在短时间内收集大量的信息，而且可以收集有时无法通过实验室研究得到的数据和资料。有很多高级心理过程目前尚无法在实验室进行研究，心理测验就是很好的方法，可以弥补实验法的不足。

心理学的发展不是为了理论研究而研究，其终极目的还是应用到实际生活中去。这时心理测验就更显出它的特殊作用。我们在进行升学、就业、招聘、提升等工作时，传统的方法往往是不正确、不可靠、科学性更差的，比如考试、口试等，已被公认为不再适合了。这时若有相应的心理测验，就可以帮助有关部门作出科学的决策。目前在西方发达国家已相当盛行。

2. 心理测验作为研究方法和测量工具尚不完善

尽管心理测验是心理学研究的必要手段，而且实际生活中也在广泛应用，但是心理测验从理论到方法都还存在很多问题，因此过分夸大心理测验的科学性和正确性也是不对的。具有讽刺意味的是：通过测验法得到的心理学理论却反对心理测验法！这足以说明心理测验法并不完善。因此，我们对心理测验的得分作出解释时要小心，尤其是拿测验猜测个别人的行为或心理活动时更应慎之又慎。我们的态度是既要承认心理测验的不完善，又要科学地自信地使用心理测验。

3. 科学地看待测验，防止乱编滥用心理测验

心理测验是心理学研究的重要方法，是决策的辅助手段，同时心理测验也存在着不足，它还缺乏坚实的理论基础，还不够完善。现实生活中有人把心理测验两极化：一是看到测验的缺点，于是因循守旧，把测验拒之门外；二是看到测验的优点，就忽视或无视测验的不足，随便乱用测验，不仅带来严重的社会后果，而且败坏了心理测验的声誉。

我们要科学地看待测验，防止乱编滥用心理测验：①测验使用者必须具备一定的资格；②慎重选择测验量表；③与被试者建立良好的协调关系；④正确解释测验结果；⑤注意测验的保密。对测验的保密主要有两个方面：一是对测验内容的保密；二是对测验结果及个人隐私的保密。

本章小结

1. 个性是一个人之所以成为其自身而区别于他人的稳定的心理特点和行为模式的综合。个性包含心理倾向和心理特征两个部分。

2. 气质是指一个人与生俱来的、典型的、稳定的心理特征，它表现在人们心理活动和行为方面的典型的、稳定的动力特征。

3. 气质主要包括心理过程的强度、心理过程的速度与稳定性、心理过程的指向性。

4. 气质类型是指在某一类人身上共同具有的各种气质特征的有规律的结合。气质类型可分为胆汁质、多血质、黏液质和抑郁质。这四种气质类型的主要心理行为特征是不同的，它给人的全部心理活动涂上一层独特的色彩。气质类型就其社会意义而言本身是无好坏之分的，它只反映一个人社会活动的外部表现形式，而不涉及社会活动的动机与内容。

5. 气质不能决定一个人活动的社会价值和成就的高低。但气质在人的社会实践中起着一定的影响作用，它可以影响人的活动效率，也可以影响人的情感和行动。

6. 性格是指一个人表现在对客观现实稳定的态度及其习惯化了的行为方式中的比较稳定的心理特征，性格是个性中的核心成分。一般人对性格结构的分析，着眼于性格的态度特征、性格的意志特征、性格的情绪特征、性格的理智特征四个方面。

7. 性格的类型是指一类人身上所共有的性格特征的独特结合。性格主要有以下几种性格类型说：（1）心理机能类型说；（2）向性说；（3）独立顺从说；（4）社会—文化类型说；（5）特质论。

8. 能力是指个体顺利地完成某种活动所必需的，并直接影响活动绩效的个性心理特征。

9. 一个人能力的发展主要受素质、教育、社会实践和勤奋等因素的影响。人的能力存在着明显的个别差异。

10. 心理测验是用来测量评估人们的某种行为，作为判断个体心理差异的工具。心理测验可按目的、功能、材料、形式、方法等来划分。

11. 心理测验必须具备的条件：效度、信度。

关键概念

个性　气质　多血质　胆汁质　黏液质　抑郁质　外倾型　内倾型　性格　能力　一般能力　特殊能力　心理测验　信度　效度

复习与思考

1. 简述个性的特征。
2. 谈谈你对气质的理解。
3. 典型的四种气质类型的心理特征是什么？
4. 能力的差异表现在哪些方面？
5. 在管理工作中如何充分运用每个人的能力？
6. 什么是性格及其特征？了解性格类型对管理有何意义？
7. 性格形成的影响因素有哪些？
8. 简述气质、性格与能力的联系与区别。
9. 怎样将气质、性格与能力差异应用于员工管理实践？
10. 什么是心理测验？心理测验的类型有哪些？
11. 怎样进行有效的心理测验？

观念应用

案例分析

谁当经理更合适

某电子电器工业公司是一个由十几家小厂组成的专业公司。公司行政领导班子由一正三副四个成员组成。总经理由于年事已高即将退休，需要物色一个合适的新总经理。该公司的上级主管部门经过一段时间的研究考察，认为新的总经理需要从下面挑选。各方面的意见最后集中到李厂长和王厂长两人。下面是有关他们两人的资料。

李厂长，男，39岁，文化程度大学本科(电子专业)，中共党员，原是该厂技术员。他工作十分积极努力，认真学习科学文化知识，并善于把学到的知识用来指导工作，为本厂产品的升级换代、提高质量、建立科学的检测手段等作出了重要贡献。他从技术科长提升到厂长后，对厂里进行了一系列的改革，加强了科学管理，使工厂的面貌大为改观。年创利和人均创利都居本系统的首位，职工收入也大幅度增加。全厂精神振奋，一派欣欣向荣的景象。

李厂长性格开朗，精力充沛。善言谈，好交际，活动能力很强，积极开展横向联系，在全国10多个省市开设了200多个经销点、30多个加工企业，效益都很显著。他认为，要发展就要多靠技术，因此千方百计、不惜重金引进人才，至今该厂已有10多位外来的高级工程师。他还很重视产品的广告，每年要花几十万广告费，电台、电视台、路边广告牌、电车、汽车以及铁路沿线都有该厂的广告，可谓"无孔不入"。他担任了市企管协会分会的理事，在协会中活动频繁，与各方面关系融洽，对厂里工作也有促进。李厂长事业心强，一心扑在工作上，早出晚归、南来北往，一年到头风尘仆仆、不辞辛苦。该厂曾被评为市企业管理先进单位，李厂长获市优秀厂长称号，该厂的产品也被评为市优质产品。

但李厂长也有一个明显的缺点，就是骄傲自满、自以为是，常常盛气凌人，有时性情急躁，弄不好还会暴跳如雷，不太把公司的领导放在眼里，经常顶撞他们。公司的"指令"常常被他顶回去，因此公司领导对他这一点颇为不满，各科室也不大愿意和他打交道，他同公司下属的其他几个兄弟厂的关系也不融洽。这些厂的厂长们对他敬而远之，对上级表彰他颇有微词。他也不善于做思想工作，认为这是党支部的事。所以平时遇到思想问题，他都是作为"信息"告诉书记，要支部去做工作。他和几个副厂长关系处理得也不太好，领导几次协调也无济于事。

王厂长，男，37岁，文化程度大专(企业管理专业)，中共党员，有技术员职称。他在组建该厂时就担任了厂长，至今已近10年。他经历了该厂由衰到盛、几起几落的整个过程。对电子行业的特点非常熟悉，自己又有动手设计的能力。他最大的特点是精于企业管理，在学校学了计算机原理后，率先把计算机运用到企业管理中去。他对整个厂的机构设置、行政人员的配备、岗位责任以及各副厂长、科长、车间主任和各级管理人员的职责都有明确的规定，每年考核两次，奖惩分明。因此，平时大家各司其职，他却显得很悠闲自在，常常到这个科室转转，到那个车间看看，以便了解情况，发现问题。公司及有关部门召开的会议，他从来不缺席，而有的厂长常常忙得脱不开身。他似乎比别的厂长"超脱"得多，厂长们都很羡慕他。

但王厂长性格内向、沉稳，不喜欢大大咧咧地发议论，对什么事情总要深思熟虑，三思而后行，人们说他"内秀"。他对自己厂今后五年的发展，有一个远景规划，听起来切实可行，也颇鼓舞人心。对一些出风头的社会活动，他不大喜欢参加，但对各科开阔思路的业务技术讲座却很感兴趣。他很善于做员工的思想工作，对企业员工思想上的一些"老大难"问题，他从不推诿，都亲自处理。他还要求各级行政干部做人的思想工作，并把它作为考核的内容。他和党支部关系都很好，积极支持他们的工作。他待人谦和、彬彬有礼，和本公司上下左右关系都不错。公司有什么事，只要打一声招呼，他就帮助解决了。因此，他的人缘挺好，厂里进行民意测验，几乎异口同声称赞他。

和李厂长不同，他不喜欢花高价引进工程技术人员，他认为这些人中不乏见利忘义之徒，只能同甘，不能共苦。关键时刻还是要靠自己，宁愿多花些钱来培养自己厂里的技术人员。这里也确实培养了一批技术骨干，有些人还很拔尖。他也不喜欢高价做广告。他说我们的产品质量自己有数。我不能干这边排队卖、那边排队修的事。他把做广告的钱用来购买技术设备，提高质量服务。他说等质量到经得起"吹"的时候再做广告。但实际上他们厂的产品质量还是不错的。开箱抽查，合格率达98%。

该厂是市企业管理先进单位、区文明单位。该厂工会是区"先进职工之家"，团支部是区"先进团支部"，他本人则荣获市优秀厂长和局优秀党员称号。

但也有不少人认为，王厂长缺乏开拓精神，求稳怕变，按部就班，工作没有多大起色。按照厂里的基础和实力，应该发展得更快些。可他们的效益却比不上李厂长他们厂。和李厂长比，他就显得保守、过于谨慎、处事比较圆通、不得罪人。王厂长听了这些议论，不以为然，依旧我行我素。

李厂长和王厂长谁当总经理更合适，上级领导部门至今悬而未决。

（资料来源：石森．管理心理学．北京：机械工业出版社，2011．）

问题：

1. 根据有关个性理论，对两位厂长的能力、气质和性格进行分析、比较。
2. 通过对他们个性的分析比较，你认为谁当总经理更为合适，怎样才能做到"扬长避短""人尽其才"？

实训题

全班同学按照6～12人/组分为若干小组，小组成员内进行气质、能力或个性的测评，根据成员的相互差异性进行分析，并提出扬长避短的建议。

心理小测验

气质测查问卷

指导语：本问卷共60题，可大致确定人的气质类型。如果题目中的描述与自己的情况："很符合"记2分；"较符合"记1分；"一般"记0分；"较不符合"记-1分；"很不符合"记-2分。

1. 做事力求稳妥，一般不做无把握的事。
2. 遇到可气的事就怒不可遏，心里面藏不住话。

3. 宁可一个人做事,不愿与很多人一起。
4. 到一个新环境中能很快适应。
5. 厌恶那些强烈的刺激。
6. 和人争吵时,总是先发制人,喜欢挑衅。
7. 喜欢安静的环境。
8. 善于和人交往。
9. 羡慕那种善于克制自己感情的人。
10. 生活有规律,很少违反作息制度。
11. 在多数情况下情绪都是乐观的。
12. 碰到陌生人觉得很拘束。
13. 遇到令人气愤的事,能很好地自我克制。
14. 做事总是有旺盛的精力。
15. 举棋不定,优柔寡断。
16. 在人群中觉得很自在。
17. 情绪高昂时,觉得干什么都有趣;情绪低落时,又觉得什么都没有意思。
18. 当注意力集中于某事时,别的事物很难使我分心。
19. 理解问题比一般人快。
20. 在危险情境下,有一种极度恐惧感。
21. 对学习、工作怀有很高的热情。
22. 能长时间地做枯燥、单调的工作。
23. 只有在感兴趣时,才会干劲十足。
24. 一点小事就能引起情绪波动。
25. 讨厌做那些琐碎细致的工作。
26. 与人交往不卑不亢。
27. 喜欢热闹。
28. 爱看感情细腻、描写人物内心活动的文艺作品。
29. 工作学习时间长了,常会感到厌倦。
30. 不喜欢长时间讨论思索,更愿意实际动手尝试。
31. 宁愿侃侃而谈,不愿窃窃私语。
32. 给别人闷闷不乐的印象。
33. 理解问题比别人慢半拍。
34. 疲倦时只需要短暂的休息就能够精神抖擞,重新投入工作。
35. 心里有话不愿说出来。
36. 认准一个目标就希望尽快实现,不达目的誓不罢休。
37. 学习、工作同样一段时间,常比别人更感疲倦。
38. 做事有些莽撞,常常不顾后果。
39. 在别人讲授新知识、技术时,总希望讲得慢一些。
40. 能够很快地忘记那些不愉快的事。
41. 完成一件工作总比别人花费更多的时间。
42. 喜欢大运动量的体育活动。
43. 不能很快地把注意力从一件事转移到另一件事上去。
44. 总希望把任务尽快解决。

45. 更倾向于遵守陈规,而不是冒险。
46. 能够同时注意几件事物。
47. 当烦闷时,别人很难帮得上忙。
48. 爱看情节起伏跌宕、激动人心的小说。
49. 对工作抱着认真严谨、始终如一的态度。
50. 和周围人的关系总是不甚协调。
51. 喜欢做熟悉的工作。
52. 希望做变化大、花样多的工作。
53. 小时候会背的诗歌,仍然记得很清楚。
54. 别人觉得我"出语伤人、不会说话",可我并不觉得是这样。
55. 在体育活动中,常因反应慢而落后。
56. 反应敏捷,头脑机智。
57. 喜欢有条不紊的工作。
58. 兴奋的事常使我失眠。
59. 接受新概念慢一些,但一旦理解了,就很难忘记。
60. 假如工作枯燥乏味,马上就会情绪低落。

计分方法及解释说明

"多血质"对应题目为:4,8,11,16,19,23,29,34,40,44,46,52,56,60;

"胆汁质"对应题目为:2,6,9,14,17,21,27,31,36,38,42,48,50,54,58;

"黏液质"对应题目为:1,7,10,13,18,22,26,30,33,39,43,45,49,55,57;

"抑郁质"对应题目为:3,5,12,15,20,24,28,32,35,37,41,47,51,53,59。

请将各项分数相加,得到4个气质分数。

如果某项得分超过20分,则为典型的该气质类型。如多血质得分超过20分,则为典型的"多血质"气质类型,依此类推。如果某项得分在20分以下、10分以上,其他各项得分较低,则为该气质的普通型。如果各项得分均在10分以下,但某项得分较其他高(相差5分以上),则略倾向于该气质。一般来说,正分值越高,表明该气质特征越明显;负分越大,表明较不具备该气质类型的特点。

CHAPTER 5

第五章
需要、动机与管理

学习目标

1. 了解需要的含义、特点和分类
2. 理解需要产生运动的过程
3. 掌握需要层次论的基本观点
4. 熟悉需要在管理中的运用
5. 熟悉动机的含义和分类
6. 熟悉个人动机模式的影响因素
7. 掌握行为动机的测量方法

导入案例

向员工传递积极地期望

松下幸之助闲下来的时候就会给自己的下属、包括新招聘的员工打电话，其实每次打电话他也没有什么特别的事儿，只是简单地问一下员工的近况，有没有什么需要帮忙的。当下属回答还算顺利的时候，他就会说"很好，希望你能好好加油"。

接到电话的员工感到这是总裁对自己的信任和看重，精神马上为之一振。于是很多员工在皮格马利翁效应的作用下，更加勤奋地工作，慢慢地成长为独当一面的高级人才。

（资料来源：明道著．心理学与管理．北京：中国法制出版社，2017．）

问题：
1. 这个案例说明了什么问题？
2. 结合管理活动和自己生活的实际，谈谈对员工的期望应注意哪些方面？

在第五章中，我们已经分析了人的气质、性格、能力等个性心理特性。本章我们将讨论人的需求、动机等心理倾向性。本章从管理工作实际需要出发，着重探讨人的需要、动机对管理活动的影响。

第一节 需要与管理

一、需要概述

（一）需要的含义

需要是人的行动的动力基础和源泉，是指人们在个体生活和社会生活中感到某种缺乏或不平衡状态而力求获得满足的一种心理状态，它是人们对社会生活中各类事物所提出的要求在人脑中的反应。

人类在社会生活中，早期的维持生存和延续后代，形成了最初的需要。为了生存首先要满足人的生理需要。例如，饿了就需要食物，冷了就需要衣服。为了生存和发展还必然产生社会需要。例如，通过劳动创造财富，改善生存条件；通过人际交往，交流感情，获得友爱、被人尊重的需要等。由此可见，需要是自我发展和自我保护的一种心理倾向。

需要是人类一切行为的起点和动因。需要促使人的活动向着一定的目标方向努力，追求一定的对象，以行动求得自身的满足。人类在最基本的需要得到满足的前提下，又会不断产生更新的、更高层次的需要。正是这些不断发展的需要推动人的行为和发展，也推动着社会的文明和进步。正如一些心理学家所说："需要是积极性的源泉。""需要——这是被人感受到的一定的生活和发展条件的必要性。需要激发人的积极性。""需要是人的思想活动的基本动力。"

（二）需要的产生

需要的运动过程一般有七个阶段，如图 5-1 所示。

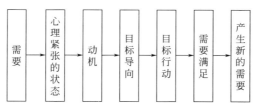

图 5-1 需要的运动过程

例如一个人饿了，引起了进食的需要。在进食之前，饥饿感驱使他产生觅食的动机，进而产生选择食物和寻找食物的目标导向行动。随着进食行动的结束，需要得到满足，因为饥饿产生的紧张心理状态得以解除。这是一个具体行为的产生、发展和终止的基本心理过程。

需要是由刺激产生的。刺激一般可以分为两大类：一是来自有机体本身的刺激，它是通过内部感受器官感受到的，如饥饿、情感等，是人的本能和心理活动的反应；二是外部的刺激，包括自然和社会的各种事物的刺激。

内部刺激是需要的根据，是需要产生的基础，它表现为机体内物质的缺乏，使人在意识中产生对相关事物的敏锐的感应性；外部刺激是需要产生的条件，它使需要具体化（即定向）。

总之，需要是在各种刺激的作用下产生的，而各种刺激又受其他因素的制约。内部刺激受年龄、生理等特点的制约，外部刺激则受环境的制约。人的需要是多种多样的，因此，管理者必须根据每个职工的不同特点，通过对环境的控制，引导职工的需要定向，以便有效地激发人的积极性。

(三) 需要的特点

人有多种多样的需要，但任何一种需要都有共同的特点。

1. 需要的对象性

也称为需要的指向性，是指任何需要都有明确的对象，表现为追求或避开某一事物、某一种东西的意念。需要的对象既包括物质的东西如衣、食、住、行，也包括精神的东西如文化、信仰等；既包括个人的生活和活动，也包括参与社会的生活和活动以及这些活动的结果。需要之间的差别，就在于需要对象的差异。

2. 需要的多样性

人的需要的种类是多样的。从不同的角度划分有不同的需要。从需要的起源分，需要可以分为生理性需要和社会性需要；从需要对象分，有物质需要和精神需要；从表现形式分，有明显需要和潜在需要。人总是处在一定的社会环境中，其个性特征不同，决定了每个人需要的对象、结构和方式等千差万别、纷繁复杂，对其主导需要的选择各异。从人与人的需要的差异性来看，不同的人有不同的需要，同样反映了人的需要的多样性和复杂性。

3. 需要的发展性

人的需要不是固定不变的，会随着社会的进步和历史的发展而不断地发展变化着。旧的需要满足了，又会产生新的或更高一级的需要，如此循环往复，以至无穷。需要一般是由低级到高级、由简单到复杂、由物质到精神、由单一到多样、由潜在到显著变化的。正是需要的不断发展，推动人类社会的不断进步，激发企业的竞争，同时也为企业和组织的发展创造了机会。

4. 需要的层次性

需要产生于人的有机体的缺乏状态，对其缺乏状态进行平衡，分清轻重缓急，决定需要的先后次序，于是产生了需要的层次性。同时，由于人类社会低层次需要得到满足之后，必然会产生较高层次的需要，以至形成一个由低级到高级逐级发展的层次。

5. 需要的连续性

根据需要产生的运动过程可知，人的行为就是在不断地满足需要的过程中进行的。随着旧的行为的结束，旧的需要得到满足，又会产生新的需要，引起新的行为。人的各种需要就是这样周而复始、连续不断的。

6. 需要的可诱导性

人的需要的产生和发展，与客观现实的刺激有着很大的关联。社会、政治、经济、环境的变化，都有可能使人的需要发生变化和转移，使潜在的欲望和需要转变为现实的行为，使未来的需要变成现在的需要，使微弱的需要变成强烈的需要。

 二、需要的类别和层次

(一) 需要的类别

根据不同的划分标准，可以将需要划分为以下几类。

1. 按需要的起源，可分为生理需要和社会需要

生理需要是人类为了维持生命和种族繁衍而与生俱来的需要，是机体本能的需要，如对水、空气、食物、睡眠、运动等的需要。社会需要是人们参与社会生活、进行社会交往而产生的欲望，如对友谊、爱情、归属以及地位、成就等的需要。这是在社会实践中形成的后天的需要，是人类所特有的高级需要。

2. 按照需要的对象，可分为物质需要和精神需要

物质需要是指人们对物质对象的欲望和要求，如对衣、食、住、行等有关物品的需要等。精神需要是指人们对社会精神生活和精神产品的需要，如对知识、艺术、道德、宗教信仰以及美的需要等。精神需要是人的高层次需要。

3. 按需要的觉醒状态，可分为现实需要和潜在需要

现实需要是人们眼前必需的，可以意识到的、并有货币支付能力作保障的需要。潜在需要则是人们还未完全意识到的、并不紧迫的、目前还无能力实现的需要。

此外，按需要满足的目的，可分为生理需要和心理需要；按需要对人的行为的作用，可分为主导性需要和辅助性需要；按需要的归属性，可分为个人需要、集体需要和国家需要；按需要起作用的时间，可分为当前需要和长远需要。

（二）需要的层次

需要既有不同的类别，又呈现一定的层次差别。美国心理学家马斯洛于1943年提出了著名的"需要层次论"。这一理论70多年来流行甚广，在一定程度上提示了人类需要的发展规律，对心理学及其相关科学的研究和发展有着重要的借鉴作用。

马斯洛认为，人的行为是由动机驱使的，而动机又是由需要引起的。人的基本需要按照发生的先后次序可以分为五个等级，如图5-2所示。

图5-2 马斯洛的需要层次图

1. 生理需要

生理需要是指人类为维持和延续个体生命所必需的一种最基本的需要。这些需要如不能得到满足，人类的生存就成了问题。例如，对衣、食、住、行等的需要；对水、阳光、空气等的需要；为延续种族而对性的需要等。生理的需要是人类最低层次也是最重要、最原始的需要。只有当人的生理需要得到满足或基本满足时，较高层次的需要才会成为人的行为的驱动力。

2. 安全需要

当一个人的生理需要得到满足后，就想满足安全的需要。安全需要是指人类在社会生活中希望保护自己的肉体和精神不受危险和威胁，确保其安全的需要。例如，要求在年老或生病时有些保障，要求摆脱失业的威胁，要求避免职业病的侵袭等。安全需要是比生理需要较高一级的需要。

3. 社交需要

社交需要是指人们希望给予和接受别人的爱与感情，得到某些社会团体的重视和容纳的需要。社交需要包括愿意参加社会交往，寻找伙伴之间、同事之间融洽的关系，希望得到友谊、关怀与爱护；希望爱别人，也渴望接受别人的爱；希望自己有所归属，即成为某个团体的一员并得到相互关心和照顾等。社交需要比生理需要来得深入，它和一个人的生理特性、经历、受教育程度、宗教信仰等都有关系。

4. 尊重需要

尊重需要是指人类在社会生活中希望有稳定的社会地位和自我表现的机会，要求个人能力、成就得到社会的承认等。这种需要使人充满信心，体会到自己生命的价值。尊重需要一般来说是与人们接受教育的程度及其经济、社会地位密切相关的。人们受教育程度和社会地位越高，尊重需要就越强烈。相反，尊重需要就相应减弱。

5. 自我实现需要

自我实现需要是指实现个人的理想、抱负，发挥个人的能力与极限的需要。也就是说，人必须干称职的工作，才会使他们得到最大的满足。音乐家必须搞音乐，艺术家必须画画，诗人必须写诗。马斯洛还指出："为满足自我实现的需要采取的途径因人而异。有人希望成为一位理想的母亲，有人可以表现在体育上，还有人表现在绘画或发明创造上，虽然具有创造能力的人将采取发明创造的形式，但它不一定是一种创造性的冲动。"自我实现需要是人们在以上四种需要得到一定程度满足之后所追求的最高层次的发展需要。

马斯洛关于五种需要的进一步分析如下。

① 人类的五种基本需要是相互联系的。人类的需要是一个由低级向高级发展的阶梯，只有当低层次需要得到基本满足以后，才会产生并开始追求新的高一层次的需要。

② 一般来说，某一层次的需要相对得到满足了，追求更高层次的需要就成为驱动人的行为的动力。相应的，获得基本满足的需要就不再起主要的激励作用了。

③ 生理需要和安全需要是人的低层次需要，但也是人类最基本的需要。归属需要、尊重需要和自我实现需要是人的高层次需要。人的需要是一个由低级向高级发展的过程。个人的需要在短暂的时间内是可以得到满足的，但从长远来看，人类的需要是不可能完全得到满足的。

马斯洛的需要层次理论在一定程度上反映了人类行为和心理活动的共同规律，指出了人的需要是由低级向高级不断发展的，这一趋势基本上符合需要发展的规律。因此，对于管理心理学的研究具有重要的借鉴意义。但是，马斯洛在分析人的需要时脱离社会条件和其他因素对个体需要的制约，认为人的本质是超越社会历史的抽象的"自然人"，人的需要是自然的禀赋，看作是一种机械的上升运动，忽视了社会、经济、文化等因素对人的需要的影响和制约，忽视了人的主观能动性，所以在学习和借鉴马斯洛的需要层次理论的同时，还必须与我国的国情和具体实际结合起来。

补充阅读材料 5-1

自我实现的八条途径

1. 充分的、活跃的、忘我的体验生活。
2. 面临选择时，总是做出朝向成长的选择，而非做出趋向倒退的选择。
3. 倾听自己内心的呼唤，让自己的天性自发地显现出来，而非做权威或传统的传声筒。
4. 不隐瞒自己的观点，诚实地说出来意味着承担责任，每一次承担责任就是一次自我实现。
5. 敢于面对真实的自己，敢于与众不同。
6. 用一流的标准要求自己，并通过勤奋的努力去达到这一标准。自我实现不只是一种结局状态而且是一个过程。
7. 创造条件去经历高峰体验。
8. 善于识辨并有勇气放弃自己的防卫心理，揭去压抑和遮蔽生命的层层障碍，但不否认任何神圣的价值，而是能从生命本身的存在中发现神圣、永恒、象征和诗意。

三、需要与管理

从组织管理角度分析，了解和把握员工需要的内容、特点和方向，才能有的放矢地开展管理工作，调动员工的工作积极性，从而提高管理的效能。

1. 了解员工的需要产生的起因，便于主动地、有目的地开展管理活动

人的需要的产生有生理状态原因、社会情境和思想认识方面的原因，管理者需要了解员工的需要产生的原因，关注社会发展的动态，积极开展广泛的、有益的宣传教育活动，来引导和激发员工的需要，为实现组织目标服务。

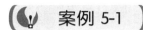

关注客人的需要

巴黎希尔顿大酒店里，有一天来了一位美国女贵宾，她进房间安顿行李后匆匆离去，去参加商务活动了。值班公关经理盼咐服务员，立即将这间房内的窗帘、地毯、床罩和桌布换成大红色。女贵宾回房时，惊喜异常，就问公关经理如何知道自己喜欢红色。经理说："我看见您的皮鞋、提包和帽子都是红色的，猜想您对红色有兴趣。您的商务繁忙，一定希望有个自己喜欢的舒适的环境，这样布置您喜欢吗？"女贵宾大喜，随即取出支票，开出一张一万美元的支票，作为小费赠送。

不同的人有不同的需要，管理者要想笼络人心，就要善于观察和了解不同员工的需求和偏好，并设法满足人们的需求。

（资料来源：朱吉玉. 管理心理学. 大连：东北财经大学出版社，2011.）

2. 了解员工的需要层次，满足员工不同层次的需要

需要有不同的层次之分，不同的个体和群体都通过一种或几种主导需要来反映出特定的层次的需要。不同阶段，人们不同需要所表现的迫切程度是不同的，其中最迫切的需要就构成了特定时期激励人们行为的主要动力。管理者在实践中应该根据不同层次的需要，准确地判断不同群体和个体的需要层次，以便有针对性地引导和控制人的行为，使之与组织的或社会的需要相一致。首先，要满足职工的低层次需要，加工资、发奖金、买医疗保险的意义要大于表彰、荣誉或晋升。当员工低层次需要得到满足后，则需要着眼于满足员工更高层次的需要，以提高组织绩效。按照这种理论，如果想激励员工，首先需要了解员工目前的需要处于哪一个层次水平，从而采取相应的激励措施。

3. 了解员工的需要差异，满足不同员工的需要

管理者的任务就是针对不同员工找出相应的激励因素，采取相应的组织措施，满足不同员工的需要，从而引导和控制员工的行为，实现组织的目标。员工不仅有着不同层次的需要，而且随着职业、年龄、物质条件、社会地位等不同，需要层次的排列及需要特点也各有差异。例如，生产线上的工人可能更注重生理和安全等低层次的需要，管理干部、科技人员和文化程度较高者，可能更注重自我实现需要。因此，管理者应注意把握不同员工的不同需要，针对不同人的需要采取不同的激励措施。

4. 了解员工的优势需要，产生最大的激励作用

在同一时期，员工可能存在着多种需要，但必定有一个优势需要占主导地位。而且随着时间、条件的变化，人的优势需要内容也在不断地变化。因此，管理者不只要注意分析不同员工的需要差异，还要掌握员工的优势需要及其变化。只有满足员工的优势需要，才能产生最大的激励作用。

补充阅读材料 5-2

人的 15 种基本欲望和价值观

美国俄亥俄大学的一项研究表明，人类所有的行为都是由 15 种基本欲望和价值观所控制的，几乎人类想做的每一件重要的事情都可以分解为 15 种欲望中的一种或几种，而且大都具有遗传学基础，这些欲望引导着我们的行为。这一发现建立在对 2500 名受试者的研究之上。受试者被要求回答 300 多个设计好的问题，最后将所有的回答归纳为 15 种基本欲望和价值观。研究人员还发现，不同的人对这 15 种基本欲望的要求是不一样的。这 15 种基本欲望和价值观如下。

好奇心：对知识的渴求是不可抗拒的。
食物：对食物的渴望无须赘言。
荣誉感（道德）：据此构成一个完整的社会结构。
被社会排斥的恐惧：这令我们守规矩。
性：弗洛伊德将之置于"清单"首位。
体育运动：胖子们可能意识不到，人们对运动的渴望是天生的。
秩序：人人都希望在日常生活中占有一席之地。
独立：对于自作主张的渴望。
复仇：就像莎士比亚著作里的王子那样。
社会交往：渴望成为众人中的一分子，即使这意味着在商业街无目的地闲逛。
家庭：这一与家人共享的欲望恐怕不适于忙碌的 CEO 们。
社会声望：对名誉和地位的渴望。
厌恶：对疼痛和焦虑的厌恶。
公民权：对服务公共和社会公正的渴望。
力量：希望影响别人，在独裁者身上更明显。彼此的区别在于强弱组合不同。

第二节 动机与管理

人们的行为在绝大多数情况下是有意识、有目的、有原因的，管理心理学特别重视人的行为动因的探讨。

一、动机概述

（一）动机的概念

动机是引起、维持和推动个体行为，并使个体行为朝着一定方向、达到一定目标的内部动力。人们的一切行为总是从一定的动机出发，并且总是指向某一目标。动机就是行为的动力，是行为的直接原因。

动机的引起必须有内在条件和外在条件。引起动机的内在条件是需要，外在条件被称为诱因。所谓诱因是可以用来满足个体需要的外部因素。只有当个体的需要这种主观愿望或欲望与客观世界的具体对象建立了心理联系时，才变为真正的动机，并成为推动实践活动的巨大力量。一般情况下，引发行为的动机可以是一个，也可能是多个。当存在多个动机时，这些动机的强度是不一样的，而且处在动态变化之中，但是这些动机中的优势动机（或称为主导动机）对行为的推动起着关键性作用。

（二）动机的作用

动机是人行为的动力，又给人行为的方向。动机的作用有以下几点。

（1）引发功能　动机驱使人产生某种行为，也就是能够引发行为。

（2）指引功能　动机使人的行为朝着某一特定的方向前进，并有选择地确定目标。

（3）调节功能　一个人在同一时间内可能产生多种动机，强度较高的动机往往决定行为的目标，成为主导动机或优势动机。因此，动机可以调节行为的强度和持续时间。

（4）强化功能　动机使行为重复出现或得到加强，也可能使行为消失或减弱。前者称为正强化，后者称为负强化。

（三）动机的特点

1. 目的性

动机是推动人去达到目的的心理活动，这种心理活动会引导行为指向某一特定行为目标。即人的某种动机一旦形成，心理上往往随之产生一种紧张性，这种紧张性推动主体围绕着实现这一动机而进行活动，成为推动主体活动的动力。虽然主体可能选择不同的方式，但最终目的都是为了实现动机。

2. 选择性

动机的选择性主要表现在两个方面。一是表现在个体可能同时产生很多动机，但是推动人的行为的总是优势动机，从而使其行为具有明显的选择性。动机与行为是内与外、隐与显的对立统一，没有无动机的行为。因此，无论动机隐藏多么深，人们总可以听其言、观其行，并通过认真调查研究由表及里、由现象到本质地辩证分析，发现和提示行为的真正动机。所以，人们通常根据个体的选择行为来判断其内在动机。二是表现为动机在行为过程中的自我调节机制。动机的选择性对个体行为目标的实现程度具有直接的影响作用。

3. 复杂性

这种复杂性表现在以下几个方面。首先，动机与行为不是简单的一一对应关系。也就是说，同一动机可以产生不同的行为，同一行为也可以由不同的动机所引起。其次，个体的行为往往受多种动机支配，是多种动机综合作用的结果。第三，个体口头表达的动机不一定是其真实的动机。第四，在个体身上真正起作用的动机往往与其本人所明确意识到的动机未必是一致的。

4. 意识性

个体之间由于知识、能力、性格、生活背景等方面的不同，使得对同一事物的考虑角度不尽相同。个体之间的差异反映在动机上，便是动机的意识性。意识性表现了一个人对可以直接预见到的某一特殊目标的意识程度。认识动机的意识性对于判断个体行为动机的清晰性具有重要意义。

5. 强度和力量特性

一个人在同一时间内虽然有多种动机，但这些动机的强度是各不相同的，往往强度较高的优势动机或主导动机决定着行为的目标。如图 5-3 所示，动机 3 就是优势动机或主导动机。

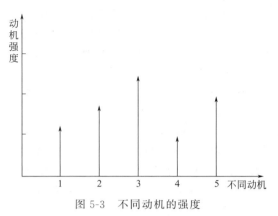

图 5-3 不同动机的强度

动机的强度是指动机所具有的能量和持续性。所谓能量就是形成某一动机的内驱力的大小；持续性就是动机在开始行动之后，将持续采取某种行动方式来实现动机的行为目标，如图 5-4 所示。

图 5-4 优势动机的能量与持续性

（四）动机的分类

根据不同的划分标准，可以把人类的动机分为以下几种类型。

1. 根据动机的性质，可以把人类的动机划分为自然性动机和社会性动机

（1）自然性动机　又称为物质性动机，是由人的自然属性所引起的，它以人的生理需要和安全需要为基础。饥饿、干渴、睡眠、解除痛苦等动机都被认为是自然性动机。

（2）社会性动机　也称为精神性动机，是人类在长期的社会生活中发展起来的。亲和、爱情、归属、成就等动机都被认为是社会性动机，其中成就动机和亲和动机被认为是两种主要的社会性动机。在一般情况下，社会性动机比自然性动机更加强烈，对人行为的推动力更大。

① 成就动机。成就动机是指个体在完成某种任务时力图取得成功的动机。个体记忆中存在着与成就相联系的愉快经验，当情境能引起这些愉快的体验时，就能激发起个体的成就动机。研究表明，个人的成功和失败的经验，影响抱负水平的高低。一般来说，成功的经验会提高个人的抱负水平，失败的经验会降低个人的抱负水平。麦克利兰认为，成就动机是一个人人格中非常稳定的特质。成就动机强的人对学习和工作都非常积极，能够控制自己不受环境影响，并且能善于利用时间。成就动机得分高的人比得分低的人更有可能取得优良的成绩。麦克利兰把成就动机看作决定个体行为的根本原因，并且将一个民族的成就动机看作社会经济的决定力量。

② 亲和动机。人类的亲和动机反映了社会生活和劳动的要求。人类的亲和动机是个体心理正常发展的必要条件之一，在社会生活中，只有与他人接近、交往，个体心理才能得到正常的发展。一般来说，亲和动机强的人对于建立、保持和恢复友好关系是很关心的。

2. 根据动机在活动中作用的大小，可以把人类的动机划分为主导性动机和辅助性动机

在人的活动中，特别是在复杂的活动中，个体从事某一项活动往往不是某种单一动机推动，而是多种动机的综合推动，并以一定的相互关系构成个体的动机体系。在这个动机体系中，对活动起决定作用的动机就是主导性动机，或称优势动机，这种动机具有更大的激励作用。在个体动机体系中处于次要地位的其他动机就是辅助性动机，或称次要动机。

3. 根据动机的社会意义，可以把人类的动机划分为高尚动机、一般动机和卑劣动机

高尚动机是指符合社会发展规律和人民利益的，能持久地调动人的积极性，促使人们为社会发展作出贡献的动机；一般动机是指动机所引起的行为不涉及他人利益，不能进行道德评价的动机；卑劣动机是其产生的行为后果损害他人的利益、为社会道德所不容的动机。

4. 根据动机起作用的范围，可以把人类的动机划分为概括性动机和具体动机

多种动机的综合称为概括性动机，对某种具体事物追求的动机称为具体动机。

5. 根据动机持续作用的时间，可以把人类的动机划分为长远的动机和暂时的动机

长远动机持续作用时间长，比较稳定，影响范围也较广。暂时动机对个体的作用时间较短，常受个人情绪的影响，不够稳定。

（五）个人动机模式的影响因素

1. 个性心理特征

人的能力、气质、性格、爱好、兴趣等个性心理特征，对个人的动机模式具有显著的影响。例如，能力可以影响个人达到目标的自信心；气质可以影响动机的强度和稳定性；性格可以影响动机的倾向性和达到目标的坚定性；爱好和兴趣可以影响动机的选择性。

2. 价值观

这是指人对社会生活方式和生活目标的社会意义和价值观念的看法和理解。价值观反映了人们对客观事物是非、好坏、重要性的评价。在相同的环境下，具有不同价值观和价值体系的人，会表现出不同的态度、动机和行为。研究表明，一个人价值体系的形成，受家庭、社会交往和传统文化的影响，其中，人生观、世界观起着主导作用。

3. 理想和信念

一个人有了理想和信念，前进就有了方向，行为就有了动力。理想和信念追求本身就是一种行为动机。信念是坚信某种观点的正确性，并从感情上愉快地接受，以此来支配自己行动的个性倾向性。一个人的信念一旦形成，会对其动机和其心理活动产生巨大的影响。

4. 抱负水平

所谓抱负水平是指将自己工作达到某种标准的心理需求。个体在从事某项实际工作之前，对自己可能达到的成就目标总会有预先的估计，然后尽力去实现目标。抱负水平对一个人继续行动的动机有很大的影响。一般来说，个体的价值观和心理特征决定其行为的方向，而抱负水平则决定着行为达到什么样的强度。

二、行为模式及其相互关系

（一）人的行为模式

一般来说，一个人行动的心理过程是，首先人的需要引发心理的紧张，进而引发某种动机，然后动机作为一种力量推动人采取行动寻找和达到满足需要的目标。目标达到，需要得到满足，身心达到平衡。然后，又会有新的需要出现。这个过程周而复始，循环不断。即需要、动机、行为和目标之间的关系是一种引发性、循环型和反馈性的关系，如图5-5所示。

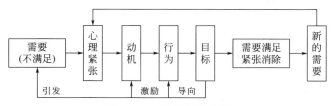

图 5-5 人的行为模式图

所谓引发性，就是由于不满足而产生需要，需要产生动机，动机引导行为，行为实现目标，需要得到满足，紧张消除。由此可见，人的行为都是由动机支配的，而动机则是由需要引起的。一般情况下，当人产生某种需要的时候，总会伴随着一种心理紧张的状态，但在找到了满足某种需要的特定目标后，这种紧张的心理状态就会转化为动机，推动人去从事某种活动，实现这种满足某种需要的特定目标，满足需要。

所谓循环性，就是当旧的需要得到满足后，又会产生新的需要，这是一个不断循环的过程，使人不断向新的目标奋进的过程。

所谓反馈性，就是在人的行为过程中，要将每一步行动结果予以反馈，以修正原来的需要是否实际，动机是否合理，行为是否有效的过程。

案例 5-2

法约尔的生产速度实验

管理之父亨利·法约尔曾经做过这样一个实验：他挑选了 20 名技术水平相近的工人，把他们分成了两组，每 10 人一组。然后，在相同的条件下，让他们同时进行生产。每隔一小时，他就会去检查一下工人们的生产情况。

对第一组工人，法约尔只把他们各自生产的产品数量记录下来，并没有告诉工人他们的工作进展速度，而对第二组工人，法约尔不仅对生产的数量进行了记录，而明确地告诉他们各自的工作进度。

第一次考核完，法约尔根据考核的结果，在生产速度最快的两个工人的机器上，各插了一面小红旗；速度居中的四个人，每人插了一面小绿旗；而最后的那四个人，则插了一面小黄旗。这样一来，每个工人对自己的生产速度到底如何，就一目了然。

实验表明，第二组工人的生产速度和效率明显高于第一组工人。

可见，将员工的表现反馈给员工是非常重要的，不仅能帮助员工更加明确自己的努力方向，更能激励员工的士气，提高员工的工作效率。

（二）需要、动机、行为的关系

在日常生活中，人们常把需要、动机、目的的概念等同起来使用。在心理学看来，这三个概念是有区别的。

1. 需要与动机

很多人将需要和动机混为一谈，甚至有人认为需要就是动机，这是不正确的。管理心理学上的需要与动机虽然有相似性的含义，却有着严格的区别。需要是一种心理上的欠缺感和需求感，而动机是一种深化了的需要，它对人的行为具有某种程度的规定性和导向性。需要是动机产生的原因，动机是推动人去行动的心理动力。

与动机相比，需要只是个体心理的一种失衡状态，如果没有可以达到的目标以及实现目标的途径，需要不可能产生真正的行为。只有在发现了满足需要的目标与途径后，个体才能产生真正的行为。

2. 动机和行为

动机和行为之间的关系有不同的表现形式。首先，同一动机可以产生不同的行为，也就是说动机与行为并不是一一对应关系。例如，一个人有为社会做贡献的动机，这个动机可以表现出很多行为，诸如努力学习、注重道德修养、工作认真负责、团结同志等。其次，同一行为可以由不同的动机所引起。例如，一位学生努力学习，这种行为可能来自不同的动机，诸如可能是出于自己的理想、可能是作为一种责任，以及获得优秀学生的荣誉等。

动机与行为是相互作用的关系。动机引起行为，而行为的结果又反过来作用于动机，使原来的动机得到加强、减弱或消失。因此，我们可以根据人的行为推断其动机，也可以通过对动机的认识来预测人的行为趋向。

3. 动机和目的

首先，动机与目的之间是相互影响、相互作用的关系。目的是人的行为所要达到的目标，动机是推动人们去达到目的的心理活动。

其次，动机与目的之间有本质的区别。一方面表现在相同目的可能有不同的动机。不同的个体对同一目标的动机可能千差万别，甚至同一个体对某一特定的目的的动机也可能不相同。例如，现在很多学生参加考研，有的是为了学习更多的知识，有的是为了有个更好的工作，还有的是为了缓解就业压力。另一方面还表现在相同的动机可能达到不同的目的。例如，两个人都有学习打网球的动机，但其中一位仅仅是为了好玩，而另一位则是为了成为网球运动员。因此，动机和目的两者缺一不可。

案例 5-3

IBM 公司的薪酬福利制度

IBM 公司相信成功始于每一位员工，因此提出：使每位员工的独特个性及潜力得到足够尊重，是 IBM 发展、变革与成功的基础。IBM 一直致力于工资与福利制度的完善，以使员工的工作与生活都更充实、更丰富，从而发挥出自己的才华。

IBM 公司的工资与福利是由现金工资与众多的福利项目组合而成的。通过系统化的设计，配合公司内部的各种管理制度，以及公司为员工提供的多种事业发展计划，达到吸引、保留优秀人才，减少员工流失，激励员工更大地发挥潜能，为公司及个人的发展多贡献的宗旨。

IBM 公司的工资与福利项目主要如下。

基本月薪——对员工基本价值、工作表现及贡献的认同。

综合补贴——对员工生活方面基本需要的现金支持。

春节奖金——春节之前发放，使员工过一个富足的春节。

休假津贴——为员工报销休假期间的费用。

浮动工资——当公司完成既定的效益目标时发出，以鼓励员工的贡献。

销售奖金——销售及技术人员在完成销售任务后的奖励。

奖励计划——员工由于努力工作或有突出贡献时的奖励。

住房资助计划——公司拨出一定数额存入员工的个人账户，以资助员工购房，使员工能在尽可能短的时间内用自己的能力解决住房问题。

医疗保险计划——员工医疗及年度体检的费用由公司解决。

退休金计划——积极参加社会养老统筹计划，为员工提供晚年生活保障。

其他保险——包括人寿保险、人身意外保险、出差意外保险等多种项目，关心职工每时每刻的安全。

休假制度——公司为员工组织各种集体活动，以加强团队精神，提高士气，营造大家庭氛围，包括文娱活动、体育活动、大型晚会、集体旅游等。

IBM公司员工薪酬的确定是基于完整的职位评估系统，严格的工作表现评估系统以及严谨的薪资调查方法，由此保证了薪资水平的合理与公平。另外，IBM公司员工都有机会均等的加薪和升职机会。

 三、行为动机的测量方法

由上可见，行为的产生与维持要靠动机，而动机本身无法直接查知，只能从个人表现以外的行为去推断、分析。测定行为动机的方法主要有以下几种。

（一）观察法

就是在实际生活中，或是在控制的情况下，观察员工的行动，加以推论。动机的象征是：追寻、选择及注意某一个（或某一类）对象，继续某种合理的行为直到目标的达成；以及目标达成后，个人所表现的满足状态。例如，一个人平时如果喜欢发表意见，积极参与团体活动，对别人的事很关心，喜欢替别人出主意，我们就可以看出其领导或支配动机的情况。

在管理工作中，要想从行为的观察获得正确的推论，管理者需要经常与员工接触，通过长期的观察，洞察对方的需要。

（二）自陈法

人类的动机如果只靠第三者从外面观察，则无法完全了解，而必须直接问及本人，所要求的是什么，一般又可用下列几种方法了解。

1. 问卷法

即让受试者按自己个人的情形，回答各种问题，常见的有是非法。例如：

（1）你喜欢工作具有挑战性吗？

（2）你愿意为了获得奖金，增加工作时间吗？

2. 选择法

可以列出两种假设情况，让受试者根据自己的意见圈选其中之一。例如：

（1）我喜欢一个人单独工作。

（2）我喜欢同别人一起工作。

3. 面谈法

即直接面对面地问职工一些问题，然后对其陈述加以分析，从而推断其动机。

（三）投射法

用自陈法虽然可以弥补观察法的不足，但因自陈法是一种主观报告，有时可能为了迎合主管所好，有不真实的答案。因此可以采用不让受试者了解测试目的的方式，即看图说故事。

具体来说，就是让受试者看一张内容设计不太明确，且具有多重意义的幻灯片或图片，受视者看完后凭个人的想象编造一个故事，故事的内容必须涉及管理者事先设计的几个问题。那么，受试者在编造故事时，会不自觉地将自己的愿望投射进去，因此分析其故事内容，即可推知其动机的一部分。

以上三种方法各有其特点，如果能同时运用则更能正确地了解一个人的真正动机。如对前来应聘的人可先用自陈法中的问卷法，做一个大概的了解，经采用后，再用投射法深入分析，并配合观察法随时核对，这样，了解就较全面了。

四、动机与管理

动机对人的积极性和行为效果有着直接而又十分重要的影响，企业管理中的关键问题之一，就是如何激励职工的工作动机，以便充分而又有效地调动员工的积极性。因此，管理者如何使员工形成正确有效的动机，使其具有强烈而持久的工作动力，是管理中的一个重要问题。

1. 在企业管理工作中注意掌握员工的主导动机，正确满足和引导员工的主导需要

动机能发动行为，是行为的内在动力。人的需要是很多的，动机也是很多的，但在某一时间内最强烈的动机即主导动机引发行为。作为社会人的员工都有思想、有独立人格，有着自己做事情的价值判断和行为标准，激励一个员工必须考虑他的动机。只有发自他们内心的事情他们才真正愿意去做，主动地去做好。为了更好地开发和利用员工的潜能，在实际工作中，企业的领导者和管理者要注意掌握员工的主导动机，有针对性地做好思想政治工作，不断满足和引导员工的主导需要。因此，掌握人们的主导动机，对于管理人员来说，是一件十分重要的工作。

2. 在企业管理工作中有针对性地激发员工的动机，使对员工的激励收到实效

通过动机理论的研究和应用，管理者可以激发员工的动机，开发员工的潜能，使对员工的激励收到实效。具体分为三个方面。

首先，针对协作需求的动机，管理者应着手建立自己与员工之间的绩效合作伙伴关系，与员工成为工作上的盟友，而非权威的领导者，与员工共进共退，让员工感觉到你不仅是他的上司更是他的老师和朋友。只有这样，员工才可能愿意敞开心扉与你交流，你才能真正了解员工的想法，有的放矢地开展工作，使你的每一项计划和指令都收到效果，产生收益。

为此，管理者必须很好地定义自己和员工的绩效合作伙伴关系，积极与员工沟通，让员工明白，绩效合作伙伴关系对管理者和员工之间的关系意味着什么，对员工的进步会有什么样的帮助，以及这样做会给组织、团队带来什么好处。管理者必须告诉员工，作为绩效合作伙伴，自己将以怎样的风格进行工作，自己能为员工提供什么样的空间以及能为员工提供什么样的支持和帮助等。通过绩效合作伙伴关系的建立和发展，管理者很好地满足了员工协作的需求，激发了员工参与的欲望，使员工的才能够最大限度地得到施展，潜能能够在最大程度上得到发挥。

其次，针对满意需求的动机，管理者的工作主要是将员工的工作表现反馈给员工，及时对员工的工作给予正面表扬和评价，让员工感觉到被尊重、被赏识，持续强化正面的行为，使之带来的影响产生倍数效应，不断挖掘员工的潜能。

最后，针对抉择的需求动机，管理者就是要做好授权的工作。授权是管理者的重要工作之一。给员工一份工作就是要给予员工从事那份工作的权力，只有责任没有权力，显然满足不了员工抉择的需求动机。如果员工没有被授权，缺乏工作积极性，不能实现成长与进步，也就不能满足员工抉择的需求动机。一定意义上，授权也是对员工信任的表现，授权就是要放手让员工发挥，避免他们缩手缩脚，瞻前顾后。

3. 正确引导员工动机的指向和选择，科学有效地利用强化机能

人类行为的心理过程可以分两个阶段，即采取决定阶段和执行决定阶段。采取决定阶段是行为的开端，它决定行为的方向，规定行为的轨道，而执行决定阶段是行为的完成阶段，在执行决定阶段里，人们的主观愿望转变成客观结果，实现了对客观世界的改造。动机可以使人们按照特定的方向，有选择地决定目标。在企业管理的实际工作中，管理者通过思想政治工作，引导员工产生正确和积极的动机，选择正确的决定方向，科学有效地利用强化机能。强化是心理学上的一个术语，主要是指动机对行为的调节作用，它有加强和制止两个方面。前者在于推动人们去继续从事达到目标所需要的行为，后者在于制止不符合预定目标的行为。也就是说，在实际工作中，企业领导者和管理者要注意应用强化理论，当员工处在行为执行阶段时，对正确的动机方向要积极鼓励，对正确的动机，要积极创造条件帮助满足，使其达到目标；而对不正确的动机要坚决加以制止，并帮助其树立正确的动机。

本章小结

1. 需要是人的行动的动力基础和源泉，是指人们在个体生活和社会生活中感到某种缺乏或不平衡状态而力求获得满足的一种心理状态，它是人们对社会生活中各类事物所提出的要求在人脑中的反应。需要具有对象性、多样性、发展性、层次性、连续性、可诱导性等特点。

2. 需要产生运动过程一般有七个阶段，需要、心理紧张的状态、动机、目标导向、目标行动、需要满足、产生新的需要。

3. 需要是由刺激产生的。刺激一般可以分为两大类：一是来自自有机体本身的刺激，它是通过内部感受器官感受到的，是人的本能和心理活动的反应；二是外部的刺激，包括自然和社会的各种事物的刺激。

4. 根据不同的划分标准，可以将需要划分为以下几类：（1）按需要的起源，可分为生理需要和社会需要；（2）按照需要的对象，可分为物质需要和精神需要；（3）按需要的觉醒状态，可分为现实需要和潜在需要；（4）按需要满足的目的，可分为生理需要和心理需要；（5）按需要对人的行为的作用，可分为主导性需要和辅助性需要；（6）按需要的归属性，可分为个人需要、集体需要和国家需要；（7）按需要起作用的时间，可分为当前需要和长远需要。

5. 马斯洛认为人的基本需要按照发生的先后次序可以分为五个等级：生理需要、安全需要、社交需要、尊重需要、自我实现需要。人类的五种基本需要是相互联系的。人类的需要是一个由低级向高级发展的阶梯，只有当低层次需要得到基本满足以后，才会产生并开始追求新的高一层次的需要。

6. 动机是引起、维持和推动个体行为，并使个体行为朝着一定方向、达到一定目标的内部动力。人们的一切行为总是从一定的动机出发，并且总是指向某一目标。动机就是行为的动力，是行为的直接原因。动机具有目的性、选择性、复杂性、意识性、强度和力量特性的特点。

7. 动机的作用有：引发功能、指引功能、调节功能、强化功能。

8. 根据不同的划分标准，可以把人类的动机分为以下几种类型：（1）根据动机的性质，可以把人类的动机划分为自然性动机和社会性动机；（2）根据动机在活动中作用的大小，可以把人类的动机划分为主导性动机和辅助性动机；（3）根据动机的社会意义，可以把人类的动机划分为高尚动机、一般动机和卑劣动机；（4）根据动机起作用的范围，可以把人类的动机划分为概括性动机和具体动机；（5）根据动机持续作用的时间，可以把人类的动机划分为长远的动机和暂时的动机。

9. 个人动机模式的影响因素主要有：个性心理特征、价值观、理想和信念、抱负水平。

10. 一般来说，一个人行动的心理过程是，首先人的需要引发心理的紧张，进而引发某种动机，然后动机作为一种力量推动人采取行动寻找和达到满足需要的目标。目标达到，需要得到满足，身心达到平衡。然后，又会有新的需要出现。这个过程周而复始，循环不断。

11. 行为动机的测量方法通常有：观察法、自陈法和投射法等。

12. 皮格马利翁效应，又称期待效应。该原理告诉我们，当一个人传递积极的期望时，就会让他进步得更快，发展得更好；相反，如果一个人传递消极的期望，则会让人自暴自弃，放弃努力。

关键概念

需要　动机　行动　目标导向　优势动机　需要层次论　自我实现　强度　力量特性　皮格马利翁效应

复习与思考

1. 什么是需要？需要有哪些特点？
2. 需要如何分类？
3. 需要有哪几个层次？
4. 简要分析需要在管理中的运用。
5. 如何理解需要层次论？
6. 什么是动机？它有哪些特点？
7. 动机有哪些作用？
8. 如何理解需要、动机、行为之间的关系？
9. 个人动机模式的影响因素有哪些？
10. 行为动机有哪些测量方法？

观念应用

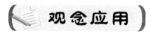
案例分析

微软的人格化管理

微软公司无疑是世界上聪明人云集的地方，比尔·盖茨靠什么对这些员工进行有效的管理呢？答案是，微软公司进行人格化管理。

建立电子邮件系统

这种系统的使用使职工体验到民主气氛。电子邮件系统是一种最迅速、最方便、最直接、最尊重人性的沟通工作方式。除了职工间的相互沟通、传递信息、布置任务可以通过它外，最重要的是职工对公司最高当局提意见和建议也可以方便地使用它。

电子邮件系统为微软公司内部职工和上下级的交流提供了最大的方便，确保了相互间意见的及时沟通，有利于相互间消除隔阂、统一步调，这是微软公司在人员管理上的一大创造。

无等级的安排

等级隔阂是人与人之间关系难以融洽的一大原因，这种在不同等级间形成的思想隔阂是很难消除的，它的存在妨碍了人们的相互沟通，不利于企业职工间形成一个坚强的整体，为共同的事业齐心努力。因此，在管理工作中，应尽可能消除它的影响。

微软公司在公司内部人员关系的处理上正是这样做的。

——平等的办公室

只要是微软公司的职工，都有自己的办公室或房间，每个办公室都是隔开的，有自己的门和可以眺望外面的窗户，每个办公室的面积大小都差不多，即使董事长比尔的办公室也比别人大不了多少。对自己的办公室，每个人享有绝对的自主权，可以自己装饰和布置，任何人都无权干涉，至于办公室的位置也不是上面硬性安排的，而是由职工自己挑选的，如果某一办公室有多个人选择，可通过抽签决定。另外，如果你对第一次选择不满意，可以下次再选，直到满意为止。

每个办公室都有可随手关闭的门，公司充分尊重每个人的隐私权。微软公司的这种做法与其他公司都不相同，它使职工们感到很有意思，而且心情舒畅。

——无等级划分的停车场

在微软公司，各办公室楼门前都有停车场，这些停车场是没什么等级划分的，不管是比尔，还是一般职工，谁先来谁就先选择地方停，只有先来后到，没有企业职位高低。但是，即使如此，比尔也从来没有因找不到停车的地方而苦恼过，这是因为每天他比任何人来得都早。

宽松的工作氛围

让职工尽可能放松，减少不必要的扰乱职工工作心情的干扰，是微软公司想方设法地为职工设想的又一个方面。

——没有时钟的办公大楼

微软公司的办公大楼是用简易的方法建造的，主要的材料是玻璃和钢材。办公大楼的地面上铺着地毯，房顶上安装着柔和的灯光，但让人奇怪的是整座办公大楼内看不到一座钟表，大家凭良心上下班，加班多少也是自报的。

——适应西雅图市天气的工作方式

微软公司总部位于西雅图市，该市的气候是经常阴天、晴天很少。只要一出太阳，只要是风和日丽，员工们可自由自在地在外面散散心。

——到处可见的高脚凳

微软为公司职工免费提供各种饮料。除此之外，在公司内部，可用于办公的高脚凳到处可见，其目的在于方便公司职工不拘形式地在任何地点进行办公。当然，这种考虑也离不开软件产品开发行业的生产特点。

——快乐的周末

每周星期五的晚上举行狂欢舞会是微软公司的传统。比尔一直想把这个舞会办得更正式一点，以缓解由于繁重工作形成的压力和紧张，增强企业职工的凝聚力和向心力，达到相互沟通、增进理解和友谊的目的。

微软公司就是靠别出心裁的人格化管理，吸引了一大批富有创造力的人才到微软公司工作，并通过微软公司独特的文化氛围，使这些人才留在微软。

问题：
1. 试分析微软公司是如何进行员工的需求和动机管理的？
2. 微软的人格化管理给我们什么启示？

实训题

试分析人们加入中国共产党的动机有哪些？从管理和教育的角度应如何加以引导？

心理小测验

跟着感觉走的人

在日常生活上，有人喜欢安闲散淡的经验，有人爱好热闹刺激的感觉。心理学家左克曼（M. Zucherman）曾编制一种感觉取向量表（Sensation Seeking Scale,简称 SSS），用以鉴别一般人爱好刺激感觉的程度。以下 14 个项目是该量表的主要部分，读者可在每个项目中，就 A 与 B 所述情境，凭直觉圈选其一，然后按后附记分法计算得分，从而鉴定自己在感觉取向上是不是一个跟着感觉走的人。

1. A. 与个性缓慢、言行不爽快的人谈话，我没有耐心。
   B. 与任何人谈话，我都觉得满有意思。
2. A. 一幅好的图画必须具有引人心灵震动的感觉。
   B. 一幅好的图画必须具有引人心灵安适的感觉。
3. A. 我觉得爱骑机车飙车的人是拿自己的生命当儿戏。
   B. 我喜欢坐在机车上那种风驰电掣的感觉。
4. A. 我向往能住在一个安全、平静、人人快乐的城市里。
   B. 我希望自己生活的地方产生一件创造历史的动乱大事。
5. A. 我时常想要去做一件冒险刺激的事情。
   B. 我认为凡事谨慎，尽量避免危险。
6. A. 我不想尝试被人催眠。
   B. 我想尝试一下被催眠的感受。
7. A. 人生的最重要目的就是向环境挑战获取充实经验。
   B. 人生的最重要目的乃是求取快乐与安适。
8. A. 我很想尝试高空跳伞的那种惊险感觉。
   B. 我从未想过参加高空跳伞之类的惊险活动。
9. A. 在进入冷水游泳池时，我总是慢慢进入，让身体有时间适应。
   B. 在进入游泳池时，不管是温水还是冷水，我的习惯总是一跃而入。
10. A. 出外旅行时，我喜欢住安静舒适的旅馆。
    B. 出外旅行时，我觉得住野外的帐篷更有意思。
11. A. 我喜欢说话时表情丰富的人。
    B. 我喜欢说话时稳重不带情绪的人。
12. A. 我喜欢一直在同一地点上班的内勤性工作。
    B. 我喜欢时常改变地点的外勤性工作。

13. A. 坏天气待在家里不能出门时,我喜欢这个意外的假期。
    B. 坏天气待在家里不能出门时,我感到很不耐烦。
14. A. 我喜欢结交新朋友,对日久相处的老面孔感到厌烦。
    B. 我喜欢跟熟朋友相处,我觉得与人相交日久,相知才日深。

记分标准

凡是圈选 1. A、2. B、3. B、4. B、5. A、6. B、7. A、8. A、9. B、10. B、11. A、12. B、13. B、14. A 者,各得一分。 按该量表的常模,感觉取向的标准定为:0~3分,极低;4~5分,低;6~9分,中;10~11分,高;11~14分,极高。

CHAPTER 6

第六章
情绪、态度、挫折与管理

学习目标

1. 了解情绪的含义和特点
2. 认识情绪在管理中的作用
3. 明确态度的含义以及态度的形成与改变
4. 熟悉人们不同工作行为和生活方式
5. 理解挫折的含义和成因
6. 掌握对挫折的管理
7. 运用所学方法,尝试改变一个人的态度

导入案例

态度决定胜负

一位旅行者在途中看到一群人在干活,他问其中一位在做什么,这个人不高兴地回答:"没看到我在砌墙吗,如果不是为了生活,我才不会在这里做这些无聊的事呐。"旅行者问第二个人,他严肃地说:"我正在做分配给我的工作,在今天收工前,我需要砌完这面墙。"旅行者问到第三位,他喜悦地回答:"我正在盖一座大厦,再过不长时间,这里就会有一座宏伟的大厦了,人们可以在这里购物、娱乐和聚会了。"他还为旅行者描述了大厦的形状、位置和结构等。

问题:
1. 分析三个人回答情况不同的原因。
2. 管理上给我们什么启示?

第一节
情绪与管理

在组织管理中,员工的情绪状态、工作态度,以及遭受挫折的反应,都在一定程度上影响

员工的士气和工作效率。管理者要在管理中，探索使员工保持积极情绪和工作态度的方法，引导员工正确对待生活和工作中的挫折，这既关系到组织的健康发展，也是组织获得成功的前提。

一、情绪概述

（一）情绪的概念

人们在认识世界和改造世界中，对于所接触到的失误，并不是无动于衷，而是表现出各种不同的态度，如高兴、悲伤、喜欢、讨厌、愤怒等。这种表现就是情绪。

情绪是指人对客观事物是否符合自己的需要而产生的内心态度体验，是人对客观事物与人的需要之间的关系的反映。从此定义中可以看出以下几点。

① 情绪与个体的需要相联系，需要是情绪产生的根源，不同的个体有不同的需要。

② 认识过程是情绪情感产生的基础和前提。人对客观事物的认识、评价是产生情感的直接原因。所谓"触景生情"，就是通过认识而产生情绪情感的例证。

③ 情绪具有两极性。客观事物是否符合个体的需要决定着情绪的性质和方向。当客观事物能够满足人的需要时，人就会对客观事物产生肯定的态度体验，表现出高兴和满意；当客观事物不能满足人的需要时，人就会产生烦恼、焦虑、不愉快的心情。

（二）情绪的基本分类

1. 从情绪的作用角度看，情绪一般具有两极性，即积极情绪和消极情绪

客观事物是否满足人的需要，会使人产生肯定或否定的态度体验。如高兴—难过、快乐—悲伤等。情绪的两极性在一定条件下可以相互转化，如"乐极生悲"等。显然，积极的情绪可以提高人的活动效率，起着增力的作用；消极的情绪会削弱人的活动能力，起着减力的作用。

2. 从情绪反应的强弱和影响效果看，可分为心境、激情和应激三个状态

（1）心境　心境是一种比较持久的、微弱的、影响人的整个精神活动的情绪状态。心境具有渲染、弥散的特点。当一个人心情愉快时，感觉到"花儿在笑，鸟儿在唱"；当一个人处于不良的心境状态时，往往会为一点小事而心烦意乱。

某种心境形成的原因各种各样，社会环境、生活中的重大事件，工作与学习上的成功和失败，亲朋关系和同事关系的好坏，自身健康状况及自身环境和气候变化等，都能成为形成某种心境的原因。但是，更为重要的还是人的主观意识、立场观点、生活态度。一个有高尚的人生追求的人会无视人生的失意和挫折，始终以乐观的心境面对生活，陈毅元帅的《梅岭三章》可以说就是这种心情的体现。

处于同样的困境中，有的人意志消沉，悲观失望，无精打采，无法正常工作和交往，甚至导致一些身心疾病；有的人克服困难，奋发向上。管理者应掌握员工的心境状态，了解其心境形成原因，让员工保持一种积极健康、乐观向上的心境，这对企业的发展有重要意义。

（2）激情　激情是一种猛然爆发的、强烈而短暂的情绪状态。激情通常是由一个人生活中的重大事件引起的。它产生得快，消失得也快，如激愤、暴怒、狂喜等。激情具有十分明显的外部行为表现。例如，狂喜时，手舞足蹈、捧腹大笑；暴怒时，咬牙切齿、怒发冲冠；极度悲伤时，号啕大哭、泪如雨下；恐惧时，目瞪口呆、脸色煞白等。处于激情状态下的人，自我控制力减弱，往往不能约束自己的行为，不考虑行为的后果。在激情状态下，人们敢说平时不敢说的话，做平时不敢做的事，常疾言厉色，宣泄情感，容易造成不良后果，一旦冷静下来，便又后悔。管理人员在工作中，特别是在与别人交往中有时也会出现感情冲动，这对工作是不利的。因此，领导者要有意识地控制自己的激情，使工作顺利地进行。

（3）应激　应激是由出乎意料的紧张而危险的情况引起的情绪状态。处于应激状态可以改变人的生理反应，使人的心率、血压、肌张力发生显著改变，引起情绪的高度应激化。在这种情况下人们可能有两种表现：一种是使认识狭窄或紊乱，出现不适当的反应，做出一些不符合逻辑的行为；另一种是使人激发更大的能量，做出平时不能做出的大胆的、勇敢的行为，或者使人的意识更清晰，提高处理问题的能力。

应激是在没有准备、没有预料到的情况下的情绪反应，因此，一个人的应激能力如何便成了评价一个人心理素质的重要依据。管理者应该具有优良的应激水平，处理突然发生的意想不到的变故，应该能够保持镇静、从容，避免慌乱和无所适从。在应对紧急情况时，应该能够反应敏捷、急中生智、行动果断，才能化险为夷。因此，管理者在日常活动中，应该自觉培养迅速处理各种棘手问题的能力。

二、情绪与管理

良好的情绪会给组织带来美好的发展和更高的效率。在组织管理工作中，对情绪研究的主要任务是探讨其对人们行为的影响作用，从而加强对人的行为的控制和引导，使管理工作顺利地进行。

（一）情绪的变化与管理

情绪不是自发的，它往往是由环境中的刺激引起的。环境包括自身的内部环境和外部环境两个方面。所以，在组织管理中要特别注意人的内部刺激的变化和外部刺激的控制。

内部刺激的变化主要有：人体的情绪呈周期性变化；不同年龄的人具有不同的情绪特征；女性职工的特殊心理变化。

人体的情绪呈周期性变化。一般认为，当人处于高潮和低潮的临界期时，人们的情绪表现往往是最差的时期，这时人的活动效率较差，情绪表现不稳定。

就社会整体而言，不同年龄的人具有不同的情绪特征。大多数青年人的主体情绪特征是激情性情绪；中年人一般以沉着、稳健的情绪为其主体情绪特征；老年人随着年龄的增长、体力的衰退以及对往事的回忆，容易出现自满和忧虑的情绪特征。

此外，女性的经期变化也会引起情绪性的反应。

外部环境的刺激很多，除了物理与化学性的刺激以外，还有社会性和心理性的刺激，对情绪的影响更大。管理者在管理工作中，要注意运用一下有效的刺激，引起员工积极的情绪反应，避免和防止一些消极情绪的产生。比如，年轻人很多心理问题都不是什么大事，只是由于他们缺少磨炼，看问题较片面，而且遇到问题容易引起情绪上的上下波动。通过心理咨询和思想上的开导使他们改变原来不合理认知，认知上转变了，积极的情绪就会增强，负面情绪就会减弱，使之达到平静和愉快。

（二）情绪的调整与培养

情绪的调整与培养在人的生活和活动中具有重要的意义。人应该善于控制自己和消除不良情绪，培养自己具有健康、积极、乐观的情绪。情绪调整与培养的方法有很多，其主要方法有以下几点。

1. 善于用愉快释放紧张和压抑

当一个人处于紧张状态时，消极的回避和一时的冲动都会带来不利的影响，要对产生紧张的内在的和外在的原因进行分析。快乐是人在达到一定意义和目的中得到的，它能使人对外界产生亲切感，有利于创造和谐的人际关系，有利于人的活动处于轻松、摆脱束缚的状态，享受生活美满的乐趣。因此要善于学会用愉快来释放紧张和压抑。

一般衡量是否放松有以下几个原则。

（1）心率平缓、平静而有节奏；
（2）呼吸深、长、均匀；
（3）肌肉松而不散；
（4）四肢舒软，而且有暖融融的感觉；
（5）心境平和、清静、舒畅；
（6）感觉精力充沛，思维敏捷；
（7）动作灵活、自然、无拘无束；
（8）身体能从疲劳中得到恢复，工作和学习效率高，长时间工作不感到疲劳。

2. 培养对生活和所从事活动的稳定兴趣

人体验快乐的强度与人的个性和主导心境有关。人对活动兴趣的本身就具有积极情绪的作用。因为由兴趣引起的大脑活动能维持一定程度的兴奋优势，在兴奋优势中能使大脑神经激活处于中强度水平，人的大脑集中注意时，就有利于进行认知加工和激活创造性思维。所以，兴趣这种使人自身处于被吸引和被卷入的心理状态，是一种减轻活动中紧张、焦虑和疲劳的良好方式，有益于情绪健康发展。

3. 正确地进行自我认知与自我规范

人在事业或社交上的能力与成就是因人而异的，不应过分攀比成就的大小和能力的高低。应正确地认识和了解自己的才能，为自己提出最适当的目标和要求，在自我满意与满足中形成自信，避免因追求目标失败而形成的情绪困扰和情绪异常。

4. 管理者要创造良好的环境来调动员工的积极情绪

一要创造良好的心理氛围。让员工经常处于情绪稳定、心平气和的心理状态，以利他们有良好的工作效率。二要根据工作难易不同，解决好工作带来的心理压力，以便达到提高工作效率的目的。三要创造工作环境氛围，注意员工工作情绪的稳定和自我意识的状况特点，不搞一刀切，尽可能让他们在各自不同的环境氛围中工作，取得好的工作效率。

5. 在人际交往中获得支持、缓解不良情绪

人类具有集群性的特点，所以社会交往是人的一种基本需要。人与人之间在感情上互相联系、互相谅解、彼此关心与支持，才能够创造出缓解消极情绪、促进心理健康的良好的状态。

补充阅读材料 6-1

情商（EQ）

情商是指情绪商数，是指情绪控制能力或情绪管理能力，也就是我们所说的驾驭情绪的能力。它包括以下几个方面的内容：一是认识自身的情绪；二是妥善管理自己的情绪；三是自我激励；四是认知他人的情绪；五是人际关系的管理，即领导和管理能力。有人认为：20%的IQ+80%的EQ=100%的成功。

心理学家认为，情商不仅能让智商发挥更大的效应，还是影响个人健康、情感生活以及人际关系的重要因素。未来的时代，仅凭知识和聪明并不一定能成大事，还要具有良好的心理素质。情商为人们开辟了一条事业成功的新途径，它能使人们摆脱过去只讲智商所造成的无可奈何的宿命态度，只要不断学习、认知与调整，正确面对情绪的变化，就有可能创造美好前景。

(三) 情绪的控制与管理

情绪有时是一把双刃剑，可以使最精明的人变成疯子，也可以使最愚蠢的人做出精明之举。在日常生活中，我们很多时候都受到情绪的影响，有时使我们意气风发、思维敏捷；有时又使我们萎靡不振、消极懒惰。情绪把握得好，能够激发潜能、创造辉煌的业绩；情绪控制不好，可能使人莽撞行事，造成难以想象的后果。

1. 调整积极情绪、克服负面情绪

调整积极情绪，需要认知客观事件的发生是引起情绪和行为反应的问题原因。对客观事件的认知解释和所持信念便成为引起情绪反应的直接原因。通过合理认知与不合理认知的调整，消除不合理的因素，情绪就会随之改变。

2. 调整自己的需要层次

人有很多方面的需要，但是哪些是合理的需要，哪些是不合理的需要，就需要自己进行调整，当然，即使是合理的需要在一定条件的限制下也是一时难以满足的，我们常说"退一步海阔天空"，有时需要积极争取，有时也要学会放弃。对于一些不合理的需要或是说虽然合理但是难以实现的愿望，就要坦然理解，及时放弃。

3. 设定明确的人生目标

明确的人生目标决定明朗的心情和事业。任何一种实践活动都是有目的、有意识的活动。当我们的情绪被生活中的烦恼和压力所占据的时候，原先设定的目标可能就被丢掉了，于是我们就会处于焦虑、失望和痛苦等负面情绪之中。只有当我们树立了明确的人生目标后，才会有新的动力让我们去追求。

管理好一个组织，作为管理者既要学会调控自己的情绪，也要学会调控员工的情绪，加强对员工的行为的控制和引导，加强心理沟通，创造良好的情绪环境，以便形成和谐的组织氛围，提高员工的工作积极性，使管理工作更顺利地开展。

案例 6-1

日本松下公司的"精神健康室"

日本松下公司的企业里，设置了"精神健康室"，就是让员工有地方发泄心中不满，以求得心理平衡，来提高工作效率。这个精神健康室有三个房间，第一间名曰"消气室"，四面墙上有哈哈镜，让那些牢骚满腹的员工进入其内，目睹自己变了的模样，忍不住笑出来，让不良情绪得到缓解。第二间名曰"出气室"，室内设有象征老板的橡皮塑像，旁边放着棍棒，任来者把"老板"揍个痛快，尽情地把委屈、不满发泄出来。如果还感到不满足，那第三间名曰"恳谈室"，有一个笑容可掬的高级职员热情地接待，洗耳恭听来者的意见，倘若能提出行之有效的好建议，还能获得奖励。

精神发泄可以采用各种形式。在哈佛大学的心理学家梅奥主持的霍桑实验中，采用个别谈话方式让工人发泄对工厂管理当局的不满和抱怨，研究人员只是洗耳恭听，详细记录。经过上万人次的谈话以后，霍桑工厂的产量大幅度上升，这就是精神发泄方法的结果。

第二节 态度与管理

态度不仅是社会心理学的基本问题之一，也是管理心理学中的一个重要课题。态度理论通过对社会态度的意义、性质和影响因素的分析,为科学的管理理论提供理论和实践上的指导。

 一、态度的概念与构成

(一) 态度的含义

态度就是个体对某一现象所持的、稳定的认知评价、情感和行为倾向。它是心理学上一种假设的概念,不能被直接观察,但可以被间接测量。态度是个体对人、事或物的一种稳定的认知体系,对个体的行为起着指示和动力的作用。

一般认为,态度是刺激与个体行为反应的中间变量,决定着人们的工作行为和生活方式,也就是说,一个人的态度会对他的行为具有指导性和动力性的影响。

组织中有各种具体的规章制度和条例,有的员工持赞同的正确态度,因而在行为上不出偏差。有的员工对这些准则持不赞同或者抱"无所谓"的态度,这样的员工在行为上难免要出差错,轻则工伤事故,重则触犯刑律。

在日常生活和企业管理中,我们要求个人"端正态度",就是指要某人对某一对象要有一个正确的评价和定势作用,这样才能导致正确的社会行为;反之,一个人"态度不正确"就会产生对事物的不正确评价和定势作用,从而导致不正确的反社会性的行为。

案例 6-2

成功取决于你的态度

一个年轻人来到一片绿洲碰到一位老先生,年轻人便问:"这里如何?"老人家反问说:"你的家乡如何?"年轻人回答:"糟透了!我很讨厌。"老人家接着说:"那你快走,这里同你的家乡一样糟。"后来又来了另一位年轻人问同一个问题,老人家也同样反问,年轻人回答说:"我的家乡很好,我很想念家乡的人、花、事物……"老人家便说:"这里同你的家乡一样好。"旁听者觉得诧异,问老人家为何前后说法不一致呢?老者说:"你要寻找什么,你就会找到什么!"

(二) 态度的心理成分

态度的心理成分包括了认知、情感和行为倾向三个因素。

1. 认知因素

认知因素是指个体对态度对象的认识、了解和评价。这是态度的基础,包括对态度对象的所有知识、思想和信念。

2. 情感因素

情感成分是指对态度对象的喜欢或厌恶等内在的心理体验。个体在认知态度对象的基础上,根据态度对象满足自己需要的程度,产生了对态度对象的喜欢和厌恶的情绪情感体验,这是态度的核心成分。

3. 行为倾向因素

行为倾向因素,又称意向因素,是指个体对态度对象准备做出的反应。它是行为的准备状态而不是行为本身。这种行为的准备状态,只有在外部客观条件具备的情况下才会表现出来。

补充阅读材料 6-2

态 度 实 验

斯奈德（M. Snyder）等人让一些男性被测试者在电话中与他们不相识的女性交谈，事先告知部分被测试者与他们交谈的女性相貌很漂亮，告诉另外一部分被测试者与其谈话的女性相貌不佳。发现男性被测试者与"漂亮"女性谈话更热情、更可爱，对方便做出了相应的反应。其实，与他们谈话的女性未必真的漂亮。

通过小实验可以发现，人们对各种事物都会有一定的态度，如认为"吸烟有害健康""文字陶冶情操""热爱教师工作"或"讨厌被人管理和控制"等，充分反映了构成态度的认知要素、情感要素和行为要素三要素的关系：认知是态度的基础；情感是态度的核心；行为倾向是态度的最终表现形式（如表 6-1 所示）。

表 6-1 态度的三要素模型

模 型	成 分	测 量	举 例
A	情感成分	生理指标 对情感的语言表达	我不喜欢我的老板
B	行为成分	观察到的行为 对意图/目的的语言表达	我想调到另外一个部门
C	认知成分	态度测量 对信念的语言表述	我认为我的老板在工作中有偏心

二、态度的特征

1. 态度的社会性

态度是个体在社会化过程中逐渐形成的。随着个体知识的增长、阅历的增加、经验的丰富，个体对某种事物的态度体系逐渐形成。在这个过程中，个体还会不断地修正自己的态度，使自己的态度体系更加完善。

2. 态度的针对性

态度始终针对某一特定对象而产生。孤立的、不具有任何针对性的态度是不存在的，也是没有意义的，因而态度是主体与客体之间对应关系的反映。没有态度的对象性，态度是不存在的。

3. 态度的稳定性

态度是在需要的基础上，经过长期的感知和情感体验逐渐形成的，形成后将持续一定时间而不易改变，并成为个性的一部分。特别是态度的这种稳定性，会在个体的行为模式上表现出一定的规律性。但态度的稳定性也不是一成不变的，当客观事物不断发展变化时，新的态度必然会取代原有的态度。

4. 态度的协调性

态度是由认知、情感和行为倾向三种因素构成的。一般情况下，对某一事物所持有的态度中，三种因素是协调一致的。如果出现了不一致的情况，个体自身会对态度体系中的相应部分进行调整，直到三种成分协调一致。

5. 态度的内隐性

态度本身是个体的一种内在心理倾向，是行为的准备状态而不是行为本身。没有这种心理过程，行为也就无从谈起。严格来讲，态度是一种心理倾向，是内隐的，是不能直接被人们直接观察到的，只能从个体的言行、表情中，借助态度的测量方法和手段，进行间接的推测和分析。

6. 态度的复杂性

态度的复杂性是指对某一事物往往有两种相互对立的极端态度。在表现形式上来看，有肯定与否定的态度、赞成与反对的态度、亲近与疏远的态度等，充分表明态度是一种十分复杂的心理现象。积极态度的产生对事物起着推动、提高、促进等作用，而消极态度的产生则起着阻碍、消退、破坏的作用。

 三、态度的影响

态度对人的影响表现在很多方面。态度除了对人的认知、情绪和行为有重要影响外，还影响着人们的学习或工作效率、人际关系、群体凝聚力等。

1. 态度对认知的影响

特定的态度一经形成，便会成为个体心理结构的组成部分，从而影响个体对后续信息的接受，对后续信息的价值具有理解和判断作用。也就是说，态度具有"过滤"作用，对信息具有接受、理解与组织作用。

一般来说，人们对于持积极态度的事物容易接受，感知也会更清晰，并且容易发生仁慈效应，注重评价其积极面；对于持消极态度的事物则不易接受，感知也较模糊，有的甚至给予歪曲，注重其消极面，产生偏见或成见。就是说，态度能使个体选择接受有利于自己的、合适的信息，拒绝不合适的信息，甚至可以曲解地接受错误的信息而产生错误的认识。

2. 态度对情绪的影响

态度与情绪是密切关联的心理现象，情绪是事物是否符合自身需要的态度体验。一般来说，特定的情绪表明了某种态度，一定的态度决定了相应的情绪。情绪与态度一致的事物或活动，会给人带来满足、愉快、喜爱、敬佩等内心体验，形成积极的情绪；反之，与态度不一致的事物或活动会形成消极的情绪，给人带来不愉快、厌恶、憎恨等内心体验。

态度对情绪的影响还表现在态度影响人对挫折的反应模式和忍耐力。挫折是人的目的行为受阻或失败时的一种情绪状态，是一种消极的情绪状态。不同的人对人、对事、对己的态度不同，对待挫折的自我防卫方式也不同。有的人知难而进，有的人知难而退；有的人将挫折归因于自己，有的人怨天尤人；有的人积极变通，有的人顽固蛮干。此外，很多态度本身就出于自我保护、自我防卫的目的。例如，一些老年人为了维护个人的地位、权威和利益，对年轻人抱着"年轻气盛""靠不住"的态度。

态度影响人对挫折的忍耐力。顽强进取、誓不罢休的态度，会增强人们对挫折的忍耐力，不容易被挫折吓退、打垮。得过且过、随遇而安的态度，一旦遇到挫折，容易逃避、退缩。

3. 态度对行为的影响

态度是一种行为的准备状态，行为是态度的外观表现。一般情况下，态度与行为是一致的。例如，如果一个人认为喝酒有害健康，他可能表现出拒绝喝酒的行为。但是，态度虽影响行为，但不一定决定行为，也就是说它们的关系并不完全具有对应关系，有些情况下，也可能表现出不一致的现象，这一过程受到很多因素的影响。例如，如果一个人认为喝酒有害健康，但在某种情况下（在寂寞或朋友相聚的时候），他可能并不拒绝喝酒。

4. 态度对学习的影响

态度对学习的影响。态度对学习具有选择性或过滤的作用。当学习的内容与个人的需要相一致时，容易被吸收、同化、记忆；与个人的需要不一致时，则可能被阻止、歪曲、排斥。

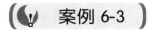

态度对学习的影响

有一个被试者没有听明白实验的要求，他就一遍又一遍地大声朗读8个无意义音节。读了46遍，当主试者问他，能否明确时，他连一个音节也不会背。当他搞清楚要求后，以积极的态度进行学习，仅读了几遍，就达到了实验的要求。美国著名的希尔教授说："造就人类的成就，除了能力外，还有一种催化剂，就是态度，当我们的态度正确时，能力就能发挥到极致，自然也就有好成绩出现。"

5. 态度对人群关系的影响

态度不仅影响人的行为方式，还影响着人与人之间的交往方式与人际关系。一般来说，对人持宽容谅解态度的人，容易搞好人际关系，无论在组织还是在家庭中，都能够与人关系融洽；对人持尖酸刻薄态度的人，往往容易与人交往出现矛盾，人际关系不畅。

从组织和群体的角度看，组织或群体的大多数成员如果都能持对人真诚、热情、友好、宽容、互助的态度，组织或群体的相容程度就会提高，人们就容易和睦相处，团结一致，有较高的凝聚力；反之，如果组织或群体中的许多人对人持虚伪、冷漠、傲慢、苛求的态度，组织或群体的相容程度就较低，人际关系紧张，凝聚力低。

6. 态度对工作效率的影响

态度很重要，因为他会影响人的工作效率，在组织管理中，如果员工认为管理中的绩效评估不是依据个人的工作质量，而是依据工作的数量，谁干得多谁的评价就高，那么为了得到较高的评价，员工们就会以积极的态度尽量多干，可有的员工并不喜欢自己的工作，以消极态度对待工作，这样就影响工作效率。

四、态度的形成与改变

（一）态度的形成

人的态度是在社会中形成的，是社会化的结果。个体的社会化是由一个自然人向社会人转变的过程，在这一过程中，家庭、学校、社会环境、大众媒体、同辈群体等都会对个体的态度产生影响，态度的形成是这些因素共同作用的结果，态度的形成经历了由动摇到稳定、由简单到复杂、由表面到深化的过程。心理学家凯尔曼（H. C. Kelman）把这个复杂的过程概括为三个阶段。

1. 服从

服从是指人们为了获得报酬或避免惩罚，而采取的表面顺从的行为。服从是被迫于某种强大的压力而采取的行为。压力可能来自于某种规定，如行政命令、规章制度或是权威意志，也可能是一些社会舆论的影响。

人们为了不被群体抛弃，能归属于群体，常常违心地与大家态度一致，这就是规范压力下的顺从行为。态度的形成与改变正是从这种服从开始的，由于种种压力，人们从表面上转变自己的观点和看法，逐渐到形成稳定的态度。

2. 同化

同化是指人们不是被迫而是自愿地接受他人的观点、信念，使自己和他人或群体形成一种友好的关系。同化不同于表面上的服从，因为其外部行为并不违背内部的信念和态度，不是出于外界的压力，而是自己积极、主动地服从。

3. 内化

内化是个体真正地从内心深处相信并接受他人的观点，彻底转变自己态度的过程。在这一阶段，人们将新的观点纳入到自己的态度体系中，形成其中的一个有机组成部分。

以上三个阶段中，内化阶段是最稳固的，也是持续时间最长的阶段，同时达到完全内化的难度也很大。并不是每个人都能完成从服从到同化再到内化的过程，有的只是到服从或同化阶段。并且从服从到内化，并非一次就能完成，而是往往需要经过多次反复。态度的形成是一个复杂而艰难的过程，三个阶段紧密相连，而不是简单的分割，在现实生活中，这三个过程一般都是复杂地交织在一起。

（二）态度的改变

形成后的态度相对比较稳定，但是，随着时间的推移和外界条件的变化，态度仍然会发生变化，新态度会代替旧态度。

1. 态度改变的形式

态度的改变一般有两种情况：一是改变态度的程度。这时态度的方向没有改变，只是改变态度的程度。如从较不同意，改变为完全同意；从强烈反对，改变为较反对。这种改变是一致性的改变。二是改变态度的方向。态度的方向有改变，态度的强度也可能发生改变。如从反对改变为同意；从喜欢改变为不喜欢。这种改变是非一致性的改变。

2. 改变态度的方法

（1）说服法　说服是一种利用沟通来传播信息、影响人们，使其态度发生改变的方法。在说服过程中，发起者会试图改变目标受众的态度。在说服的过程中，要注意方式方法，提高其有效性。

一是提高自身的可信度。就是指劝导者所具有的影响他人态度改变的特性。

二是合理地组织信息资料。在说服策略上要将理论性和情感性结合起来，做到晓之以理、动之以情、情理交融。还要考虑被劝导者的素质和可能接受的程度，以及这些信息与原来态度的方向性。

三是正确地运用说服方法。劝导者可以通过形式多样的工具和手段，灵活地、有针对性地选择各种工具和方式，主要是根据劝导对象的不同特点来运用。

（2）奖惩法　在学习、工作和生活中，我们对"奖惩"并不陌生，搞好了学习或工作，有可能得到奖励，没有搞好学习或工作，有可能得到惩处。在人类社会中，人们想要健康的身体、和平的环境和幸福的生活等，而不想要病态的身体、恶劣的环境和贫困的生活，从人们的意愿上来讲，"健康的身体、和平的环境和幸福的生活"就是对人们的"奖"，"病态的身体、恶劣的环境和贫困的生活"就是对人们的"惩"，从而体现出"奖惩并用"。在现实生活中，人们若是做到了"奖惩并用"就能明辨是非，若是做不到"奖惩并用"就有可能是非不分。

（3）参与活动　要转变一个人的态度，可以引导他积极参与有关活动。例如，对于一个对体育活动不感兴趣的人,与其口头劝说,不如动员他去一起参加定向越野或者网球比赛,这样就容易促使他发生态度的转变。

(4) 行为规范　人们都生活在大大小小的群体中,群体的规范不论是正式的规章制度还是非正式的约定俗成,都可以有效地改变个人的态度。某一自由散漫的青年在进入一个严谨、高效著称的组织之后,就要受到组织规范的约束,从而可以逐渐改变他原先对纪律和自由的态度。

(5) 角色扮演　态度与一个人所承担的社会角色密切相关,个体往往都是受自身周围环境和所在组织的情境的影响而产生不同的态度倾向。比如,护士和病人对相同的工作会有不同的要求和态度。护士认为正常的打针和吃药就可以,而病人往往认为还应有微笑和悉心的照顾。所以,如能使主体有机地承担态度对象的社会角色,就会使主体改变对态度对象的态度。

五、态度的测量

它是一个定量值,表明了用户观看或使用一个系统的主观评价和意见,不必像绩效测量那样以任务完成所需的时间和错误数为指标。态度作为一种反应的内部准备状态,作为一种心理现象,无法被直接观察到,而只能通过人们的言行加以测定和推断。态度与行为之间关系的复杂性也增加了态度测量的难度。在社会心理学中常用的态度测量方法是态度量表、问卷等。

1. 问卷调查法

问卷调查法就是根据想要了解的态度内容,设计一套问题项目,编列成表,让被调查者用一定的评价尺度对每一个问题作出评定,调查者从中了解被调查者的态度。如表6-2所示。

表 6-2　态度调查示例

使用下面的评价标准准确回答每一个问题

5=非常同意　4=同意　3=不确定　2=不同意　1=强烈反对

问　　　题	分　　数				
1. 这家公司是非常好的工作场所	5	4	3	2	1
2. 如果我努力的话,我可以在这家公司里出类拔萃	5	4	3	2	1
3. 这家公司的工资水平比其他公司有竞争力	5	4	3	2	1
4. 员工晋升决策都很公平	5	4	3	2	1
5. 我了解公司提供的各项福利待遇	5	4	3	2	1
6. 我的工作能充分发挥我的能力	5	4	3	2	1
7. 我的工作具有挑战性,但负担不重	5	4	3	2	1
8. 我相信并信任我的上司	5	4	3	2	1
9. 我可以随时将我的想法告诉我的上司	5	4	3	2	1
10. 我知道我上司对我的期望	5	4	3	2	1

定期使用问卷调查能够为管理者提供关于员工如何感觉他们工作环境的有价值的反馈信息。因为员工的行为是建立在他们的知觉基础上，而不是建立在事实之上。定期使用问卷调查能够提醒管理层潜在的问题，并且及早了解员工的意图，以便采取行动防止出现消极的影响。

2. 态度量表法

态度量表法，就是根据测量的需要针对特定的调查目的，由专业管理人员设计出包括若干题目的量表，由被调查者填写，根据个人对题目的反应给分，分数代表他对该事件的态度以及强弱程度，根据被试者的总分，从而看出员工的态度和变化趋势。在心理学中，先后出现瑟斯顿式、利克特式、语义分析等专业性的量表。

3. 自由反应法

自由反应法是对态度的认知、情感成分进行了解的方法，特点是提出一些开放式的问题让被测者自由作答，如"你对加强法制建设的态度如何"等，从被测者的回答可以看出他对所从事的工作的态度。也可让被测者续完未完成句、编完未讲完的故事以了解其态度。

4. 情境法

情境法是根据态度稳定性特点，从已知情境的态度预测对未来类似情境态度的原则设计的。如让受测者任小组组长去执行任务，前进中受阻于一条河，需迅速搭便桥过河，但事先毫无准备，也没有现成材料可用，这时即可充分观察到受测者应对困难的态度，进而推测出他对未来突如其来问题的可能态度。

上述简介的态度测量方法都有局限性的一面，因此，态度测量的可靠结论，应是几种方法配合使用，让所得材料互相印证，并结合受测者平时一贯表现分析获得。

第三节 挫折与管理

一、挫折的概述

挫折是指一个人在实现有目的的活动中受到阻碍，使其需要得不到满足，而引起内心剧烈冲突时的情绪状态。

从定义可以看出，挫折这一概念包括三方面的涵义。其一，挫折情境，即指需要不能获得满足的内外障碍或干扰等情境因素。如考试不及格，比赛未获得所期望的名次，受到同学的讽刺、打击等。其二，挫折反应，即对自己的需要不能满足时产生的情绪和行为的反应。常见的有焦虑、紧张、愤怒、攻击和躲避等。其三，挫折认知，即对挫折情境的知觉、认识和评价。三方面涵义中挫折认知是最重要的。对于各种各样的挫折情境，不同的认知会产生不同的反应、体验。不同的挫折认知产生了不同的心理反应与体验。

一般情况下，人们遭受挫折后，心理上会产生一种紧张不安的情绪，或引起身体疾病，或导致行为反常，形成消极甚至对抗的反应，如果不及时加以引导，可能会带来不良后果。个人对挫折的承受力或容忍力因人而异。面对挫折，有的人能够向挫折挑战，有的人却精神不振，甚至会行为失常。

二、挫折的成因

产生挫折的原因可能是多方面的,概括起来有以下方面。

(一) 外在因素的影响

外在因素主要指外界客观环境,包括自然环境和社会环境等因素。

自然环境是指个人能力无法克服的自然因素。如人的生、老、病、死以及地震、洪水、台风等,受到这些因素的限制,人们的动机、需要无法满足或无法完全满足而造成挫折。社会环境给人带来的障碍和困难更多、更大,后果更严重,人们在复杂的社会中生存和发展,往往主观认识与客观实际发生偏差,且人们对客观事物认识总会有一个过程,这就必然会使人遇到挫折。

(二) 内在因素的影响

内在因素,主要指个人主观因素,包括个体的体力、智力条件或性格、能力、气质等限制而受到的挫折。例如,色盲无法进医学院读书,或担任某种特殊的工作。

(三) 组织因素的影响

造成挫折的因素除了上述一般因素以外,还有组织特有的原因,如组织的管理方式、组织内的人际关系、工作性质、工作环境等其他因素。

1. 组织的管理方式

传统的组织管理,主张用高度权威控制惩罚的方法管理职工,这样就形成了组织目标与个人动机之间严重的冲突。管理方式和制度的措施不当易造成员工的挫折感。霍桑实验研究说明,以生产成绩为中心的个人奖励制度,即按件计酬的生产方式,迫使职工在金钱需要与社会需要之间做出抉择,而产生内心的冲突。

2. 组织内的人际关系

组织内部上下级之间、同事之间在人际交往中产生的矛盾是员工产生挫折感的重要来源。人际交往之间的不协调,往往是沟通不良造成的,员工之间、员工与领导之间,缺乏信赖产生误解,从而导致相互间的不满,易造成内心挫折,而个体的社会需求得不到满足也会产生心理挫折感。另外,组织内过分强调个人竞争,容易造成人际关系中不必要的紧张气氛,也会引发挫折。

3. 工作性质

工作对个人的心理具有两种重要的意义:一是表现出个人的才能与价值,获得自我实现的满足;二是使个人在团体中表现自己,以提高个人的社会地位。但是如果工作的性质不适合个人的兴趣与能力,大材小用,都将构成个人的心理挫折。

4. 工作环境

工作场地的通风、照明、安全措施等实质环境,如果不理想,不但直接影响职工的身体健康,也会引起情绪上的不满,引起挫折。

三、挫折后的反应形式

人们受到挫折后,由于个人特征、社会阅历、知识水平等不一样,反应形式也各不相同,包括消极的反应、妥协的反应和积极的反应三大类。

(一) 消极的反应形式

人在遭受挫折时伴随着强烈的紧张、愤怒、焦虑等情绪,会做出各种各样的判断和反应。情绪性反应表现形式很多，常见的有几种：攻击、退化、幻想、固执、逆反、逃避。

1. 攻击

攻击是将消极情绪转化为对客体或自身的破坏或伤害，这是一种极常见的反应形式。根据攻击对象不同，可分为直接攻击和转向攻击两种。

直接攻击是当个体遭受挫折后，常常引起愤怒的情绪，易造成极端攻击，为了将愤怒情绪发泄出去，便对构成挫折的人或物直接实施攻击。这种攻击可能是表情或手势上的，也可能是言语上的，甚至可能是行动上的。

转向攻击，转向攻击不是直接攻击造成挫折的一方，而是将其他人或物作为发泄的对象。转向攻击有三种形式：一是迁怒，即将愤怒情绪转移到其他人或事物上；二是自我攻击，表现为自残、产生轻生的念头等；三是冷漠，冷漠是对愤怒情绪的压抑，是一种以间接方式表示反抗的反应形式。例如，员工的要求长时间得不到领导的重视和满足，就可能表现出得过且过、无精打采的状态。

2. 退化

又叫倒退或回归。指个体遇到挫折时表现出与自己的年龄、身份极不相称的幼稚行为。

一般人随着年龄的增长，社会化水平的提高，孩童时期遇到挫折时表现出的任意发泄、毫无理智的反应会逐渐得到控制，并学会在适当的情况下做出适当的情绪或行为反应。但是，有些人在遇到某些挫折的时候，会表现出孩子式的幼稚行为，这种反应方式即为退化。例如，某些员工的无理要求得不到满足时，表现出"一把鼻涕一把泪"的行为。

3. 幻想

是指一个人在遇到挫折时企图以自己想象的虚幻情境来应对挫折。任何人都有幻想，通过幻想，人们可以暂时脱离现实，在自己想象的情境中满足自己的需要和欲望，使人产生一种愉快和满足的感觉。应该说，当人们遇到挫折时，暂时的幻想，可以使人在一定程度上缓冲挫折情绪，偶尔为之，也是正常的。但如果用幻想来应对现实中的挫折，特别是长期处于幻想状态，或养成了从幻想中实现现实生活中实现不了的目标的习惯，就会使人降低对现实生活的适应能力、严重脱离现实生活，甚至可能导致精神疾病。

4. 固执

固执是当个体的行为受到挫折时，依然故我地重复这种行为。固执不同于顽强拼搏，它是一种不理智的、盲目的重复行为。由于不能认清遭受挫折的真正原因，不能及时地调整行为的目标，依旧用先前的方法，最终必将失败。

5. 逆反

逆反是当个体遭到挫折后，对造成挫折的人或事不管是正确，还是错误，一概采取反对、抵制或排斥的态度。逆反是一种非理智的反应方式，往往表现为意气用事。对受挫源甚至非受挫源（无辜者）实施报复的行为。

6. 逃避

逃避是一种简单而原始的反应方式，有两种情况：一种是对预知挫折情境的逃避；另一种是对既成挫折的逃避。

对预知挫折情境的逃避是指个体不敢面对自己预感的挫折情境，而逃向较安全的地方。有三种方式：一是由一种现实逃向另一种现实，如避免做风险大的工作，转而做无风险的工作；二是由现实逃向幻想世界，如做"白日梦"；三是由现实逃向疾病，这种疾病往往是无意识的、并非装病，如战场上的新兵可能突然失明、失聪等。

（二）妥协的反应形式

妥协的反应形式是采取一种折中的办法面对挫折，以缓解和消除消极情绪的方式。妥协的反应形式有以下几种。

1. 表同作用

表同作用是指把别人具有的、使自己感到羡慕的特性或品质附加在自己身上，以缓解自己所面临的不利情境或因不具备这些特性、品质而产生的挫折感。

2. 责任推诿

责任推诿是指当一个人受到挫折时，把失败的原因推卸给别人，以缓解受到挫折后的消极情绪。人们经常习惯于把成功归功于个人的努力和才干，而把失败归之于外界环境和客观因素，以避免自责。

3. 自我文饰

自我文饰又叫"合理化"，是指人遇到挫折后，把内心的焦虑、苦闷和烦恼隐忍不发，表面上不动声色，甚至向人表白自己不受其扰，以达到维护心理平衡的目的。

4. 自我安慰

生活中，人们得不到想得到的东西，也会说服自己"那东西其实我才不想要哪"，这种反应形式就是自我安慰。

5. 反向作用

这是一种"矫枉过正"的心理防御机制，即把自己一些不符合规范、不被允许的欲望和行为，以一种截然相反的态度或行为表现出来，以掩盖自己的本意，避免或减轻心理应激。

（三）积极的反应形式

积极的反应形式是一种运用理智面对挫折和失败，将消极的情绪转化为有益于自己和社会的建设的反应形式。

1. 升华

一个人在遭到挫折后，将自己不被社会所认可的动机或需要转变为符合社会要求的动机或需要，或遇挫后将低层次的行为引导到有利于社会和自身的较高层次的行为，这就是升华。如失败的爱情，容易使人的情感被压制，此时有人会将这种情感宣泄于绘画、雕塑、音乐创作之中。升华是对不良情绪的释放，升华的功效，常常一方面转移或实现了原有的情感，达到了心理平衡，同时又创造了积极的价值，利己利人。

2. 补偿

所谓补偿，是指目标受阻、遭遇挫折时，个体主动放弃该目标，以另一方面的成功来弥补这一方面的失败，即所谓"失之东隅，收之桑榆"。如一些体育爱好者由于体质、体形等原因，不能成为运动员，却可以使自己成为一个优秀的业余评论员等，就是一种心理性的补偿。

3. 目标调整

目标行为受挫后，个体通过对主客观因素进行分析和检讨，对行为目标进行适当调整，以期获得成功，这种反应形式也是一种积极的应对挫折的方法。如员工最初把产品合格率定为10%，经过多次失败后，认识到这一目标缺乏现实性，商讨后将这一目标作适当的调整，使之现实可行。

4. 幽默

一个人在遇到挫折、处境困难或尴尬时，用幽默的方式来化解困境、维护自己的心理平衡，这不仅是一种聪明的做法，也是心理修养较高的表现。

补充阅读材料 6-3

逆商（AQ）

逆商就是指逆商系数，AQ 就是当面对逆境或挫折时，不同的人对待逆境或挫折产生的不同反应，这种反应能力，就叫逆商系数。它主要包括控制力、责任感、影响度及持续性四项要素。

（1）控制力　一个人的控制力越高，就越能扭转逆境。控制力包含两种能力：改变情况的能力和控制自己对事情反应的能力。

（2）责任感　成员的责任感越强，团队就能共渡难关。在高 AQ 的团队中，每个成员都会把全队的成败视为自己的责任，而不只是完成自己分内的事。就像一个登山队，当一个队员受了伤，无论他受伤的原因是不是出于疏忽或错误，团队成员都必须背着他继续行动，互相指责无法让团队抵达目的地。

（3）影响度　越能减少问题产生的影响，挫折的杀伤力便越低。高 AQ 的人不会让单一挫折影响到不相关的工作或私生活，而低 AQ 的人则视逆境为野火燎原，根本不觉得自己可以控制情况。

（4）持续性　一个人对挫折所造成的冲击是否挥之不去，会影响他对问题的处理，高 AQ 的人不会受过去影响，也不担心未来，他们只把注意力放在现在能采取的行动上。

俗话说"人生不如意十有八九"。没有任何一个人一生可以不经历挫折和失败。成功学告诉我们，在成功的天平上，逆商的砝码，远比智商和情商更重要，只有具备逆商才能成大事。

（资料来源：马中宝. 管理心理学. 北京：国防工业出版社，2011.）

四、挫折与管理

现实生活是充满矛盾的，人生不可能总是一帆风顺，随时有遭受挫折的可能。从管理的角度，一方面应尽量减少和消除可能引起职工挫折的根源，避免受到不应有的挫折；另一方面，当职工受到挫折时，应尽量减低挫折所引起的不良影响，提高职工对挫折的承受力。

（一）预防挫折的发生

1. 消除产生挫折的原因

对于自然因素，有些虽然是不可避免的，但有些还是可以采取措施加以预防的，尤其对生产过程中的因素更可以预见，如厂房不坚固、机器防护装置不健全、通道堵塞等。对于社会因素，应尽量引导职工适应环境，遵守法令、社会秩序、公共道德等，加强法制观念。对于生理因素，应考虑其个人的生理特点，使生理有缺陷的人受到尊重，不受歧视。

2. 协调人际关系

加强个人差异管理，使职工互相信任、帮助、支持、尊重，建立"同是一家人"的情感。要注意改善管理者与被管理者的关系，发挥集体智慧，建立平等和谐的关系。如果员工之间矛盾尖锐无法解决时，可暂时调动一下工作岗位，避免不利因素影响人际关系。

3. 改善管理制度和管理方式

如适时调整组织结构，改善人事劳动制度和工资奖励制度，实行参与制、授权制、建议制等。不使员工有受到严格监督和控制的感觉。

（二）正确对待受挫者

研究挫折的现象、产生的原因和影响因素，最终目的还在于找出对待受挫者的有效方式方法。

1. 采取宽容的态度

对领导者来说，对受挫者的攻击行为采取宽容的态度是很重要的。帮助受挫者是领导者的责任之一，应耐心细致地做思想工作，要以理服人，不应该采取有针对性的反击措施来对付攻击行为。

2. 要提高认识，分清是非

宽容的态度并不等于不分是非，领导者应当在受挫者冷静下来后，以理说服，热情帮助他们提高认识，分清是非。只有这样才有利于促使受挫者变消极行为为积极行为。

3. 要改变环境

改变环境的办法，一是调离原工作和生活的环境，到新的环境里去；二是要改变环境气氛，给受挫者以同情和温暖。

4. 精神发泄法

这是一种心理治疗方法，就是要创造一种环境，使受挫折的人可以自由地表达受压抑的情感。这样，他们将紧张情绪发泄出来，才能恢复理智状态，达到心理平衡。如可以让受挫折的人用写申诉信的办法发泄不满，也可以采取个别谈心的办法，或者让他们在一定的会议上发表意见，领导和同事们耐心地听取他们的意见，并对其正确的方面给予肯定等。

案例 6-4

化干戈为玉帛

一天上午，最佳服务员吕兰所在的商厦进了一批上海大钟，顾客特别多。尽管吕兰同志再三解释保证供应，顾客仍然向前拥挤。忽然，有一个青年火冒三丈地说："卖货的，你瞎眼啦，没见站了半天了？"这位青年的突然举动，使在场顾客都吃了一惊。这些顾客觉得这位青年太没礼貌，营业员决不会和他善罢甘休。吕兰当时被这句话噎得两眼噙着泪花，真想回敬几句，但还是克制住自己，向这个青年说："对不起，让你久等了，待我把前面两位同志要的钟包扎好，就给你拿。"青年见她没还嘴，而且对他以礼相待，也觉得自己骂人太不应该，便向她赔礼说："对不起，刚才我是准备和你吵架的，结果你倒向我道歉，这真使我不好意思。"一场可能爆发的吵架就这样平息了，化干戈为玉帛，这也使这位青年和在场的顾客深受感动。

（三）进行心理咨询和心理治疗

心理咨询是心理学家帮助人们治疗"心病"的方法，是心理学常见的治疗方法。人们因各种主、客观原因，造成了心理上的苦恼后，为了治疗这些"心病"，除了需要很多临床心理学家从事心理治疗外，还必须有相当一批心理学家从事心理咨询工作，即与得"心病"的人磋商、交换意见，以提高其现有认识水平，帮助他们消除心理上的痛苦，从而在工作上取得更大的成就。心理咨询与心理治疗有极其密切的联系，有时甚至很难分开。只有解决了各种心理问题，才能使身体的疾病获得较好的治疗效果。

本章小结

1. 情绪是指人对客观事物是否符合自己的需要而产生的内心态度体验，是人对客观事物与人的需要之间的关系的反映。
2. 从情绪反应的强弱和影响效果看，可把情绪分为心境、激情和应激三个状态。
3. 情绪的调整与培养的方法有：（1）善于用愉快释放紧张和压抑；（2）培养对生活和所从事活动的稳定兴趣；（3）正确地进行自我认知与自我规范；（4）管理者要创造良好的环境来调动员工的积极情绪；（5）在人际交往中获得支持、缓解不良情绪。
4. 态度就是个体对某一现象所持的、稳定的认知评价、情感和行为倾向。态度的心理成分有：认知因素、情感因素与行为倾向因素。
5. 态度的特性有：社会性、针对性、稳定性、协调性、内隐性、复杂性。
6. 态度对人的影响表现在很多方面。态度除了对人的认知、情绪和行为有重要影响外，还影响着人们的学习、工作效率，人际关系、群体凝聚力等。
7. 态度改变的方法有：说服法、奖惩法、参与活动、行为规范、角色扮演。
8. 挫折是指一个人在实现有目的的活动中受到阻碍，使其需要得不到满足，而引起内心剧烈冲突时的情绪状态。
9. 挫折产生的原因有内部因素、外部因素和组织因素。人们受到挫折后，由于个人特征、社会阅历、知识水平等不一样，反应形式也各不相同，包括消极的反应、妥协的反应和积极的反应三大类。

关键概念

情绪　态度　挫折　心境　激情　应激　认知　情感　行为　攻击　退化　固执　自我文饰

复习与思考

1. 什么是情绪？它有哪些特点？情绪有哪几种分类？
2. 情绪的调整与培养的方法有哪些？
3. 管理者如何将情绪情感融入管理之中？
4. 态度的心理成分有哪些？态度有哪些特性？
5. 态度对人的影响表现在哪些方面？改变态度的方法有哪些？
6. 什么是挫折？产生挫折的内外因素有哪些？
7. 造成员工受挫折的因素有哪些？针对挫折应制定怎样的管理对策？
8. 预防挫折的方法有哪些？

观念应用

分析题

快乐的工人是生产效率高的工人吗?

案例分析

一个动人的故事

这是一个用情感来激励、感化员工的动人故事。

圣诞节快要到了,凯维尔悄悄吩咐秘书去定做一批纯金西服别针,做工一定要精良,并要求在圣诞节前夕将做好的西服别针分别寄到公司员工的配偶手中。圣诞节的前一天,在总部大楼的门口,一位50多岁的老门卫的制服上便别着这样的一枚别针。

有人问他:你拿到这枚别针是什么感觉?老门卫说:"那是圣诞节的前几天,我像往常一样下班回到家,一开门,没想到我的老伴从房间里冲了过来,搂着我就是几个狂吻,并大声说:'汤姆,你真棒!'她的眼睛里闪着泪花。我不明白发生了什么事,老伴激动地说:'汤姆,你看看桌子上是什么!'我看到桌子上放着一个精致的小盒子,盒子里摆放着一枚金光闪闪的别针。"

老门卫还在盒子里发现一张小纸条,上面写道:"尊敬的托玛逊太太:感谢您一年来对托玛逊先生工作的全力支持,使得北欧航空公司的工作取得了成就。我谨代表我个人向您表示衷心的谢意。杨·凯维尔。"

老门卫告诉提问者,那天晚上,他和老伴一边喝着酒,一边聊着。他们的话题就是:明年该怎样做才能不辜负总裁的期望。他们决定:只要公司一天不辞退我,我就尽最大的努力做好自己的工作。

思考题:
1. 如何利用感情进行管理,是否从这个故事细节中得到很多启示呢?
2. 在管理中融入情感有哪些方法?
3. 利用感情管理要学会尊重人,管理者如何才能做到尊重被管理者呢?

实训题

1. 到附近的某一企业了解该企业员工的工作态度、工作满意度及组织承诺情况,分析员工的工作态度、工作满意度及组织承诺这三个要素相互之间的关系,并从企业管理者的角度分析如何使员工改进工作价值观和工作态度,如何提高员工的工作满意度和组织承诺水平,并就这些问题写一份调查报告。

2. 介绍一则你看到或亲身经历的实例,说明一个观察者产生的基本归因错误。

> 心理小测验

情 绪 测 试

指导语：现代社会是个充满机会与挑战的时代，或者说是个危机与机遇并存的社会。在这样的环境中，人要保持一份豁达从容的心态似乎很不容易，很多人都渴望拥有并保持一种宁静的心态，然而焦虑却常常把我们包围。你知道自己是否焦虑吗？哪些表现说明自己处于焦虑状态？下面的测试题可以帮你解开心中的困惑。

你最近一个星期的实际感觉：
1. 觉得比平常容易紧张和着急
2. 无缘无故地感到害怕
3. 容易心里烦乱或觉得惊恐
4. 觉得可能将要发疯
5. 觉得一切都很好，也不会发生什么不幸
6. 手脚发抖打战
7. 因为头疼、颈痛而苦恼
8. 感觉容易疲乏和困倦
9. 觉得心平气和，而且容易安静地坐着
10. 觉得心跳很快
11. 因为一阵阵头晕而苦恼
12. 曾经晕倒过，或者觉得要晕倒似的
13. 吸气呼气都感到很容易
14. 手脚麻木或刺痛
15. 因为胃痛和消化不良而苦恼
16. 常常要小便
17. 手常常是干燥温暖的
18. 脸红发热
19. 容易入睡并且睡得很好
20. 做噩梦

计分方法

题号	选项 得分	没有或很少有	小部分时间	相当多时间	大部分或全部时间
1		1	2	3	4
2		1	2	3	4
3		1	2	3	4
4		1	2	3	4
5		4	3	2	1

续表

题号 \ 选项得分	没有或很少有	小部分时间	相当多时间	大部分或全部时间
6	1	2	3	4
7	1	2	3	4
8	1	2	3	4
9	4	3	2	1
10	1	2	3	4
11	1	2	3	4
12	1	2	3	4
13	4	3	2	1
14	1	2	3	4
15	1	2	3	4
16	1	2	3	4
17	1	2	3	4
18	1	2	3	4
19	4	3	2	1
20	1	2	3	4

把 20 道题得分相加为粗略分，把粗略分乘以 1.25，四舍五入取整数，即得到标准分。评定焦虑的分界值是 50 分，分值越高，焦虑倾向越明显。

（资料来源：张卉妍，白虹. 世界上最流行的 500 个心理测试和心理游戏. 北京：北京联合出版公司，2016.）

CHAPTER 7

第七章 激励与管理

学习目标

1. 了解激励的含义及对管理的作用
2. 熟悉激励的方式
3. 理解激励过程的实质
4. 掌握有关激励理论内容及其应用
5. 理解强化的含义及类型

导入案例

林肯电气公司的激励制度

林肯电气公司总部设在克利夫兰,年销售额为 44 亿美元,拥有 2400 名员工,并且形成了一套独特的激励员工的方法,该公司 90% 的销售额来自于生产弧焊设备和辅助材料。

林肯电气公司的生产工人按件计酬,他们没有最低小时工资。员工为公司工作两年后,便可以分享年终奖金。该公司的奖金制度有一套计算公式,全面考虑了公司的毛利润和员工的生产率及业绩,可以说是美国制造业中对工人最有利的奖金制度。在过去的 56 年中,平均奖金额是基本工资的 95%,该公司中相当一部分员工的年收入超过 10 万美元。近几年经济迅速发展,员工年均收入为 44000 美元左右,远远超过制造业员工年收入 17000 美元的平均水平,在不景气的年头里,如 1982 年的经济萧条时期,林肯电气公司员工收入降为27000美元,与其他公司相比这虽然还不算太坏,可与经济发展时期相比就差了一大截。

公司自 1958 年开始推行职业保障政策,从那时起,他们没有辞退过一名员工。当然,作为对此政策的回报,员工也相应要做到几点:在经济萧条时期他们必须接受减少工作时间的决定;而且要接受工作调换的决定;有时甚至为了维持每周 30 小时的最低工作量,而不得不调整到一个报酬更低的岗位上。

林肯电气公司极具成本和生产率意识，如果工人生产出一个不合标准的部件，那么除非这个部件修改至符合标准，否则这件产品就不能计入该员工的工资中。严格的计件工资制度和高度竞争性的绩效评价系统，形成一种很有压力的氛围，有的员工因此还产生过一定的焦虑感，但这种压力有利于生产率的提高。据该公司的一位管理者估计，与国内竞争对手比，林肯电气公司的总体生产率是他们的两倍。20世纪30年代经济大萧条以后，公司年年获利丰厚，没有缺过一次分红。该公司还是美国工业界中工人流动最低的公司之一。前不久，该公司的两个分厂被《幸福》杂志评为全美十佳管理企业。

问题：
1. 你认为林肯电气公司使用了何种激励理论来调动员工的工作积极性？
2. 为什么林肯电气公司的方法能够有效地激励员工的工作？
3. 你认为这种激励制度可能给公司管理当局带来什么影响？

第一节
激励概述

企业管理的重要问题之一就是要调动员工的工作积极性，激励是管理的一个重要功能。激励，简单地讲就是调动职工的积极性。作为组织的管理者，为实现组织的既定目标，就必须通过有效的激励，激发全体成员的斗志，充分调动人的工作积极性，最大限度地利用人力资源，为管理工作服务。

一、激励的含义和作用

（一）激励的含义

激励就是激发鼓励的意思，从心理学角度分析，是指激发人的动机的心理过程。在管理心理学中，是指通过满足个体的需要，提供支持，创造条件并达到调动人的积极性、主动性和创造性的过程。可见，激励是引起个体产生明确的目标，并指向目标行为的内在动力。

（二）激励的方式

激励的方式是多种多样的，对人的激励主要有外在的激励方式和内在的激励方式。外在的激励方式在短时期内能显著提高员工的工作积极性，但效果不能持久，甚至有时还会降低员工工作的积极性；内在的激励过程需要较长的时间，而且见效较慢，可是一旦起了作用，不但可以提高员工的工作积极性，而且效果可以持续很长一段时间。

具体来讲，激励的方式主要有以下几种。

1. 目标激励

所谓目标激励就是设置适当的目标，激发人的动机，达到调动人的积极性的目的。员工都希望在工作中取得一定的成就和报酬，所以管理者需要建立适当的目标，发挥目标的激励作用，从而调动员工的工作积极性。

2. 奖惩激励

奖惩激励是奖励激励和惩罚的合称,奖励是对人的某种行为给予肯定或表扬,使人保持这种行为,奖励得当,能进一步调动人的积极性。惩罚是对人的某种行为予以否定或批评,使人消除这种行为。惩罚得当,不仅能消除人的不良行为,而且能化消极因素为积极因素。

3. 考评激励

考评,是指各级组织对所属成员的工作及各方面的表现进行考核和评定。通过考核和评比,及时指出职工的成绩、不足及下阶段努力的方向,从而激发职工的积极性、主动性和创造性。

4. 竞赛与评比激励

竞赛在组织内是一种客观存在,在正确思想指导下,竞赛以及竞赛中的评比对调动人的积极性有重大意义。竞赛与评比的心理学意义如下。

(1) 竞赛与评比对动机有激发作用,使动机处于活跃状态。

(2) 竞赛与评比能增强组织成员心理内聚力,明确组织与个人的目标,激发人的积极性,提高工作效率。

(3) 竞赛与评比能增强人的智力效应,促使人的感知敏锐准确、注意力集中,记忆状态良好、想象丰富、思维敏捷、操作能力提高。

(4) 竞赛能调动人的非智力因素,并能促进集体成员劳动积极性的提高。

(5) 团体间的竞赛评比,能缓和团体内的矛盾,增强集体荣誉感。

5. 领导行为激励

领导者行为通过榜样作用、暗示作用、模仿作用等心理机制激发下属的动机,以调动工作、学习积极性,称为领导行为激励。领导的良好行为、模范作用、以身作则就是一种无声的命令,有力地激发下属的积极性。权威是暗示成功的重要心理条件,领导者良好的行为具有权威性,使下属很快受到良好影响。领导者的行为被模仿可能是无意识的,也可能是有意识的,更多的是无意识与有意识的综合模仿,下属对领导的模仿造成了良好的激励氛围。

6. 榜样的激励

榜样的力量是无穷的。榜样激励对榜样者自己,以及对先进人员、一般人员、后进人员都有激励的作用。对自己是一个压力,对先进者是一个挑战,对一般人有激励作用,对后进者能产生心理上的压力。

除了上述几种主要的激励方式外,还有其他的激励方式,如环境激励、集体荣誉激励等。管理者在实际工作中,要灵活加以掌握。

(三) 激励的作用

在传统的管理中,激励的作用根本没有得到足够的认识和利用。随着人本管理思想的发展和在实践中的应用,人们越来越重视作为组织生命力和创造力源泉的"人"的作用,因此,激励作为组织管理的重要职能之一,对于组织目标的实现、工作效率的提高、职工潜在能力的发挥都具有十分重要的作用。

1. 激励是管理的基本职能

组织管理就是要运用有效的方法和手段,以充分利用人力、物力、财力、信息资源,最大限度地创造和提高社会经济效益。激励是管理的基本职能,管理者的一个重要任务就是对员工采用适当的手段和策略,以激励其工作的积极性、主动性和创造性。管理者要了解职工的心理,关心职工的需要,运用激励的有效方法和手段,不断激发和调动职工的工作热情和积极性。

2. 激励是实现组织目标的有效手段

企业的生产经营活动是人有意识、有目的的活动。人是实现组织目标最活跃、最根本的因素，没有人的积极性，或者人的积极性不高，再好的装备和技术、再好的原材料都难以发挥应有的作用。而激励作为一种刺激因素，目的在于通过满足员工的需要，激发其工作的动机，使员工对实现组织的目标保持高度的热情。因此，激励是实现组织目标的有效手段，是保证组织各项工作正常进行的有利保证，对于组织目标的顺利达成具有重要意义。

3. 激励可以提高员工的工作效率和业绩

美国哈佛大学心理学家威廉·詹姆士教授在对员工激励的研究中发现，按时计酬的分配制度仅能让员工发挥20%～30%的能力，而受到充分激励的员工，其能力可以发挥出80%～90%，两种情况之间60%的差距就是有效激励的结果。管理学家的研究表明，员工的工作绩效是员工能力和受激励程度的函数，即绩效=f（能力×激励）。如果把激励制度对员工创造性、革新精神和主动提高自身素质的意愿的影响考虑进去的话，激励对工作绩效的影响就更大了。例如，日本丰田公司采用合理化建议奖励方式鼓励职工提建议，结果仅在1983年，职工就提出了165万条建设性建议，平均每人提31条，它所带来的利润为900亿日元，相当于该公司全年利润的18%。

4. 激励可以造就良性的竞争环境

科学的激励制度包含有一种竞争精神，它的运行能够创造出一种良性的竞争环境，进而形成良性的竞争机制。在具有竞争性的环境中，组织成员就会收到环境的压力，这种压力将转变为员工努力工作的动力。正如麦格雷戈所说："个人与个人之间的竞争，才是激励的主要来源之一。"在这里，员工工作的动力和积极性成了激励工作的间接结果。

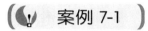

案例 7-1

罗伟的困惑

罗伟已经在某计算机公司工作了5个年头。在这期间，他从普通编程员升到了资深的程序编制分析员。他对自己所服务的这家公司相当满意，很为工作中的创造性要求所激励。

一个周末的下午，罗伟和他的朋友及同事一起打球，他了解到他所在的部门新雇了1位刚从大学毕业的程序编制分析员。尽管罗伟是个脾气好的人，但当他听说这位新来者的起薪仅比他现在的工资少30元时，不禁发火了。罗伟感到迷惑不解，他认为这里一定有问题。

周一的早上，罗伟找到了人事部主任，问他自己听说的事是不是真的。人事部主任带有歉意地说，确有这么回事。但他试图解释公司的处境："目前，编程分析员的市场相当紧俏，我们公司非常需要增加1名编程分析员。为了能吸引合格的人员，我们不得不提供较高的起薪。"

罗伟问能否相应调高他的工资，人事部主任回答说："你的工资需按照正当的绩效评估后再调。你干得非常不错！我相信经理到时会给你提薪的。"罗伟离开了主任的办公室，对自己在公司的前途感到忧虑。

5. 有效激励可以吸引和留住优秀人才

知识经济时代的到来，意味着企业间对人才的争夺越来越激烈。德鲁克认为，每一个组织都需要三个方面的绩效：直接的成果、价值的实现和未来的人力发展。缺少任何一方面的绩效，组织注定非垮不可。因此，每一位管理者都必须在这三个方面均有贡献。一个企业要想吸引和留住优秀人才，尤其是知识型人才，就要具备各种优惠政策、丰厚的福利待遇、快捷的晋升途径等一套科学有效的激励机制，只有这样，才能吸引和留住优秀人才，使他们全心全意为企业贡献才智。

案例 7-2

我国古代最早用于鼓舞士气的军歌

春秋时期,有一个少数民族国家叫山戎,持其地险兵强,屡屡侵犯齐国。齐桓公决定以管仲为军师,亲自率兵攻打山戎国。在一次行军中,齐国大军必须经过一段山路,只见顽山连路,怪石嵯峨,草木蒙茸,竹箐塞路。由于道路十分崎岖,不但辎重车辆十分难行,兵士也疲惫不堪。

正当十分艰难的时候,管仲制作《上山歌》和《下山歌》,并教士兵反复吟唱。一时间,军歌嘹亮,你唱我和,辎重车轮运转如飞,军队士气如虹。齐桓公与管仲等登上备耳山顶观看。

齐桓公叹道:"寡人今日才知道军歌原来可以鼓舞士气啊,这是什么原因呢?"

管仲回答说:"但凡人如果疲劳过度就会伤神,而人一高兴就会忘记疲劳了。"

说完便催促军队加速前进,结果打了一个大胜仗。这就是我国古代最早用军歌鼓舞士气的激励因素理论的典型案例。

二、激励的过程

心理学告诉我们,激发人的动机的心理过程的模式可以表示为:需要引起动机,动机引起行为,行为又指向一定的目标。这说明人的一切行为都是在某种动机的驱动下为了达到某个目标的有目的的活动。需要、动机、行为、目标,这四者之间的关系可以用图 7-1 来描述。

图 7-1 动机激发的心理过程模式图

如果将图 7-1 改成图 7-2,就形成了激励过程的基本模式,见图 7-2。

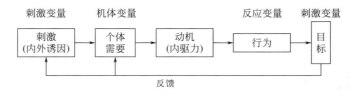

图 7-2 激励过程基本模式图

按照这个规律施之以必要的刺激,就形成了激励的心理过程模式。由图可见,激励过程实际上就是通过内外因刺激变量的变化,引起机体变量的变化,进而强化行为,实现目标。这个过程本身是周而复始、持续不断的运动过程,刺激本身就是一种激励。

可见,激励过程的实质,是一个信息沟通的过程,就是要认真处理好刺激变量、机体变量和反应变量之间的相互关系。其中,刺激变量是指对有机体的反应发生影响的刺激条件,包括可控的自然环境和社会环境刺激;机体变量是指有机体对反应有影响的特性,如能力、气质、性格、需要、动机、兴趣等;反应变量是指刺激变量和机体变量在行为上所引起的变化。组织的不同层次和部门之间、管理者与下属之间以及员工与员工之间都需要及时、顺畅的信息沟通,达到各方面的协调,使人们的积极性都得到充分的激发,提高组织的运行效率和各方面的满意度。

三、激励理论的分类

自 20 世纪二三十年代以来，随着梅奥的人际关系理论的建立和发展，西方的管理学家和管理心理学家纷纷开始从不同的角度研究组织成员的行为激励问题，并提出了许多不同的理论。这些关于激励的理论分为三种，即内容型激励理论、过程型激励理论和行为改造型激励理论。

1. 内容型激励理论

内容型激励理论也可称为需要激励理论，涉及人的需要、欲望和要求等，解释人为什么作出这样或那样的行为。这种理论满足了人们解释世界的需要，影响非常大，但也有人认为有迎合大众价值观之嫌。属于这一理论的主要有马斯洛的需要层次理论、赫茨伯格的双因素理论和麦克利兰的成就需要理论。

2. 过程型激励理论

过程型激励理论从需要未满足这一过程出发，探讨人的心理机制，人如何看待激励过程，如何作出不同的选择。属于这一理论的主要有弗鲁姆的期望理论、洛克的目标设置理论和亚当斯的公平理论。

3. 行为改造型激励理论

行为改造型激励理论从行为后果状态出发，重点研究怎样转化和修正人的行为，如何使人的心理和行为转化为积极的理论。这一理论主要有强化理论、归因理论和挫折理论。

第二节
内容型激励理论

内容型激励理论从人的需要出发，研究需要的种类和性质，探索需要发展变化的规律以及对人的工作动机和工作积极性的影响。

一、需要层次理论

需要层次理论的基本观点

1943 年，美国人本主义心理学的创始人马斯洛在《调动人的积极性的理论》一书中，提出了需要层次理论。马斯洛把人的多种多样的需要分为五种，即生理需要、安全需要、社交需要、尊重需要和自我实现需要，并按照它们发生的先后顺序分为五个等级。这一理论是国外心理学家试图解释需要规律的主要理论。

马斯洛把人类行为从理论和原则上作了系统的整理，提示了人类的需要、激励与行为之间的关系，从而提示了行为激励过程的共性。马斯洛认为人的内在需要是激励的主要诱因，强调人的不同层次的需要对动机的激发和影响。因而，马斯洛需要层次理论得到了广泛的接受，尤其在实际管理工作中更是被认可，见表 7-1。

表 7-1　需要层次理论与管理措施对应表

需要层次	诱因（追求的目标）	管理制度与措施
生理需要	薪水、福利、健康的工作环境	身体保健、工作时间、住宅设施、福利设备
安全需要	职位的保障、意外的防止	雇佣制度、退休金制度、健康险制度、意外保险制度
社交需要	友谊、团体的接纳、与组织的一致	协商制度、利润分配制度、团体活动制度、奖金制度、娱乐制度、教育训练制度
尊重需要	地位、名誉、权利、责任、与他人薪水的相对高低	人事考核制度、晋升制度、表彰制度、奖金制度、选拔进修制度、委员会参与制度
自我实现需要	能发展个人特长的组织环境、具有挑战性的工作	决策参与制度、提案制度、研究发展计划、劳资计划

二、ERG 理论

美国耶鲁大学教授奥德弗于 1969 年提出了一种新的需要层次理论。他把马斯洛的需要层次概括为三种需要：生存需要（Existence）、关系需要（Relatedness）、成长需要（Growth）。由于这三种需要的英文名称的第一个字母分别是 E、R、G，因此被称为 ERG 理论。

（一）ERG 理论的基本内容

奥德弗的 ERG 理论，把马斯洛的需要层次理论概括为生存需要、关系需要和成长需要。

1. 生存需要

生存需要即最基本的生理需要，类似于马斯洛需要层次中的生理和某些安全需要，如多种形式的生理和物质的欲望，以及工资报酬、工作条件、退休保险等社会保障条件。

2. 关系需要

关系需要即人与人的社会关系需要，类似于马斯洛需要层次中的社交需要和尊重需要，它包括在工作单位中与他人之间的人际关系需要，这种需要在与人分享和交流情感的过程中得到满足。

3. 成长需要

成长需要指个人要求得到提高和发展，取得自尊、自信、自主以及充分发挥自己能力的需要，相当于马斯洛需要层次中的某些尊重需要和自我实现需要。这类需要的满足产生于个人所从事的工作，他不仅需要发挥他的才能，而且还需要培养新的才能。

（二）ERG 理论的主要观点

奥德弗 ERG 理论的主要观点如下。

① 各个层次的需要得到的满足越少，则这种需要就越为人们所渴望。比如，满足生存需要的工资越低，人们就越渴望得到更高的工资。

② 较低层次的需要越是能够得到较多的满足，对较高层次的需要就越渴望。比如，满足生存需要的工资越是得到满足，人们对人与人关系的需要和工作成就的需要就越强。

③ 较高层次的需要越是满足得少，对较低层次需要的渴求也越多。比如，成长需要得到的满足越少，则对人与人的关系需要渴求就越大。

奥德弗 ERG 理论的观点，有很多与马斯洛的理论观点雷同，但还是与马斯洛的需要层次理论有一定的区别，主要表现在以下几个方面。

① 马斯洛的需要层次理论是建立在满足—上升的基础上的，也就是说，人们较低层次的需要得到满足后，将进而到更高一层的需要上去；而奥德弗的 ERG 理论不仅体现在满足—上升的方面，而且体现在挫折—回归方面。所谓挫折—回归说明较高的需要未满足或受到挫折时，则把更强烈的欲望放在一个较低层次的需要上。比如，成长需要受到挫折，就会对人与人关系需要产生更大的需要。

② 马斯洛的需要层次理论认为，人的需要是严格按照由低级到高级逐级上升的，不存在越级，也不存在由高到低的下降；而奥德弗的 ERG 理论则认为，人的需要不一定严格按照由低级到高级的发展顺序，而是可以越级的。比如，有的人生存需要得到满足就可以直接上升到成长需要。

③ 马斯洛认为，人的五种需要是天生就有的，是内在的；而奥德弗则认为人的三种需要，有的是天生就有的，有的是经过后天学习得来的。比如，成就的需要就是后天学习得来的。

所以，通常人们认为，马斯洛需要层次理论带有普遍性，而奥德弗 ERG 理论侧重于带有特殊性的个体差异。因而很多人认为，奥德弗 ERG 理论比马斯洛需要层次理论更符合实际，在需要理论中是一种比较有效的理论观点。

（三）ERG 理论在管理中的应用

ERG 理论为我们了解人的动力结构及其复杂性提供了理论指导。在管理活动中，不但要根据不同个体的各种需要层次水平设置相应的激励措施，而且还要注意到人的各种需要的并存性，最大限度地满足员工的需要，对员工的行为有更大的激励效果。管理者还要掌握个体需要的"满足前进"律和"受挫回归"律，正确对待员工的个人需要，设法为员工提供能满足其高层次需要的环境或条件，同时，对于在接受有挑战性和风险性的活动中受到挫折的员工，适当地满足他们较低层次的一些需要，使他们得到心理平衡，从而更大地激发他们的工作热情。

三、成就需要理论

20 世纪 50 年代初以来，美国哈佛大学心理学家麦克利兰对成就需要这一因素进行了大量的调查研究，提出了成就需要理论。麦克利兰把人的高层次需要归纳为对权利、友谊和成就的需要。他对这三种需要，特别是成就需要做了深入的研究。

（一）成就需要理论的主要内容

麦克利兰为了理解组织中人的行为，他假设：当人的基本生存需要都得到满足时，人有三种由低到高、基本的社会性需要即权利需要、亲和需要和成就需要。

1. 权力需要

权力需要是指影响和控制别人的一种愿望或驱动力，不同人对权力的渴望程度也有所不同。权力需要较高的人对影响和控制别人表现出很大的兴趣，喜欢对别人"发号施令"，注重争取地位和影响力。他们常常表现出喜欢争辩、健谈、直率和头脑冷静；善于提出问题和要求；喜欢教训别人并乐于演讲。麦克利兰还将组织中管理者的权力分为两种：一是个人权力，追求个人权力的人表现出来的特征是围绕个人需求行使权力，在工作中需要及时地反馈和倾向于自己亲自操作；二是职位性权力，职位性权力要求管理者与组织共同发展，自觉地接受约束，从体验行使权力的过程中得到一种满足。

2. 亲和需要

亲和需要就是寻求被他人喜爱和接纳的一种愿望。高亲和动机的人更倾向于与他人进行交往，至少是为他人着想，这种交往会给他带来愉快。高亲和需要者渴望亲和，喜欢合作而不是竞争的工作环境，希望彼此之间的沟通与理解，他们对环境中的人际关系更为敏感。有时，亲和需要也表现为对失去某些亲密关系的恐惧和对人际冲突的回避。亲和需要是保持社会交往和人际关系和谐的重要条件。

麦克利兰的亲和需要与马斯洛的社交需要、奥尔德弗的关系需要基本相同。麦克利兰指出，注重亲和需要的管理者容易因为讲究交情和义气而违背或不重视管理工作原则，从而会导致组织效率下降。

3. 成就需要

成就需要是追求卓越、实现目标、争取成功的内驱力。麦克利兰认为，具有强烈的成就需要的人渴望将事情做得更为完美，提高工作效率，获得更大的成功，他们追求的是在争取成功的过程中克服困难、解决难题、努力奋斗的乐趣，以及成功之后的个人的成就感，他们并不看重成功所带来的物质奖励。个体的成就与他们所处的经济、文化、社会、政府的发展程度有关，社会风气也制约着人们的成就需要。

（二）成就需要理论的主要观点

麦克利兰的观点主要包括以下几点。

① 不同的人对权力需要、友谊需要、成就需要的排列层次和所占比重是不同的。个人行为主要取决于其中被环境激活的那些需要。比如，成就需要高的个人更希望工作能够提供个人的责任感、承担适当的风险以及及时得到工作情况的反馈。高权利需要的个人更关心威望和获得对其他人的影响力。

② 成就需要高的管理者独立性强，非常关心工作环境的改善，力求做得最好。亲和需要高的管理者，非常关心团体对他的接纳和认可，并担心被团体所疏远。而权力需要高的管理者，更善于行使制度所赋予的权力影响力。

③ 具有高成就需要的人，其特点是：a. 高成就需要者喜欢设立具有适度挑战性的目标，不满足于随波逐流和随遇而安，渴望有所作为；b. 高成就需要者在选择目标时会回避过分的难度，喜欢中等难度的目标；c. 高成就需要者喜欢能立即给予反馈的任务；d. 高成就需要者把个人的成就看得比金钱更重要，把报酬看作是衡量成就大小的工具。

④ 具有高成就需要的人对企业、对国家具有重要作用。一个公司拥有很多高成就需要的人，那么公司就会很快发展；一个国家拥有这样的人越多，国家就越兴旺发达。成就是一个国家和组织发展的动力。

（三）成就需要理论在管理中的应用

① 由于具有不同需要的人需要不同的激励方式，了解员工的需要和动机有利于建立合理的激励机制。因此，在对员工实施激励时需要考虑这三种需要的强度，以便有针对性地提供满足这些需要的激励措施。

② 在人员的选拔和安置上，通过测量和评价一个人动机体系的特征对于如何分派工作和安排职位有重要的意义。高成就需要者并不一定就是一个优秀的管理者，原因是高成就需要者往往只对自己的工作绩效感兴趣，并不关心如何影响别人去做好工作。如果高成就需要者从事例行性或令人讨厌的工作，或者工作缺乏竞争性，那么成就激励就难以发挥作用了。

③ 需要是可以训练和激发的，因此可以训练和提高员工的需要，以提高生产率。如果某项工作要求高成就需要者，那么，管理者除了通过直接选拔的方式，也可以通过培训的方式培养自己原有的下属成为高成就需要者。同时，亲和需要与权力需要和管理的成功密切相关。麦克利兰发现，最优秀的管理者往往是权力需要很高而亲和需要很低的人。如果一个大企业的经理的权力需要与责任感和自我控制相结合，那么他就很有可能成功。

④ 具有高成就需要的人对企业和国家有重要作用，因此，企业必须加强对高成就需要者的管理。可以通过以下途径。

a. 通过教育和培训可以培养具有高成就需要的人才。具体做法是：首先，可以通过介绍高成就需要者的事迹来激发受训者的成就需要；其次，制订个人成就需要规划，激发受训者的成就需要转化为实际行动；最后，通过学习、交流，提高他们争取更高成就的信心。

b. 要经常安排一些成就的反馈，使被激励者了解自己的成功之所在，进一步激励他们对成就的愿望。

c. 对高成就需要者的成绩给予充分肯定。要把高成就需要的人放在具有挑战性的岗位上，肯定他们的成就，鼓励他们多出成果，并有计划地提供学习和进修的机会。

d. 将个人需要与国家、企业的利益相结合，鼓励员工创新，以成就激励他们脚踏实地努力工作。

总之，麦克利兰的成就需要理论对于我们发现人才、重视高成就需要人才的管理、合理用人等，具有很大的启发作用。

四、双因素理论

双因素理论是由美国心理学家弗雷德里克·赫茨伯格提出的，其全称为"激励因素——保健因素理论"。

（一）双因素理论的实验基础

20 世纪 50 年代末期，赫茨伯格在匹斯堡心理研究所与其同事对该地区 11 个商业机构中的 203 名工程师和会计师进行了一次调查。赫茨伯格设计了许多问题，如"什么时候你对工作特别满意""什么时候你对工作特别不满意""满意与否的原因是什么"等，并说出引起他们不满的事件及先后顺序。调查发现，引起人们不满意和满意的因素是不同的，不满意因素往往是由外界的工作环境引起的，而使职工感到满意的因素一般是由工作本身引起的。因此，赫茨伯格经过研究，把影响人们工作动机行为的各种因素分为两类：一类叫保健因素；另一类叫激励因素。赫茨伯格认为调动人的积极性，主要是从人的内部，要用工作本身来调动人的内在积极性，工作对人的吸引力才是主要的激励因素。

（二）双因素理论的主要观点

"双因素"指的激励因素和保健因素，简称双因素理论。双因素理论认为，激发人的动机的因素有两类。如表 7-2 所示。

表 7-2　两种激励因素的内容

保 健 因 素	激 励 因 素
公司的政策和行政管理	工作上的成就感
技术监督系统	工作中得到的认可和赞赏
与上级主管之间的人际关系	工作本身的挑战性和兴趣
工作环境或工作条件	责任感
与同事之间的人际关系	进步
个人的生活	成长
薪金	
职务、地位	
安全保障	

1. 保健因素

保健因素又称维持因素，是指与工作环境有关的因素，包括工资水平、工作环境、福利、安全和适当的政策等。这些因素没有激励人的作用，但却有预防人们产生不满和保持人的积极性、维持工作现状的作用，因此称之为保健因素。如果这类因素得不到基本的满足，会导致人们的不满；相反，如果这类因素得到满足，人们则没有不满。也就是说，保健因素并不能对员工起到激励作用，只能起到维持和保持工作现状的作用。

2. 激励因素

激励因素是影响人们工作的内在因素，多数是与工作本身有关的因素，包括成就感、荣誉、工作具有的挑战性、职务晋升、自我发展等，这类和工作内容紧紧联系在一起的因素，被称为激励因素。这类因素得到满足，会给人们以很大程度的激励，产生工作的满意感，有助于充分、有效、持久地调动人们的积极性；如果这类因素得不到满足则没有满意。

赫茨伯格认为，保健因素不能直接起到激励人们的作用，但能防止人们产生不满的情绪。保健因素改善后，人们的不满情绪会消除，但不会导致积极后果。而激励因素才能产生使职工满意的积极效果。

赫茨伯格还指出，与传统的看法不同，满意的对立面不是不满意。在这里，赫茨伯格对满意与不满意分别进行了拆解，提出二位连续体的存在，即满意的对立面是没有满意，不满意的对立面是没有不满意，而传统的观点认为满意的对立面是不满意。如图7-3所示。

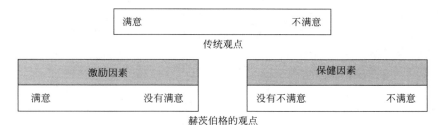

图 7-3　满意-不满意观的对比

赫茨伯格的双因素理论与马斯洛的需要层次理论有相似之处。保健因素相当于马斯洛提出的生理需要、安全需要、归属需要，激励因素相当于尊重需要和自我实现需要。当然，他们的具体分析和解释是不同的。但两种理论都没有把"个人需要的满足"同"组织目标的实现"这两点联系起来。

（三）双因素理论在管理中的应用

1. 注意保健因素的作用

在管理中，要调动和维持员工的工作积极性，首先要注意保健因素的作用。管理者要创造良好的工作环境和工作条件，防止员工产生不满的情绪，安抚员工。在保健因素得到满足后，更重要的是利用激励因素去激发员工的工作热情，增加他们工作的满意感。如果只顾及保健因素的满足，而没有利用激励因素，还是不能创造出一流的工作业绩。所以，在管理工作中，更重要的是利用激励因素。比如，不断地认可你的员工、真诚赞美、荣誉和头衔、给予一对一的指导、领导角色和授权、团队集会、劳动竞赛、制造标杆榜样等。

2. 可以利用双因素理论指导企业奖金发放工作

奖金虽然是一种重要的激励因素，但终究是一种外在的激励因素，其激励力量是有限的。要发挥奖金的激励因素作用，就必须使它与企业的效益、个人的贡献直接挂钩。不讲部门与个人成绩大小，采取平均主义分配办法，就会使奖金变成"保健因素"。如果这样，奖金就起不到激励的作用。

3. 充分发挥双因素理论在人力资源管理中的作用

由于人的需要的复杂性、多样性，保健因素和激励因素的划分也不尽然。对某些人来说，赫茨伯格列为保健因素的东西，可能对于他们则是激励因素。因此，人力资源管理者对不同人的保健因素和激励因素要加以区分。要调动员工的积极性，单纯靠物质刺激是有限的。作为管理者，要处理好物质鼓励和精神鼓励的辩证关系，做好人的工作。

案例 7-3

IBM 领导重视激励

美国 IBM 公司是世界上经营最好、管理最成功的公司之一。该公司采用了一系列尊重人、信任人的激励手段。他们将尊重人、信任人视为公司的第一宗旨。该公司创始人沃森曾经说过："我希望 IBM 公司的推销人员受人敬佩，我想让他们的妻子和孩子们为自己的丈夫和父亲所从事的职业感到自豪。"他们懂得，公司最伟大的财富是人，而不是金钱或者其他的东西。IBM 公司的所有经理都懂得人们对工作满意的价值和不断调动积极性的必要性。因此，超群的贡献会得到表彰、鼓励和报酬。

法国有一句古老的谚语："一个人累了也能再走完一段很长的道路。"但是，这需要调动人本身的动力与受到外界的鼓励。激励的作用，就是鼓励人们在这条道路上走下去，直到实现组织目标。IBM 公司的副总裁巴克·罗杰斯深知 IBM 公司取得成功的一切奥秘。他认为："一个优秀的领导者就是一名鼓动者，一个靠他的言论和行动来激发人们做出最出色的工作的人。"

第三节
过程型激励理论

过程型激励理论着重于研究从行为动机的产生到行为的产生、发展、变化这一过程中人的心理活动规律，并阐述如何通过心理激励使人的行为积极性维持在一个较高的水平上。

一、期望理论

期望理论由美国心理学家弗卢姆于 1964 年提出，它是从目标吸引力角度探讨调动人的积极性问题的。

（一）期望理论的主要内容

该理论的基本观点是：人们只有在预期行为有助于达到某种目标的情况下，才会被充分地激励起来，进而采取行动以达到这一目标。弗卢姆认为，某一目标对某人的激励力量取决于他所能得到结果的全部预期价值乘以他认为达成该结果的期望概率。该模式可以表示为：

$$M = VE$$

式中，M 表示激励力量，即个人所受激励的程度。V 代表目标效价，即被激励者所预计的结果带来的满足程度。目标效价表示一定目标对于满足个体需要的价值。个人对达到某种目标或成果漠不关心，效价为 0；个人宁愿不要出现这种结果，效价为负值；个人希望达到某种结果时，效价为正值。只有效价为正值时才有激励力量，零值没有激励作用，负值则起消极作用。E 表示期望值，是指判断达到目标的可能性的大小，它反映了努力与绩效的关系，其数值范围是 $0\sim1$。

期望理论的基本模式表明：目标对个人的价值越大，估计实现的概率越高，激励力量也越大；若实现目标的可能性很大而目标效价很小，或者目标效价很大而期望值很小，人被激发的力量就会很小。

弗卢姆认为，根据期望理论，要调动人们工作的积极性，在进行激励时，要处理好三种关系。

1. 努力与成绩的关系

人们总是希望通过一定的努力去达到预期的目标，如果他认为通过自己的努力可以达到目标，即个体认为达到目标的期望概率很高，就会激发出强大的力量。如果他认为目标高不可攀，或目标太低，很容易实现，就会失去内部的动力。

2. 绩效与奖励的关系

人们总是希望达到目标后能够得到奖励，这个奖励可以是物质上的，也可以是精神上的。如果他认为取得绩效后能够得到合理的奖励，就可能产生积极性，否则就没有工作热情。

3. 奖励与个人目标的关系

人们总是希望奖励能够满足个人的某方面的需要。然而，不同的人要求需要满足的程度存在着不同，因此，设计多种奖励方案，有利于形成复合式效价结构，满足多重需求。

案例 7-4

某机床厂的张榜招贤

某机床厂在设计制造一台大型机床的过程中，遇到一个技术难关。组织几次技术攻关均告失败。为此，厂里张榜求贤，公布论功行赏条件：凡是在规定时间内攻下难关的，技术员可以升为工程师；工人可升一级工资。这就在事实上给大家树立起一个目标，而且对一些人来说是个有价值的目标。消息传开后，立刻引起许多技术员和工人的极大兴趣，并开始了攻关的准备工作。

张榜招贤的布告牵动了几百人，他们不同程度地表现出对攻关目标的期望心理。但是，调查材料表明，许多人的期望心理产生后不久就发生了变化。一部分人期望心理消失，另一部分人则积极投入到攻关活动中。据了解，前者在把自己的技术能力与经验同攻关所需的条件做了比较之后，意识到攻下难关的可能性很小，在这种情况下，尽管达到攻关目标能获得利益，但力不从心，只好放弃。后者在比较之后，感到攻关成功的可能性大，因而使期望成功的心理得到强化，并表现出积极的攻关行为。

（二）期望理论在管理中的应用

1. 树立目标，激发期望心理，运用期望值调动员工的积极性

在调动职工积极性的工作中，不仅要了解员工的需要，还要根据员工的需要，适时地树立起有一定价值的目标，激发员工的期望心理，这是调动人的积极性的一项重要工作。在管理工作中，确立的目标要适当，目标过高，令人望而生畏；目标过低，使人轻而易举；这都不能激发人的积极性。需要指出的是，由于人们的经验、能力、需要等方面的不同，因而对同一客观事物的期望概率也不一样。因此，了解和掌握人的期望概率值，有针对性地进行工

作，才能防止挫伤及消极因素，调动员工的积极性。当某人期望值过高，而事物发展结果又不能满足期望要求时，就需要帮助他认真分析主客观条件，使其降低期望值，以免带来消极情绪。

2. 对管理者要坚持激励与培养相结合

期望理论告诉我们，必须将期望概率和效价两者都提高，才能提高激励水平。首先，管理者要确定适宜的目标。人的行动总是指向一定的目标。管理者要增加目标的吸引力，必须设置适宜的目标。设立的目标既要有一定的挑战性，又要让人觉得有可能实现，经过努力是可以达到的。要让员工正确认识组织目标与个人目标之间的关系，提高目标的效价。其次，要提高员工的期望值。根据期望理论，人们对自己的行动能否导致工作绩效和最终实现目标的期望值越大，他们受到激励的力量就越大。因此，管理者可以通过对员工的教育与培养，提高其业务能力和思想素质，提高其自信心和努力拼搏的精神，提高个体的期望概率，这样才能充分调动他们的积极性。

3. 在管理中将绩效与奖励紧密结合

期望理论告诉我们，关联性强意味着员工的高绩效将导致高报酬。因此，完成工作任务在员工心中的绩效将提高，进而提高其激励水平。所以，要让员工明确绩效与奖励之间的紧密联系，并要让员工相信只要努力工作，绩效就能提高。

奖酬作为外在效价要起到积极的激励作用，必须公平合理。否则，不仅起不到激励作用，还会挫伤员工的积极性。因此，管理者要提高对绩效与奖励关联性的认识，使报酬与绩效紧密挂钩，做到多劳多得，奖罚得当。如果对一个重大技术发明者奖励100元钱，不但不能起到激励作用，相反可能挫伤员工的积极性，产生心理负效应。

4. 在管理工作中将物质奖励与精神奖励结合起来

期望理论告诉我们，人们对其从工作中得到的报酬的评价（效价）是不同的，有的人重视薪金，有的人更重视工作的挑战性。因此，管理者要了解自己管理的对象，有针对性地采取多种奖励方式，使组织的各种报酬同员工的需要相符合。

案例 7-5

某企业产品质量目标

某企业为了提高产品质量，规定一级品合格率达到85%以上者可获得质量奖金；连续半年获得质量奖的职工可评为"信得过"职工；连续两年获得"信得过"称号的，在晋级加薪时优先。这样一个把质量要求同职工的利益联系起来的决定，实际上就给广大职工树立起一个近期、中期、远期目标。实践证明，这个包含精神和物质利益的目标，极大地激发了广大职工搞好产品质量的积极性，使全厂一级品合格率有较大提高。

二、公平理论

公平理论又称社会比较理论，它是美国行为学家亚当斯在1964年提出来的一种激励理论。该理论侧重研究工资报酬分配的公平性对生产积极性的影响，以及对职工的工作态度的影响。

（一）公平理论的基本观点

① 公平感是人类的一种基本心理需要。人不仅有保持生理平衡的需要，也有保持心理

平衡的需要。人们对其所得到的报酬是否满意，不只是看绝对值，而是进行社会比较或历史比较，看相对值。即每个人都把个人的报酬与贡献的比率同他人的比率作比较，如比率相等，则认为公平合理而感到满意，从而心情舒畅努力工作；否则就会感到不公平不合理而影响工作情绪。这种比较过程还包括同本人的历史的贡献报酬比率作比较。可用公式表示如下：

$$\frac{个人所得的报酬}{个人的贡献} = \frac{（作为比较的）另一个人所得的报酬}{（作为比较的）另一个人的贡献}$$

② 一般来说，员工是以对工作的付出比较其所得。他所说的付出包括体力和脑力的消耗，包括技术水平、智慧、经验和工作态度，具体则体现为工作数量与质量。他所说的报酬包括物质和精神的奖酬，如工资、奖金、津贴、晋升、名誉、地位等。在一个组织里，人们往往喜欢不断地与他人进行比较，并对公平与否的程度作出判断。比较所产生的反应有三种：公平、报酬过度或报酬不足。

③ 如果员工认为公平，那么他们就会继续以几乎同样的水平做出贡献。相反，如果员工认为对自己不公平时，就可能采取一系列的行为：当人们感到待遇不公平时，在心里会产生苦恼，呈现紧张不安，导致行为动机下降，工作效率下降，甚至出现逆反行为。个体为了消除不安，一般会出现以下一些行为措施：通过自我解释达到自我安慰，以消除不安；更换对比对象，以获得主观的公平；采取一定行为，改变自己或他人的得失状况；发泄怨气，制造矛盾；暂时忍耐或逃避。

（二）公平理论在管理中的应用

公平理论在管理中的实际应用，符合多劳多得、少劳少得的分配原则，具有普遍适用的积极意义。

1. 公平奖励员工

要求公平是任何社会普遍存在的一种社会心理现象。管理者在实际工作中能否做到公平合理，既是衡量管理水平高低的一个重要标志，又是能否保持企业安定、良好的人际关系、员工积极性能否充分发挥的重要因素。这就要求管理者在利益分配的比较方式上，应处理好比较范围和比较标准的关系，随时注意和发现员工的不满情绪，努力在组织中维持一种公平的空间。

2. 建立平等竞争的机制

人们的心理普遍有寻求公平的需要，因此，管理者要加强管理，建立平等竞争机制，尽可能地做到公平。当人们在主观上感到公平合理时，他们的心情会舒畅，潜能就会充分发挥出来，从而使组织充满生机和活力。

3. 教育职工正确对待比较对象和认识不公平现象

工作任务和管理制度都有可能对公平产生影响，员工在比较中往往过于主观，这就要求管理者对员工的公平心理进行引导，使其树立正确的公平观，正确对待比较对象和认识不公平现象。处理好制度改革与观念转变的关系，以敏锐的目光觉察员工个人认识上可能存在的偏差，教育职工处理好公平分配与正确判断的关系，正确对待比较对象和认识不公平现象，适时做好引导工作，让员工确保个人工作积极性的发挥。

三、目标设置理论

人的行为是由动机引起的，并且都指向一定的目标。动机和目标是两个既互相区别又互相联系的概念。目标是指行为的目的或行为的指向物，是与一定的需要相联系的客观对象在主观上的超前反映。动机与目标的区别在于：有些行动的动机只有一个，而目标则可以有若干个局部或阶段性的具体目标；同样目标的动机可以表现在不同的行动中；动机比目标更为内在、更为隐蔽、更为直接地推动人去行动。

（一）目标设置理论的基本观点

目标设置理论于 20 世纪 60 年代末由美国马里兰大学心理学教授洛克提出。他强调了研究目标的重要性，围绕目标的激励作用作了广泛深入的探索。

洛克认为，外部的刺激如奖金、工作反馈、监督的压力等都是通过目标来影响动机的。目标设置理论模式如图 7-4 所示。

图 7-4　目标设置理论模式图

洛克认为，在上述模式中任何目标都可以从三个维度来进行分析：①目标难度，即目标要具有挑战性，必须经过努力才能完成；②目标明确性，即指目标导向必须是具体的，可以测定的；③绩效，就是目标的效果，是由目标难度和目标明确性组成的。

目标设置理论认为，从激励的效果出发，有目标比没有目标好，有具体的目标比空泛的目标好，能被执行者接受而又有较高难度的目标比唾手可得的目标更好。此外，给予员工工作情况的及时反馈，使得员工对自己工作的完成情况有更清楚的认识将有助于目标的实现。

（二）目标设置理论在管理中的应用

① 目标是一种外在的可以观察并且可以测量的标准，管理者可以直接设置、调整和控制目标，作为激励员工的重要手段和技术。

② 管理者在为员工设置目标的过程中，首先应该尽量使员工参与目标设置，了解并且认同组织目标；其次，帮助员工设立具体的并且有相当难度的目标；最后，对目标的实现应该采取各种形式的激励和肯定，以强化和调动员工完成目标的积极性。

③ 个人目标与集体目标一致。组织的目标与个人的目标可能平衡一致，也可能发生偏向，如果出现偏向，就不利于调动个人的积极性，不利于组织目标的实现。只有使这种偏向趋于平衡，即组织目标向量与个人的目标向量间的夹角最小，才能使个人的行为朝向组织的目标，在个人间产生较强的心理内聚力，共同为完成组织目标而奋斗。

④ 目标的时间上，既要有近期目标，又要有远期目标。只有远期目标，易使人产生渺茫感，只有近期目标，则使人目光短浅，其激励作用也会减少或不能维持长久。

⑤ 积极做好目标的反馈。信息的反馈可以增强员工实现目标的积极性，并且使员工及时发现问题，调整方向，从而更好地实现目标。

⑥ 促进目标管理的实现。目标设置理论为管理中采用的目标管理技术提供了心理学的理论依据，管理者通过不断设置企业目标，让员工明白企业的目标与个人的目标，并让员工积极参与，这样既有利于员工个人目标的实现，又有利于促进目标管理的实现。

案例 7-6

山田本一的目标设置

1984 年，在东京国际马拉松邀请赛中，名不见经传的日本选手山田本一出人意外地夺得了世界冠军。当记者问他凭什么取得如此惊人的成绩时，他只说了这么一句话：凭智能战胜对手。当时许多人都认为，这个偶然跑到前面的矮个子选手是在故弄玄虚。马拉松赛是体力和耐力的运动，只要身体素质好又有耐性就有望夺冠，爆发力和速度都还在其次，说用智能取胜确实有点勉强。

两年后，意大利国际马拉松邀请赛在意大利北部城市米兰举行，山田本一代表日本参加比赛。这一次，他又获得了冠军。记者又请他谈经验。山田本一回答的仍是上次那句话：用智能战胜对手。这回记者在报纸上没再挖苦他，但对他所谓的智能迷惑不解。

10年后，这个谜终于被解开了，山田本一在他的自传中这样说道：每次比赛之前，我都要乘车把比赛的线路仔细地看一遍，并把沿途比较醒目的标志画下来，比如第一个标志是银行；第二个标志是一棵大树；第三个标志是一座红房子……这样一直画到赛程的终点。比赛开始后，我就以百米的速度奋力地向第一个目标冲去，等到达第一个目标后，我又以同样的速度向第二个目标冲去。40多公里的赛程，就被我分解成这么几个小目标轻松地跑完了。起初，我并不懂得这样的道理，我把我的目标定在40多公里外终点线上的那面旗帜上，结果我只跑了十几公里就疲惫不堪——我被前面那段遥远的路程吓倒了。

第四节 行为改造型激励理论

行为改造型激励理论重点是研究如何转化和修正人的行为，变消极行为为积极行为的一种理论。主要包括强化理论、挫折理论和归因理论。这里主要介绍强化理论。

一、强化理论的基本观点

强化理论是美国哈佛大学心理学教授斯金纳提出的。斯金纳认为人或动物为了达到某种目标，会采取一定的行为作用于环境。当这种行为的后果对他有利时，这种行为就会在以后重复出现；不利时，这种行为就减弱或消失。人们可以用这种正强化或负强化的办法来影响行为的后果，从而修正其行为，这就是强化理论，也叫作行为修正理论。

所谓强化是指对一种行为的肯定或否定的后果及其对该行为是否重复的影响程度。强化包括以下四种类型。

1. 正强化

正强化又称积极强化，是指当人们采取某种行为时，能从他人那里得到某种令其感到愉快的结果，这种结果反过来又成为推进人们趋向或重复此种行为的力量。例如，企业用某种具有吸引力的结果，如奖金、休假、晋级、认可、表扬等，表示对职工努力进行安全生产的行为的肯定，从而增强职工进一步遵守安全规程进行安全生产的行为。正强化既能起到加强被强化者积极行为的作用，又能使其他人出现积极行为的可能性增大。

2. 负强化

负强化又称消极强化，是指通过某种不符合要求的行为所引起的不愉快的后果，对该行为予以否定。若职工能按要求行事，就可减少或消除这种令人不愉快的处境，从而也增加了职工符合要求的行为重复出现的可能性。例如，企业安全管理人员告知工人不遵守安全规程，就要受到批评，甚至得不到安全奖励，于是工人为了避免此种不期望的结果而认真按操作规程进行安全作业。由此可见，负强化与正强化的目的是一致的，只是二者采取的手段不同。

3. 惩罚

惩罚是指在消极行为发生后，以某种带有强制性、威慑性的手段，给人带来不愉快的结果，或者取消现有的令人愉快和满意的条件，以表示对某种不符合要求的行为的否定。如批评、行政处分、经济处罚等，都是惩罚的手段。

4. 自然消退

自然消退又称衰减，是指对原先可接受的某种行为强化的撤销，使这种行为出现的频率逐渐减少、衰退，以至最终消失。研究表明，一种行为在一定时间内得不到正强化，此行为将自然下降并逐渐消退。例如，企业曾对职工加班加点完成生产定额给予奖酬，后经研究认为这样不利于职工的身体健康和企业的长远利益，因此不再发给奖酬，从而使加班加点的职工逐渐减少。

强化理论认为，正强化会影响人们重复这种行为的倾向，在激励过程中起着重要的激励作用。正强化可以分为连续强化和间断强化两种不同的方式。连续强化是指对每次发生的行为都进行强化。间断强化是指非连续性的强化，不是对每次发生的行为都进行强化。连续强化与间断强化相比，连续强化具有快速效果，但缺点是一旦停止强化后，其行为将很快消失；间断强化的效果虽然不如连续强化快速，但保持得较久。

二、强化理论在管理中的应用

1. 兼顾强化在管理的实施过程中的整体一致性

经过强化的行为趋向于重复发生，强化刺激物多次出现会增强行为，但不同性质的强化物交叉出现，其强化作用则会彼此抵消而减弱。也就是说，强化物性质一致会增强效果，不一致则会导致效果减弱。整体一致性原则要求做到：①使用某种强化手段，应兼顾物质强化和精神强化的一致性；②使用某种强化手段，应兼顾个人心理效应与群体效应的一致性；③使用某种强化手段，应兼顾内在强化与外在强化的一致性；④不同的管理者采取的强化措施要具有一致性。

2. 要按照强化对象的不同采用不同的强化措施

人们的年龄、性别、职业、学历、经历不同，需要就不同，强化方式也应不一样。比如有的人更重视物质奖励，有的人更重视精神奖励。所以，管理者就应区分情况，对不同的人，根据不同的工作表现，采用不同的强化措施。

3. 小步子前进，分阶段设立目标

激励应采用渐进性的原则，小步子前进，分阶段设立目标，而且，强化物的刺激量要逐步递增，完成每个小目标都及时给予强化，这样才会取得好的强化效果。如果目标一次定得太高，会使人感到不易达到或者感到能达到的希望很小，这就很难充分调动人们为达到目标而做出努力的积极性，对良好的行为不能起到促进作用，对不良行为也不能起到抑制作用。

4. 及时反馈

所谓及时反馈就是通过某种形式和途径，及时将工作结果告诉行动者。要取得最好的激励效果，就应该在行为发生以后尽快采取适当的强化方法，否则这种行为重复发生的可能性就会减小以至消失。因而，强化理论已被广泛地应用在激励和人的行为的改造上。及时反馈要求管理者做到：①运用强化手段要及时；②信息反馈也要及时，反馈本身也是一种强化；③强化激励要不断进行，而且方式要多样化。

5. 正强化比负强化更有效

正强化措施会给人愉快的、积极的情绪感受，有利于调动人的积极性；而负强化手段可能使人由于不愉快的感受而出现悲观、恐惧等心理反应，甚至发生对抗性消极行为。所以，在强化手段的运用上，应以正强化方式为主。同时，必要时也要对坏的行为给予惩罚，做到奖惩结合。采用负强化（尤其是惩罚）手段要慎重，在运用负强化时，应尊重事实，讲究方式方法，处罚依据准确公正，这样可尽量消除其副作用。将负强化与正强化结合应用一般能取得更好的效果。

强化理论只讨论外部因素或环境刺激对行为的影响，忽略人的内在因素和主观能动性对环境的反作用，具有机械论的色彩。但是，许多行为科学家认为，强化理论有助于对人们行为的理解和引导。因为，一种行为必然会有后果，而这些后果在一定程度上会决定这种行为在将来是否重复发生。那么，与其对这种行为和后果的关系采取一种碰运气的态度，就不如加以分析和控制，使大家都知道什么后果最好。这并不是对职工进行操纵，而是使职工在各种明确规定的方案中进行选择。因而，强化理论已被广泛地应用在激励和人的行为的改造上。

案例 7-7

最好的标准

有一个村庄有一种风俗：以求婚用牛的多少来决定姑娘的美丑，最贤惠漂亮的需要九头牛，这是最高规格的聘礼。

李老汉家有三个女儿，前两个女儿既聪明又漂亮，都是被人用九头牛作聘礼娶走的。第三个女儿到了出嫁的时候，却一直没有人肯出九头牛来娶，原因是她非但不漂亮，还很懒惰。后来一个远方人张三听说了这件事，就对李老汉说："我愿意用九头牛娶你的女儿。"李老汉非常高兴，真的把女儿嫁给了远方的张三。

过了几年，李老汉去看自己远嫁他乡的三女儿。没想到，女儿能亲自下厨做美味佳肴来款待他，而且从前的丑女孩变成了一个气质超俗的漂亮女人。

李老汉很震惊，偷偷地问女婿："难道你有魔法吗？你是怎么把她调教成这样的？"

李老汉的女婿说："我没有调教她，我只是始终相信你的女儿值九头牛的价，所以她就一直按照九头牛的标准来做了，就这么简单。"

（资料来源：朱吉玉. 管理心理学. 大连：东北财经大学出版社，2011.）

本章小结

1. 激励就是激发鼓励的意思，从心理学角度分析，是指激发人的动机的心理过程。在管理心理学中，是指通过满足个体的需要，提供支持，创造条件并达到调动人的积极性、主动性和创造性的过程。

2. 激励的方式主要有以下几种：目标激励、奖惩激励、考评激励、竞赛与评比激励、领导行为激励、榜样的激励等。

3. 激励的作用有以下几个方面：激励是管理的基本职能；激励是实现组织目标的有效手段；激励可以提高员工的工作效率和业绩；激励可以造就良性的竞争环境；有效激励可以吸引和留住优秀人才。

4. 激励过程的实质，是一个信息沟通的过程，就是要认真处理好刺激变量、机体变量和反应变量之间的相互关系。

5. 激励的理论分为三种，即内容型激励理论、过程型激励理论、行为改造型激励理论。

6. 内容型激励理论主要有：马斯洛的需要层次理论、赫茨伯格的双因素理论和麦克利兰的成就需要理论。

7. 过程型激励理论主要有：弗卢姆的期望理论、亚当斯的公平理论和洛克的目标设置理论。

8. 行为改造型激励理论主要有：强化理论、挫折理论、归因理论。

9. 强化是指对一种行为的肯定或否定的后果及其对该行为是否重复的影响程度。强化包括以下四种类型：正强化、负强化、惩罚、自然消退。

关键概念

激励　需要层次理论　双因素理论　ERG 理论　期望理论　目标设置理论　强化理论　公平理论　强化　保健因素　激励因素

复习与思考

1. 什么是激励？它在管理中有什么作用？
2. 简述过程型激励理论的主要观点及代表人物。
3. 激励有哪些方式？
4. 如何认识激励的过程和人的行为之间的联系？
5. 试分析期望理论、公平理论和目标设置理论对现代企业管理的影响和作用。
6. 试比较需要层次理论、双因素理论、ERG 理论、成就需要理论之间的内在联系与不同。
7. 在企业管理中如何应用双因素理论搞好管理？
8. 结合实际，如何实行强化管理？

观念应用

案例分析

小白的跳槽

小白在大学时期成绩不算突出，老师和同学都认为他不是很有自信和抱负的学生。他的专业是日语，毕业后被一家中日合资公司招为销售员。他对这个岗位挺满意，不仅工资高，尤其令他满意的是，这家公司给销售业务员发的是固定工资，而不采用佣金制。他担心自己没有受过这方面的专业训练，比不过别人，若拿佣金，比人少了多丢脸。

刚上岗的头两年，小白虽然兢兢业业，但销售成绩只属一般。可是随着他对业务的逐渐熟练，又跟那些零售商们搞熟了，他的销售额渐渐上升。到第三年底，他觉得自己已经算是全公司几十名销售员中头十名之列了。下一年，根据跟同事们接触、比较，他估计自己当属销售员中的冠军了。不过这家公司的政策是不公布每个人的销售额，也不鼓励相互比较，所以他还不能很有把握地说自己一定坐上了第一把交椅。

去年，小白干得很出色。尽管定额比去年提高了 25%，可到了 9 月初他就完成了全年的销售定额。虽然他对同事们仍不露声色，不过他冷眼旁观，也没有发现有什么迹象说明他们中有谁已经接近完成自己的定额。此外，10 月中旬，日方销售经理招他去汇报工作。听他用日语做的汇报，那经理对他说："公司要再有几个像你一样棒的推销明星就好了。"小白只微微一笑，没说什么，不过他心中思忖，这不是意味着承认他在销售队伍中出类拔萃、独占鳌头么？

今年，公司又把他的定额提高了 25%。尽管一开始不如去年顺利，但他仍是一马当先，比预计干得要好。根据经验估计，10 月中旬前，他准能完成自己的定额。不过他觉得自己心情不舒畅，最令他烦恼的是公司没有对销售业绩做出公开肯定。他听说本市另两家中美合资的化妆品制造企业都搞销售竞赛和奖励活动，其中一家是总经理亲自请最佳销售员到大酒店吃一顿饭，而且大家还有内部发行的公司通信之类的小报，让人人知道每个人的销售情况，还表扬每季度和年度的最佳销售员，想到自己公司的这套做法，他就特别恼火。其实，刚开始他干得不怎么样时，他并不太关心排名第几的问题，如今可觉得这对他越来越重要了。不仅如此，他开始觉得公司对销售员实行固定工资制是不公平的，一家合资企业怎么也搞"大锅饭"？应该按劳付酬。

上星期，他主动找了那位日本经理，谈了他的想法，建议他改用佣金制，至少实行按成绩给予奖励的制度。不料日本经理说这是既定政策，母公司一贯就是如此，这正是本公司的文化特色，从而拒绝了他的建议。昨天，令公司领导吃惊的是，小白辞职而去，听说他被挖到另一家竞争对手那儿去了。

问题：
1. 分析小白跳槽的原因是什么？
2. 该公司的薪酬制度存在哪些问题？
3. 你认为该公司是应该让小白留下，还是让他离开，为什么？
4. 如果要留住小白，公司应该采取什么措施？

实训题

1. 结合实际，分析为调动大学生的学习和参加集体活动的积极性，应采取哪些激励措施？
2. 调查一个外资企业的主要激励手段，分析其与激励理论的关系。

心理小测验

工作满意感测量

对每一个工作的人来讲，会出现这种可能：你或者完全胜任，或者不太称职；对工作可能十分满意，可能感到失望。对工作满意度也是影响心理健康的一个重要因素，尤其对现代人来讲更是如此。下面这一测试能帮助你判断是否对自己目前的工作感到满意，因此你可以根据测量结果做出选择或改变。评分标准参照表 7-3。

1. 你工作是否看表？
   A. 不断地看　　　　　　　B. 不忙的时候看　　　　　　C. 不看
2. 星期一早晨，你是否？
   A. 觉得自己愿意去上班　　B. 希望获得不去上班的理由
   C. 开始工作时有些勉强，但过一会儿就置身于工作中去了

3. 一天的工作快要结束时，你是否？
    A. 感到疲惫不堪，浑身不舒服
    B. 为能维持生活而感到高兴
    C. 有时觉得累，但通常很满足
4. 你对自己的工作是否感到忧虑？
    A. 偶尔如此　　　　　　B. 从不如此　　　　　　C. 经常如此
5. 你认为自己的工作：
    A. 对你来说是大材小用　　B. 很难胜任
    C. 使你做了从来没想到自己能做的事
6. 你属于以下哪种情况？
    A. 你不讨厌自己的工作　　B. 我通常对自己的工作感兴趣
    C. 我工作时总是觉得心烦
7. 你用多少时间打电话或做些与工作无关的事？
    A. 很少时间
    B. 一定的时间，特别是在个人生活遇到麻烦时
    C. 很多时间
8. 你是否想换个职业？
    A. 不想
    B. 不是换职业，而是在本行业找个好位置
    C. 想换个职业
9. 你觉得自己：
    A. 总是很有能力　　　　B. 有时很努力　　　　C. 总是没能力
10. 你认为自己：
    A. 喜欢尊敬自己的同事　　B. 不喜欢自己的同事　　C. 比自己同事差得多
11. 以下哪种情况最符合你的实际？
    A. 我不想在工作方面再学些什么
    B. 我开始时很喜欢学习
    C. 我愿意多学点与工作有关的东西
12. 请指出你认为自己具有的特点：
    A. 有同情心　　　　　　B. 思维敏捷　　　　　　C. 情绪稳定
    D. 记忆力好　　　　　　E. 能专心致志　　　　　F. 体力好
    G. 喜欢创新　　　　　　H. 有专长　　　　　　　I. 有魅力
    J. 有幽默感
13. 根据上题列出的特点，指出你的工作需要其中的哪一些？
14. 你最赞成哪种说法？
    A. 工作就是赚钱谋生
    B. 工作主要是为了赚钱，但如果可能，应当有令人满意的工作
    C. 经常加班加点地工作
15. 你是否加班加点地工作？
    A. 如果付费加班就如此　　B. 从不如此
    C. 经常如此，即使没有加班费

16. 去年除了假日或病假外，你是否还缺过勤?
    A. 没有   B. 仅缺几天   C. 经常缺勤
17. 你认为自己:
    A. 工作劲头足   B. 工作没劲头   C. 工作劲头一般
18. 你认为自己的同事们:
    A. 喜欢你   B. 不喜欢你
    C. 并非不喜欢你，只是不特别友好
19. 对于工作方面的事，你:
    A. 只和同事们谈   B. 同家人或朋友谈   C. 能避免就不谈
20. 你是否常患小病或不知原因的病?
    A. 从不如此   B. 不经常如此   C. 经常如此
21. 你是怎样选择你目前从事的工作?
    A. 靠父母或老师帮助选择
    B. 该工作是我唯一能找到的工作
    C. 当时就觉得该工作对我很合适
22. 当家庭与工作发生矛盾时，你先考虑哪一方面?
    A. 每次都先顾家庭   B. 每次都先顾工作
    C. 如果家里确实有紧急情况，就先考虑家庭，反之则先考虑工作
23. 如果少付给你三分之一的工资，你是否还愿意干现在的工作?
    A. 愿意   B. 本来愿意，但负担不了家庭生活，只好不干
    C. 不愿意
24. 如果你被列为多余的工作人员而离开，你首先想到的是什么?
    A. 钱   B. 工作本身   C. 所在公司
25. 你会为了消遣一下而请一天事假吗?
    A. 会的   B. 不会   C. 如果工作太忙，就有可能
26. 你觉得自己在工作中不受赏识吗?
    A. 偶尔如此   B. 经常如此   C. 很少如此
27. 关于你的职业，你最不喜欢哪一点?
    A. 自由支配的时间太少   B. 乏味
    C. 总是不能按自己的想法做事
28. 你的爱人说你总是把个人与工作:
    A. 严格分开   B. 时常分开，但也有一些分不开的地方
    C. 完全没有分开
29. 你是否希望自己的孩子将来从事你现在的工作?
    A. 是的，如果他有能力并且合适的话
    B. 不会的，而且警告他不要从事这一工作
    C. 不希望他做，但也不反对他做
30. 如果你赚了或继承了一大笔钱，你会:
    A. 辞职，后半生坐吃山空   B. 找一个一直想找的工作
    C. 继续现在的工作

评分标准

表 7-3 工作满意感测量评分表

题号	分数			题号	分数			题号	分数		
	A	B	C		A	B	C		A	B	C
1	1	3	5	11	1	3	5	21	3	1	5
2	5	1	3	12				22	1	5	3
3	3	1	4	13				23	5	3	1
4	5	3	1	14	1	3	5	24	1	5	3
5	1	3	5	15	3	1	5	25	1	5	3
6	5	3	1	16	5	3	1	26	3	1	5
7	5	3	1	17	5	1	3	27	3	1	5
8	5	3	1	18	5	1	3	28	1	3	5
9	5	3	1	19	3	5	1	29	5	3	1
10	5	3	1	20	5	3	1	30	1	3	5

说明：12、13两题的答案选择每重叠一项得5分。

评分结果

总分 30~50 分：说明你对工作很不满意，目前的工作实在不宜再干下去了。

总分 51~84 分：说明你对目前的工作不太满意，可能是你选错了职业，或讨厌目前的领导或同事，或者你对自己估计得太高。

总分 85~144 分：说明你对工作较满意。

总分 145~175 分：说明你对工作很满意。

总分在 175 分以上：说明你对工作投注的热情及喜欢程度有些过了，简直成了"工作狂"。

CHAPTER 8

第八章
群体心理与管理

学习目标

1. 掌握群体的概念和特征
2. 熟悉群体的类型
3. 理解群体心理与行为特征
4. 了解群体的规范和凝聚力
5. 了解群体动力理论的基本观点
6. 理解群体动力的作用机理
7. 掌握影响群体士气的因素
8. 熟悉群体士气与工作效率的关系

导入案例

王丽的适应问题

李伟是某企业的生产科长，此时，他正坐在办公桌前，为他所面临的一个问题寻找解决方案。

李伟管理的生产线增加了 3 名在职培训的大学生，他们来了近一个月了。通过观察，他发现其中 2 位已经和同事们打成一片了，只有王丽与团队的磨合不太顺利。李伟在这个公司已有很多年了，根据他的回忆，许多新来的员工很快就能适应公司的体制，可王丽呢？问题出在哪？李伟感到束手无策。

王丽是一位来自四川的年轻姑娘，刚刚从大学毕业。刚来的时候，她的工作达不到要求的标准。她虽然努力工作，但进步不够快。按照公司规定，新员工在职培训是通过老员工的传授示范来进行的。但有好几件事使得王丽处境非常复杂，例如，同事说，王丽有点"古怪""怪里怪气的普通话，真难听""个子矮小""没有教养"等。李伟感到由于班组对王丽的排斥，使得她的在职培训遇到了很大障碍，而她因为得不到其他组员情感上的支持，显得很孤立。几位组长认为王丽需要掌握应付个人和群体之间关系的知识和技巧。难道这就是全部的原因吗？李伟在想。

第一节
群体心理概述

前面我们介绍了个体心理与行为，了解了影响员工工作行为的个体方面的因素。但在实际工作中，人们总是通过一定的群体来参与社会活动，在群体的背景下工作。因此，对群体心理和行为的规律的研究，是管理心理学的一个重要内容。

一、群体概述

（一）群体的概念

群体就是建立在其成员之间相互依存和相互作用的基础之上，具有特定目标和特定心理特征的有机体。它是社会活动和社会协作的产物，群体不是个体的简单的集合，比如几个乘坐电梯的人或十几个在候车室等车的人都构不成群体。

在实际生活中存在着各种各样的群体，如政治群体、学术群体、娱乐群体等。作为个体，可以同时参加几个不同的群体，比如一个人可以既是某工作群体和某政治群体的成员，同时又是某娱乐群体的成员。这些群体不仅会对群体成员产生很大的影响，同时群体本身也要受到群体成员个人的影响。

（二）群体的特征

1. 共同的目标

目标是群体存在的前提，一个群体必须具有共同的目标，因为任何群体都是为目标而存在的，不论这种目标是明确的还是隐含的，都要由群体成员共同努力合作来实现共同的目标。共同的目标是构成和维持群体的基本条件。

2. 共同的规范

任何群体都有自身的行为准则，即"群体规范"。它是群体在自身的活动中自然形成的，成员必须要共同遵守的行为准则，否则将受到谴责。群体规范不因个人的去留而变更，它是群体成员之间相互协作、密切配合的组织保证。

3. 群体成员具有共同的价值观和归属感

群体成员相互依存、彼此认同，在心理上都意识到其他成员的存在，也意识到自己是群体中的一分子，具有共同的价值观和归属感。在共同的价值观和归属感基础上，各成员之间在思想、感情、心理上建立密切的联系，相互支持、相互信任和依赖，具有更加内化的思想特征。

4. 有一定的组织功能

群体成员在群体内部都有一定的地位，扮演着某种角色，承担着一定的任务，并和大家一起去实现群体的目标。

二、群体的分类

按照不同的标准，可以把群体分为不同的类型。

1. 按群体是否存在，可分为实际群体和假设群体

实际群体指实际存在的群体，群体成员之间有实际的直接或间接的联系。如一个实际存在的公司，某企业的车间、班组等。假设群体是指只存在于人们的意识形态之中，而实际上并不存在的群体，如女性群体、儿童群体等。这类群体是为了研究和分析需要而划分的。

2. 按群体构成原则，可分为正式群体与非正式群体

正式群体与非正式群体的划分，最早是由哈佛大学心理学家梅奥在霍桑实验中提出的。正式群体是指那些有正式文件规定的，有固定的编制和确定的组织地位的群体。正式群体有固定的编制，有组织明确规定的权利和义务，以及明确的职责和分工。如工厂的车间、工段、班组，学校的院系、班级等。正式群体由于有公开的身份、合法的地位和明确的上下级隶属关系，一般组织严密、纪律严明，又被称为组织团体。

非正式群体是指在相互交往中，自发组织起来的群体。这种群体一般以感情为纽带，以个人之间性格相投、志趣相近、信念一致、关系密切的个体聚合而成，如同学、老乡、亲朋好友、球迷协会等。这类群体没有明确的组织结构，也不是由组织确定，比较松散、也不太稳定。但是他们也有自己不成文的群体规范，也有自己的中心人物，对成员个体行为也有较强的约束力。此外，非正式群体内部信息渠道灵敏，有较强的自卫性和排外性，可以弥补正式群体无法满足的需要，所起的作用也不亚于正式群体。

3. 按群体的结合程度可分为松散群体、联合群体和集体

松散群体指人们只在空间和时间上结成群体，而群体成员之间并没有共同活动的内容、目的和意义。如同一车厢的乘客、同一病房的病人等。联合群体是松散群体的进一步发展，成员关系进一步密切、时空上进一步延伸，群体意识逐渐增强，如一起比赛的球队、长途旅游的乘客等。集体是群体发展的高级阶段，是为了达到一定的目的而组成的群体，具有明确的目标，彼此关系密切、团结协作、组织结构严密、纪律严明，相当于正式组织的群体。

4. 按照群体规模大小，可分为大型群体和小型群体

大型群体是指人数众多、规模庞大、群体成员间没有直接交往和直接互相作用的群体。如同一民族、国家或大型企业集团等。小型群体，又称"小团体"，是指群体成员之间有着直接的、面对面的接触和交往的群体，且成员不多。这类群体共同进行社会活动、成员之间经常发生感情上的相互关系，有明确的行为规范和认知结构。如企业中的班组、学校的班级，也包括非正式组织中的"小团体"等。

三、群体心理与行为特征

（一）群体的心理特征

群体的心理特征是指群体在日常工作和生活中形成的一种与群体活动相关的稳定的心理感觉。群体的心理特征一般表现为以下几点。

1. 归属感

归属感是指成员对群体具有依赖的要求，这种归属感会使成员自觉地遵守群体的规范，彼此相互支持，相互依赖。

2. 认同感

认同感是指群体成员在认识上与群体保持一致的情感。当一个成员与其他人发生争执时，其他成员往往会无条件地支持这个成员。

3. 整体感

整体感是指群体成员意识到其群体的整体性，认识到成员不是单纯的、分散的个体，而是一个有机的整体。一般来说，整体意识越强，维护群体的意识就越强，态度也会越坚决，行动更趋于一致；反之亦然。

4. 排外性

排外性是指群体内成员有排斥其他群体的意识。群体具有相对独立性和整体意识，就会在一定程度上产生排外意识。人们越重视小群体的利益，排外性越强烈。

（二）群体的行为特征

个体在群体中由于受到其他成员的认识、感情和行为的影响，所表现出来的行为方式与个体在单独情况下表现出来的行为方式是不同的，这是个体为了适应群体与群体环境所造成的。具体表现为以下几点。

1. 从众性

群体的从众性是因为群体常规的内容随着群体的性质和目的而有所不同。普遍存在着一种现象就是群体经常对个体施加压力，使群体成员的态度、信仰、判断和行为表现出与群体中多数人相一致，这种现象称作从众性。

案例 8-1

从 众 实 验

社会心理学家阿虚（S. E. Asch）曾做过有关社会从众行为的实验，他将实验的大学生分为 8 人一组，要求他们指出图中的 *abc* 三条线中哪一条和 x 线等长（如图 8-1 所示）。其中每组只有一位是真正的被试验者，安排在每组的最后。阿虚让每组的前 7 个人都有意作出错误判断，结果真正被测者竟有 32 人也跟着作出错误的判断。

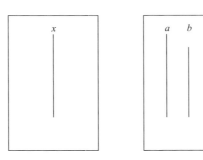

图 8-1 从众实验示意图

2. 冲动性

群体的冲动性指心理群体的整体可以在外界某一强烈刺激因素的激发下迅速启动。群体的冲动性具有积极和消极的两种行为，积极行为能激发群体在外界强烈刺激下产生重大的效果，促进企业发展，否则将给社会造成极坏的影响，必要时要进行控制。

3. 标准化倾向

个人对事物的感知，对事物的判断以及工作的速度，产出的数量，在单独情境下，个体差异很大。但是，个人在群体中，个体的差异性明显变小，趋向于同一标准。

4. 助长倾向

助长倾向也可称为社会助长作用，是指个体与其他人一起工作、活动有助于消除单调、沉闷的心理状态，因而有利于激发积极的工作及活动动机，提高工作和活动效率。但并不是在任何情况下群体都有助长作用，要求质量较高的精细工作，则群体一起干往往不如单干。

补充阅读材料 8-1

人为什么要加入群体

人们加入到群体之中往往是为了满足某种需要或者实现某种目标。马斯洛的需求层次理论，曾经提出了人有不同层次的需要，那么人们加入一个群体通常也是为了满足这样的一些需要。

1. 安全需要

很多人加入到群体中是为了寻求一种安全感。个体加入到一个群体之后，群体则对其成员起到保护作用，群体成员相互依存并可以抵御他们共同的不安全因素。

2. 社交需要

人是一种社会性的动物，因此他们具有社会化的基本心理需求。人们希望与别人在一起、与别人交往、需要与他人建立情感和友谊。人们加入到群体中来就是为了满足这些需要。

3. 自尊需要

群体能够有效满足人们的自尊需要。当一个人处在一个很成功或很重要的群体中时，个体能够获得被群体承认的满足感，还能够使群体成员自己感受到自己存在的价值。

4. 实现目标的需要

有时为了实现某种共同目标，需要集合众人的力量、智慧。常常不是一个人的力量就可以达到的，而是需要多个人共同努力才能实现。群体的方式能够将众人的力量和智慧整合起来，能够实现个人无法实现的目标。

5. 地位需要

加入一个被认为很重要的群体中，个体能感到被别人承认的满足感。

6. 权力的需要

权力需要是单个人无法实现的，只有在群体活动中才能实现。

第二节 群体动力与规范

一、群体动力

群体动力是群体意识的一种表现，群体动力对于群体的成员有着很大的影响。本节简要介绍群体动力学理论的基本知识，着重探讨群体动力现象。

群体动力概念是德国心理学家勒温首先提出的。勒温最初根据物理学中磁场的概念来研究个体心理和行为的活动规律，创立了心理学中有名的"场理论"。他认为人的心理、行为决定于内部需要和环境的相互作用。因此，要测定人的心理与行为就必须了解完成这一行为的内在的心理力场和外在的心理力场的情境因素。当人的需求未能满足时，就会产生内部力场的张力，环境起着导火线的作用。

根据"场理论"，勒温提出了著名的行为公式：

$$B=f(P,E)$$

式中，B 代表行为；P 代表个人的内部力场，包括人的遗传素质、情绪、能力、人格等内在因素；E 代表环境力场，包括人际影响、群体中的社会心理气氛、群体压力、领导作风等；f 代表函数。

最初"场理论"只用于研究个体行为，后来其又被应用于研究群体行为，提出"群体动力理论"，也称"团体力学理论"。

群体动力理论的基本观点主要有以下几个方面：

① 人的心理活动和行为表现决定于内在需要和周围环境的相互作用。
② 群体中的各种力处于均衡状态是相对的。
③ 群体行为是各种相互影响的力的一种错综复杂的结合，这些力不仅影响群体结构，也修正群体中个体的行为。
④ 群体不是个体的简单组合，而是超越了这种组合的有机体。整体力量大于个体力量的总和，即"1+1＞2"。

二、群体动力的作用机理

群体动力之所以对群体成员的心理和行为发生作用，是由群体中的下述机制决定的。

1. 群体感受

群体感受是指群体内成员们共同的认知和情绪状态。群体感受，顾名思义是指一群人的感受，但是一群人的感受有时却可以由某一个人的感受所引起，成为群体感受。

积极的群体感受是群体成员在群体中所获得的愉快、友爱、坦诚、信任、骄傲和自豪等蓬勃向上的情绪体验。消极的群体感受则是群体成员在群体中所获得的沉闷、压抑、冷漠、猜忌等不良的情绪体验。

积极的群体感受对群体成员的行为具有明显的推动作用，使成员从中得到支持获得力量。群体荣誉感也是一种群体感受，是指群体成员对群体荣誉和尊严的认知和情绪体验。群体荣誉感能使成员珍惜群体荣誉，为争取和捍卫群体荣誉而努力忘我地工作。

2. 群体舆论

群体舆论是指大多数群体成员对共同关心的人或事所形成的意见倾向和态度，通过语言、情绪、行为表现出来。

群体舆论对群体成员的精神、情绪和行为产生巨大影响。群体成员从群体舆论中得到鼓励与支持而产生力量；或受到指责与疏远，产生精神压力。因此，要重视各种社会舆论对人们心理和行为的影响。

3. 群体风气

群体风气是指经群体成员长期的共同努力而逐渐形成的群体行为作风和稳定的群体精神状态。

群体风气是通过群体成员之间的相互感染，在潜移默化中发生着影响作用。不良的群体风气腐蚀人的灵魂，瓦解一个群体。良好的群体风气可以使人精神振奋、心情舒畅，使人的积极性、主动性、创造性得到充分的调动和发挥，使群体得到健康发展。

群体感受、群体舆论、群体风气三者不是孤立的，而是相互制约、互为因果的。它们共同构成了一个群体的心理风貌,反映了一个群体的心理氛围,是群体建设的一项重要内容。

三、群体的规范

(一) 群体规范的概念

群体规范是指为了保障群体目标的实现和群体活动的协调一致,而用来统一群体成员的信念、价值观和行为的一切准则。

管理心理学所指的群体规范与我们平常所讲的群体规范不完全相同。平常所讲的群体规范,一般是指群体所规定或自然形成的行为规范,比如规章制度、纪律、法律等。而管理心理学所讲的群体规范的范围要大得多,既包括群体中的规章制度,又包括人们心理活动的一切参考原则。

(二) 群体规范的形成

群体规范是在成员相互作用过程中逐渐形成和发展起来的。群体规范形成的内在心理机制是模仿、暗示、顺从。

1. 模仿

就是在非控制性刺激的影响下,所引起的一种适应性行为,主要表现为个体与群体其他成员的行为相似。

2. 暗示

是指以不明显的方式,有意识地向个体发出信息,使其无意识地接受,从而作出所要求的相应的反应。

3. 顺从

就是迫于外部压力而作出与群体相适应的行为。

群体能够存在下去的重要条件之一就是其成员认知的一致性。这种认知上的一致性,表现为群体成员在行为、情绪和态度上的统一倾向。在这个基础上,群体成员间相互作用,他们在认知和判断上就会发生一种类化过程,彼此接近,趋向一致,从而形成了模式化、固定化的概念。同时,由于群体成员之间的相互作用,又会产生模仿、暗示、顺从等心理,并达到群体意见的统一。群体的规范便是在这些因素的基础上逐步形成的。

(三) 群体规范的作用

群体规范对每个成员都发生着作用,在特定方面约束着成员的行为,维护着群体的生存和发展。群体规范的作用主要体现在以下几个方面。

1. 维持群体存在和发展

群体规范是一个群体得以维持、巩固和发展的支柱。如果没有规范这种力量,群体可能无法存在,即使存在也是一盘散沙。此外,群体规范的效能强弱又决定着群体的整体性程度和发展效益。从某种程度上说,群体规范的存在及效能,通过保护自己的特性,使得群体成员对自己及群体本身的价值更加自信。

2. 对群体成员的评价标准作用

群体规范是群体成员的行动准则,因此,群体成员要以群体规范来评价自己和其他人的行为。符合群体规范的行为便会为群体所接受、认可、鼓励乃至赞誉;违背群体规范的行为便会受到群体的拒绝、排斥、批评甚至攻击。

3. 群体动力作用

群体规范规定了群体成员努力的方向和目标,每个成员都必须按照群体规范去完成群体目标和个人目标,只有这样,个体才能融入群体中,成为群体中的一员,被群体接受并认可,才能达成个人目标、满足自身需要,体现个人价值。

4. 行为导向和矫正作用

群体规范一旦被群体成员掌握,就会变成一种外在的舆论力量。群体成员如果违反了规范,就会受到群体舆论的压力,迫使他改变行为,与群体成员保持一致,因而群体规范具有行为矫正的功能。也就是说,当某个成员的行为与规范相抵触时,通过舆论的压力可以纠正成员的偏离行为,使其回到现实的规范中来。可见,良好的群体规范有助于对成员行为的导向和矫正。

第三节 群体压力

一、群体压力的概念

群体压力是群体对其成员的一种影响力。当群体成员的思想或行为与群体意见或规范发生冲突时,成员为了保持与群体的关系而需要遵守群体意见或规范时所感受到的一种无形的心理压力,它使成员倾向于作出为群体所接受的或认可的反应。

群体压力具有以下4类:

① 理智压力,即所谓晓之以理、以理服人,是指以事实道理的方法使人服从。
② 感情压力,即动之以情,指通过各种感情的驱动,使个人趋向群体。
③ 舆论压力,指通过正面或负面的舆论使个体感情不安。
④ 暴力压力,指采取强制的办法使个体顺从群体规范的压力。

二、群体压力产生的原因

群体是人生存不可缺少的社会空间,主要有三种群体心理导致了群体压力的产生。

① 人天生就有一种对社会孤立的恐惧感,趋向于一定的群体是人的一种生存方式,当个人被他所在的群体所排斥时,通常会体验到莫大的痛苦,群体对他所属的成员具有一种力量,对于群体的一般状况的偏离会面临强大的群体压力甚至受到严厉的制裁,这种恐惧感使得群体中的人产生合群的倾向,只有与群体保持一致才能消除个体的不安全感。

② 群体为人们的个体行为提供了参照,人们倾向于相信多数,认为他们是信息的来源而怀疑自己的判断,因为人们觉得,多数人正确的概率大。在模棱两可的情况下,尤其如此。

③ 群体给予个体的归属感和自我同一性使得个体产生维护群体形象的心理,因此,个体的行为表现为与心目中的归属群体的标准保持一致。

三、群体压力的意义

① 群体压力的存在致使成员采取共同一致的行为。群体的一致行为有助于完成群体目

标和维护群体的存在与发展。如果群体成员意见分散,群体压力就会减小;如果群体意见一致性高,群体压力就会加大,个体就不得不与群体保持一致。在群体中,人们的意见和行为往往习惯于接受群体的检验,和多数人一致时,才会取得安全感。

② 在群体压力下,有些人仍然坚持自己的观点,可以刺激群体在各方面进行自我检查和反省。一个群体既要有善于服从的成员,也需要有独立思考的人来另辟蹊径。

四、从众行为

从众行为是指个人在群体中,因受到群体的影响和压力,使其在知觉、判断及行为上倾向于与群体中多数人一致的现象。从众行为有四种不同的表现形式。

1. 表面从众,内心也赞同

这是表里一致的遵从,在这种情况下个体没有心理矛盾,这是个体与群体之间的最理想的关系。

2. 表面从众,内心拒绝

这是指口头赞成多数人的意见,内心却不同意。这将引起个体心理上的不协调。

3. 表面不从众,内心却接受

表面上反对多数人的意见,内心却是拥护的。个人虽然表示不同意,但实际上不会有反对的行为。

4. 表面不从众,内心也拒绝

这是真正的、完全的不赞成多数人的意见,个人确信多数人的意见是错误的,因而主张改变多数人的意见。

因此,组织的领导者和管理者要做全面分析,要警惕在表现一致的情况下强制或仓促做出决策。

案例 8-2

皮尔逊的忧虑

尽管百事可乐公司一直以发展迅速、竞争力强而感到自豪,公司总裁皮尔逊最近正在为公司各级员工之间的钩心斗角而忧虑。调查表明,80%的公司员工曾经因工作不和而烦恼。许多员工抱怨他们没有得到关怀,不知道公司目前的发展计划,也没有人告诉他们工作绩效如何。

在百事可乐公司,工作职责划分不太清晰,这导致内部竞争非常激烈。管理人员常常分配给员工太多的任务并要求按时完成。那些能够圆满完成任务的员工晋升很快,其他人则常常离职,平均每个人在一个职位上仅仅工作 18 个月。除离职率高外,管理层还过分强调短期结果。快速晋升的允诺吸引了不少有抱负的年轻人,但大多数人在百事可乐公司工作时间都不久。大家都说,百事可乐公司有许多职位,但是鲜有事业。

皮尔逊要求各级主管给予下属更多的绩效反馈并表现出对下属利益与成长的真正关心。公司今后将告知每位员工有关晋升的具体标准与途径,管理人员的晋升与工资也将部分取决于他们指导、培训下属的情况。此外,公司要求各级主管认真评估员工的绩效,及时反馈给员工并详细解释奖金分配的依据。

第四节
群体的凝聚力与士气

一、群体凝聚力的含义

群体凝聚力是指群体对其成员的吸引力，以及群体成员之间的相互吸引力。凝聚力是群体成员彼此之间的"黏合力"。没有凝聚力，一群人不能被称作是一个群体。凝聚力是组织活动中的主要构成因素之一，是一种深层次的心理因素。

群体的凝聚力具有重要的意义，它不仅是增强群体效能、实现群体目标的重要条件，而且是群体能否继续存在的必要条件。如果一个群体丧失了凝聚力，就不能吸引它的成员，那么它本身也就失去了存在的意义。

二、影响群体凝聚力的因素

1. 成员的同质性

群体成员在各个方面（如背景、爱好、兴趣、利益目标等）的共同点越多、越具有共同性，其凝聚力越强。其中，共同的利益和共同的目标是最关键的因素。

2. 规模的大小

群体凝聚力的强弱在其他条件不变时，一般与群体规模有关。小规模群体成员彼此交往沟通和作用的机会多，容易聚合。群体规模过大，容易出现意见分歧，信息交流不畅，不可能有高的凝聚力，所以，适度规模的群体可以增强凝聚力。

3. 外部影响

一般情况下，一个群体与外界相对的隔离、孤立，这个群体凝聚力就较强。当受到外部压力或攻击时，其内部成员会加强合作，凝聚力会增强。另外，与外部的竞争也会增强凝聚力。

4. 成员对群体的依赖性

一个人参加某群体总是因为他觉得这个群体能满足其经济、政治、心理等需求。因此，群体能满足其成员个人重大需求，才会对成员有巨大的吸引力，其凝聚力才强。

5. 群体的地位

一个群体如果具有一贯成功的表现，在组织中的级别地位、声誉和知名度很高，就容易建立起良好的形象和合作精神，吸引和团结群体成员，其凝聚力就会很强。

6. 目标的达成

有效地达成目标会使其成员产生自豪感，增强凝聚力，增强成员之间的感情、理解、认同和相互吸引力，自觉承担任务，为群体目标而奋斗，而凝聚力反过来又会促进目标的实现。

7. 信息的沟通

群体成员相互之间沟通机会越多，信息越畅通，越容易相互理解支持，群体凝聚力越高。相反，相互间越缺乏联系，则凝聚力越弱。

8. 领导方式

领导方式对群体凝聚力有较大的影响。专制型、放任型领导会使凝聚力降低，而民主型领导会使凝聚力提高，并且使群体成员关系融洽、思想活跃。

补充阅读材料 8-2

高凝聚力群体的特征

高凝聚力的群体主要有以下特征。

（1）群体成员间意见沟通顺畅，信息传递速度快，上下左右互相了解，而不是各自为政，老死不相往来。

（2）群体气氛民主，生动活泼，人们能"知无不言，言无不尽"，没有压抑感。

（3）群体成员的归属感强，安心在本群体工作，并以此为傲，而不是"能人思飞"，跳槽现象屡屡不断。

（4）群体成员有较强的事业心、责任感。愿意参加群体的各项活动，主动寻求责任，出勤率高。

（5）群体的各个成员都喜欢其他成员，愿同他们一起工作，关系和谐。

（6）群体可以帮助个体达到个人独自达不到的目标，为个人发展创造良好条件。

（7）群体成员都关心群体，维护群体的利益和荣誉。

（资料来源：朱吉玉．管理心理学．大连：东北财经大学出版社，2011．）

三、增强群体凝聚力的策略

1. 树立企业与员工是合作伙伴关系的理念

传统的企业与员工的关系是雇用和被雇用的关系，在这种关系下，虽然企业一直强调员工应具有主人翁的精神，但事实上，这个主人翁的地位很难被员工在思想上加以肯定，他们始终认为他们是处于从属的地位，因此很难对员工产生有效的激励。如果树立企业与员工是合作伙伴的理念，真正肯定了员工在企业中的主人翁地位，让员工感受到企业的认可与尊重，就能够对员工产生持久的激励效应。

2. 充分授权

我们会发现有些主管表面上将工作交由下属全权处理，可心里却是放心不下，在工作过程中多加干涉，或者给予员工过多的建议和想法，员工仅获得形式上的授权，无法发挥其才能。通过完全授权的方式，不仅可以训练员工处理问题的应变能力，而且可以将员工创意潜能激发出来，同时也是对员工信赖的表现，这种做法会使员工感受到企业的尊重与重视，有助于建立企业内的信赖关系。

3. 完善企业合理化建议

合理化建议制度是管理的民主化制度，是一种较为成熟和规范化的企业内部沟通制度。主要作用是鼓励广大职工直接参与企业管理，并且可以通过上情下达，让企业的管理者与员工保持经常性的沟通。这样就大大激发了员工的积极性和荣誉感，满足了员工的成就感，促进了员工的使命感，增强了企业的整体凝聚力。

4. 营造一个充分沟通，信息知识共享的环境

随着社会的发展，企业内部沟通方法和手段也有很大的发展。我们可以充分利用板报、企业内部报刊、内部电视网络、内联网等多种传媒，运用座谈、会议、电话交谈、网上聊天等多种方法，使员工能方便地了解到各种所需的信息与知识。

5. 为员工提供培训升迁的机会

建立合理有效的培训升迁机制，迎合这些员工的心理，满足他们的发展要求，提高群体的凝聚力。

四、群体士气

1. 士气的一般概念

"士气"一词原用于军队，表示作战时的集体精神，现在也用来表示群体的工作精神。

心理学家史密斯等把士气定义为"对某个群体或组织感到满足，乐意成为该群体的一员，并协助达成群体目标的态度"。

心理学家克瑞奇等提出，一个士气高昂的群体，应该具有以下7种特征：

① 团结的群体来自内部的凝聚力，而非起因于外部的压力。
② 群体内的成员没有分裂为互相敌对的小群体的倾向。
③ 群体本身具有适应外部变化的能力，有处理内部冲突的能力。
④ 成员与成员之间有强烈的认同感和归属感。
⑤ 每个群体成员都能明确地掌握群体的目标。
⑥ 成员对群体的目标及领导者抱肯定和支持的态度。
⑦ 成员承认群体的存在价值，并具有维护此群体继续存在的意向。

2. 影响群体士气的因素

影响士气的因素很多，主要包括以下几点：

① 对组织目标的赞同。
② 合理的经济报酬。
③ 对工作的满足感。
④ 有优秀的管理人员。
⑤ 同事间的关系和睦。
⑥ 良好的意见沟通。
⑦ 奖励方式得当。
⑧ 良好的工作心理环境。

五、群体士气与工作效率的关系

美国心理学家戴维斯研究了士气与生产率的关系，如图8-2所示。他认为士气与生产率的关系可能出现三种情况，即：高士气，高生产率；高士气，低生产率；低士气，高生产率。

图8-2中的A、B、C三线体现了群体士气与生产效率的三种关系。

A线表示士气高、生产效率低。士气高、生产效率低是由于员工在群体里虽然获得了满足感，但是组织目标却与个人的需求不相联系，于是出现了所谓的"和和气气低怠工"，

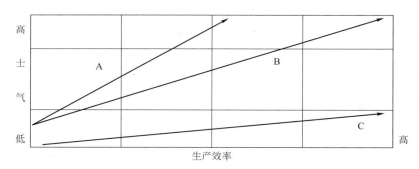

图 8-2 群体士气与生产效率的关系

而缺乏紧张工作的气氛。如果出现高士气的群体与组织目标相抵触,则可能造成生产的障碍。

B 线表示士气高、生产效率高。士气高、生产效率高是由于员工在群体里既获得了满足感,又体会到组织目标与个人需求相一致,正式组织与非正式组织的利益相协调,使员工全力以赴地实现组织目标。

C 线表示士气低、生产效率高。士气低、生产效率高是由于严格的科学管理或者由于管理者过分地强调物质条件和金钱刺激,使员工暂时获得了某些物质需要,而达到较高的生产效率。但是,由于忽视了员工的心理需求,生产效率高的情况是暂时的。这种情况长期持续下去必然引起员工的反感,最终使生产效率降低。

除了戴维斯上面所讲的三种情况外,还有一种情况即士气低、生产率也低。这是由于员工在群体内得不到满足感,而且组织目标与个人的需求也不能发生联系,员工对生产没有兴趣,于是出现了"当一天和尚撞一天钟"的现象。

戴维斯的研究表明,企业在管理中要充分发挥群体士气对生产效率的积极作用,管理者要尽可能使个体目标与组织目标保持一致,从而达到高士气、高效率的理想状态。

本章小结

1. 群体就是建立在其成员之间相互依存和相互作用的基础之上,具有特定目标和特定心理特征的有机体。

2. 群体的特征包括:共同的目标;共同的规范;群体成员具有共同的价值观和归属感;有一定的组织功能。

3. 群体的心理特征是指群体在日常工作和生活中形成的一种与群体活动相关的稳定的心理感觉。群体的心理特征一般表现为:归属感、认同感、整体感、排外性。

4. 群体规范是指为了保障群体目标的实现和群体活动的协调一致,而用来统一群体成员的信念、价值观和行为的一切准则。群体规范形成的内在心理机制是模仿、暗示、顺从。

5. 群体凝聚力是指群体对其成员的吸引力,以及群体成员之间的相互吸引力。影响群体凝聚力的因素主要有:成员的同质性、规模的大小、外部影响、成员对群体的依赖性、群体的地位、目标的达成、信息的沟通、领导方式等。

6. 群体动力理论认为人的心理、行为决定于内部需要和外界环境的相互作用。

7. 群体压力是群体对其成员的一种影响力,分为理智压力、感情压力、舆论压力和暴力压力 4 种类型。

8. 影响士气的因素包括:对组织目标的赞同、合理的经济报酬、对工作的满足感、有优秀的管理人员、同事间的关系和睦、良好的意见沟通、奖励方式得当、良好的工作心理环境。

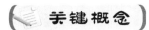 关键概念

群体 群体规范 模仿 暗示 顺从 群体压力 从众行为 凝聚力 士气

 复习与思考

1. 什么是群体？群体的特征有哪些？
2. 简述群体动力理论的主要观点。
3. 群体压力产生的原因有哪些？
4. 什么是群体规范？它有哪些作用？
5. 影响群体凝聚力的主要因素有哪些？
6. 影响群体士气的因素有哪些？
7. 试举例分析群体的士气即群体的凝聚力对组织的生产效率的关系。

观念应用

分析题

1. 以本班为例，结合实际谈谈如何提高群体的有效性？
2. 如果你是一个部门的主管，你该怎样在团队中树立权威？

案例分析

大学生做股长

刘殿坤是某名牌大学电子系的优秀毕业生，在学校里曾经做过学生会干部，毕业后应聘进一家电子配件公司在生产部门当了个小股长，专管生产电容器。在刘殿坤手下的12个作业员中，有3个女孩子，都是刚进公司不久；其余的男孩子，都是关系户，又都是刚毕业的中学生，所以不管有什么事，他们都会直接去找"老上司"谈。公司里有两位领班，一位是总经理的"同学"，另一位是业务经理的小同乡，跟经理是一个村子里的人。这些人有的仗势欺人、有的调皮捣蛋，刘殿坤非常郁闷，决定递交辞呈，但被经理百般挽留。刘殿坤下决心要做个好主管。

刘殿坤先是笼络需要上夜校的小青年，保证他们的学习时间，令小青年感动不已。接着，他又鼓励两位领班，使他们看到自己的前途，两位领班也对他慢慢产生了好感。这样，工作变得顺利多了，刘殿坤突然发觉，要跟这些人处得好，并不是一件困难的事。

事实上，人与人之间的相处，要和谐并不困难，只要自己不做壁垒分明的防范，不把自己先孤立起来，自然就不容易造成隔阂。主管对下属也是一样，你要先让他们了解你，你才有机会去了解他们。

刘殿坤为了进一步增进他与下属的感情，每逢假日，常约他们一起去郊游，大家在郊外的风景区，一起唱歌，一起游戏，就像在学校读书一样。

此外，他还利用晚上的时间，替下属补习英文，又把电子方面的有关术语教给他们。他告诉他们，"我不希望你们把英文学精，事实上，我也没有这么大的本领，但我希望你们将来都能自己看懂这方面的原文书。我敢说，在10年之内，有关电子方面的技术，我们还要学习外国的，所以，一定要能自己看得懂原文书才行"。

在下属中，刘殿坤已慢慢建立起"权威"，要改善生产线的任何工作，自然是轻而易举。正好这时候，公司扩大生产业务，要转配电子计算机外销，总经理把这一工作教给刘殿坤负责。

这时候，刘殿坤还没有结婚，他把全部精力放在工作上。他希望自己能在工作中追求进步、充实自己，也希望下属能跟他一样。当初，他只是想激发起大家的进取心，在工作上有更多更好的表现，并不是真的希望他们能从事研究发明工作。可是两年之后，当电子计算机的生产工厂开工时，这些人都成了刘殿坤的得力助手，对生产线的设置、质管的流程也很熟悉。

自然，这都得归功于刘殿坤平时教导他们的一番苦心，否则，他们还只不过是个普通的作业员而已，要想在新产品的生产工作中担当重要角色，那是绝对不可能的。

这些作业员后来都升了小主管，内心固然高兴，但更使他们欣慰的是，这两年多的努力学习，已使他们具备了应对新工作的能力。换言之，他们以前只会用手，现在他们也会用脑去想了。饮水思源，这都是刘殿坤的功劳，他们对这样的主管能不死心塌地地去爱戴吗？

（资料来源：张晨辉.新编实用管理心理学．北京：清华大学出版社，2007.）

问题：

1. 刘殿坤通过什么样的方式提高群体的凝聚力？
2. 针对上一题，请运用相关理论结合案例详细阐明。

实训题

在假期，参加一个旅游团，观察记录旅游团的整个存在过程，总结分析规律性的东西。

心理小测验

团队精神测试

以下测试帮助了解自己是否具有团队技巧。

以下每一项都陈述了一种团队行为，根据自己表现这种行为的频率打分：

总是这样计5分，经常这样计4分，有时这样计3分，不常这样计2分，从不这样计1分。

当我是小组成员时：

1. 我提供事实和表达自己的观点、意见、感受和信息，以帮助小组讨论。（提供信息和观点者）
2. 我从其他小组成员那里征求事实、信息、观点、意见和感受，以帮助小组讨论。（寻求信息和观点者）
3. 我提出小组后面的工作计划，并提醒大家注意完成的任务，以此把握小组的方向；我向不同的小组成员分配不同的任务。（方向和角色定义者）

4. 我集中小组成员所提出的相关观点或建议,并总结、复述小组所讨论的主要论点。(总结者)

5. 我带给小组活力,鼓励小组成员努力工作以完成我们的目标。(鼓舞者)

6. 我要求他人对小组的讨论内容进行总结,以确保他们理解小组的决策,并了解小组正在讨论的材料。(理解情况检查者)

7. 我热情鼓励所有小组成员参与,愿意听取他们的观点,让他们知道我珍视他们对群体的贡献。(参与鼓励者)

8. 我利用良好的沟通技巧,帮助小组成员交流,以保证媒体小组成员明白他人的发言。(促进交流者)

9. 我会讲笑话,并会建议以有趣的方式工作,借以减轻小组中的紧张感,并增加大家一同工作的乐趣。(释放压力者)

10. 我观察小组的工作方式,利用我的观察去帮助大家讨论小组如何更好地工作。(进程观察者)

11. 我促成有分歧的小组成员进行公开讨论,以协调思想,增进小组凝聚力。当成员们似乎不能直接解决冲突时,我会进行调停。(人际问题解决者)

12. 我向其他成员表达支持、接受和喜爱,当其他成员在小组中表现出建设性行为时,我给予适当的赞扬。(支持者和表扬者)

以上 1~6 题为一组,7~12 题为一组,将两组的得分相加对照下列解释:

(6,6)只为完成工作付出了最小的努力,总体上与其他小组成员十分疏远,在小组中不活跃,对其他人几乎没有影响。

(6,30)你十分强调与小组保持良好关系,为其他成员着想,帮助创造舒适、友好的工作氛围,但很少关注如何完成任务。

(30,6)你着重于完成工作,却忽略了维护关系。

(18,18)你努力协调团队的任务与维护要求,终于达到了平衡。你应继续努力,创造性地结合任务与维护行为,以促成最优生产力。

(30,30)祝贺你,你是一位优秀的团队合作者,并能领导一个小组。当然,一个团队的顺利运行除了以上两种行为外,还需要许多别的技巧,但这两种最基本,且较易掌握。

CHAPTER 9

第九章
人际交往心理与管理

学习目标

1. 了解人际关系的重要性及其改善的方法
2. 掌握人际关系的类型
3. 认识群体冲突的产生及其后果
4. 掌握冲突管理的方法
5. 了解沟通的过程
6. 掌握群体沟通的方法和途径

导入案例

名医劝治的失败

一天,扁鹊进见蔡桓公,站了好一会儿说道:"您有病在皮下,要是不治,恐怕会加重。"桓公回答说:"我没有病。"扁鹊退出后,桓公说:"医生总是喜欢给没病的人治病,并把这作为自己的功劳。"过了十天,扁鹊又拜见蔡桓公,说:"您的病已经到了肌肤,要是不治,就会更加厉害了。"桓公听后不理睬他。扁鹊退出,桓公又是很不高兴。过了十天,扁鹊再次拜见蔡桓公,说:"您的病已经进入肠胃,要是不治,就更加严重了。"桓公仍不理睬他。扁鹊退出,桓公又是极不高兴。又过了十天,扁鹊远远地看见桓公转身就跑。桓公很奇怪,故此特派人去问他,扁鹊说:"病在皮下,用药热敷治疗就可以医治好的;病在肌肤之间,用针刺就可以医治好的;病在肠胃中,用清火汤剂就可以医治好的;要是病在骨髓,那就是掌管生命的神所管的了,我就没有办法治疗了。现在桓公的病已发展到骨髓里面,我因此不再过问了。"过了五天,桓公感到浑身疼痛,便派人去寻找扁鹊,这时,扁鹊已经逃到秦国去了。

问题:
1. 蔡桓公为什么不肯听从扁鹊的建议?
2. 扁鹊如何去沟通才可能劝服蔡桓公?

第一节
群体中的人际关系

在社会生活中,一个人不可能脱离社会而独立存在,总要与他人进行接触交往,建立一定的人际关系。人际关系对组织来说非常重要,对管理者提高群体工作效率,实现组织目标具有重要的意义。

一、人际关系概述

(一) 人际关系的概念

人际关系是指社会生活中,人与人之间相互交往而产生和发展起来的心理关系。人际关系就好比人们心理上的桥梁和纽带,显示了人与人之间心理上的距离,体现了人们社会交往联系的状况。

随着社会的发展,人际关系在社会生活中占据的地位越来越重要,对人们生活的影响也越来越大。建立了融洽的人际关系,工作顺畅,生活舒心;人际关系搞不好,则处处畏难,心情抑郁。因此,对于管理者来说,建立良好的人际关系,不仅是他的主要工作,也是衡量他的基本素质的重要方面。

(二) 人际关系的重要性

1. 人际关系影响个体的心理健康

一般来说,良好的人际关系,使人心情舒畅,工作愉快;敌对的人际关系,使人际交往受阻,导致心理失衡,影响人的身心健康。

2. 人际关系影响群体士气和凝聚力

人际关系状况是群体士气和凝聚力的基本特征。良好的人际关系是群体始终保持高昂士气的重要前提和保证。一般来讲,群体的凝聚力越强,士气越高昂,群体的人际关系必然更融洽;反之,士气低落、凝聚力低的群体,群体成员间的人际关系必然很紧张。

3. 人际关系影响群体和组织的工作效率

人际关系是群体成员之间的一种独特的联系,群体成员感情融洽、协调,有助于发挥工作的积极性、主动性和创造性,从而大大提高工作效率。反之,如果人与人之间猜忌、冷漠、排斥、冲突,则容易降低职工的工作热情,势必影响工作绩效的提高。所以,人际关系是影响群体和组织的工作效率的一个重要因素,是实现管理目标的重要环节。

(三) 人际关系的类型

按照不同的分类方法,可将人际关系划分为许多不同的类型。

1. 按照人际关系形成的基础可分为血缘关系、地缘关系、业缘关系

血缘关系是指以血缘为纽带而结成的关系,如父(母)子(女)关系、兄弟姐妹关系。地缘关系是指以地缘为纽带而结成的人与人之间的关系,如邻里关系、同乡关系等。业缘关系是指以工作和行为为纽带而结成的人与人之间的关系,如师生、师徒、同事、同学关系等。

2. 按照人际关系的性质可以分为正式关系和非正式关系、临时关系和持久关系等

正式关系是指正式组织中的人际关系,非正式关系是指非正式组织中的人际关系。所谓临时关系,是指那些依据一定的时间、地点、条件的变化而改变的人际关系。所谓持久关系，是指那些比较稳定、不容易发生变化的人际关系。一般来讲，人与人之间的血缘关系、业缘关系都是比较固定的人际关系。

（四）影响人际关系的不良心理和因素

人际关系不良因素多由双重不信任引起，不良因素主要有以下几种。

1. 嫉妒心理

个体私欲得不到满足时，对造成这种不满足的原因和周围已得到满足者产生不服气、不愉快等情绪。嫉妒心理可以深藏于一个人的心底而不为人所察觉，嫉妒心理不仅导致对别人的伤害，而且也会影响自身的身心健康。

2. 自卑心理或自傲心理

自傲心理者过高地看待自己，自命不凡，其所作所为难以为社会和他人所接受；自卑心理者则过低地估计自己，总是怀疑自己的知识和能力，对待问题和事物总是畏畏缩缩。

3. 羞怯心理

羞怯心理产生于个体对安全感的过分追求。如害怕当众出丑，交往时产生紧张、拘束、尴尬和不安的情绪反应。

4. 猜疑心理

猜疑心理的人总以怀疑、戒备的眼光看待他人，总是戴着面具与人交往。对他人的猜疑心理特别强，总觉得他人在议论自己，因此，造成人际关系越来越虚假、无聊。

案例 9-1

日本企业的人际关系

日本企业中员工的敬业精神闻名于世，其中重要原因之一在于企业的主要管理者常常要花费大量的精力做人的工作，注意调整职工内部关系，形成一种良好的人际关系环境，他们强调有了"人和"，企业才能很好地发展。许多企业的车间里，都挂着写有"团结一致""以和为贵"的条幅。老板、经理经常宣传"劳资利益一致"，各公司还以自己的"社训"和发展史教育职工。企业管理者不仅把职工作为生产者，同时认为职工是本企业的"家庭成员"，注意从精神上、物质上关心职工，常常对职工进行家访，祝贺生日，联络感情。对企业职工的住房、食品供应，乃至午餐质量、红白喜事等都有许多关心和照顾的措施，从而进一步增强了职工对本企业的依附感，成为勤勤恳恳为企业奋斗的"工作狂"。有些企业管理者还组织花展和美术作品展，既美化工厂，又给热爱这方面活动的职工以实现自我的机会。日本企业的领导人对容易引起职工内部矛盾的事非常敏感，总是采取各种办法予以杜绝。例如，他们一年定期发两次奖金，从不搞职工之间的评奖活动，认为评奖容易引起职工之间的不和，"评奖评奖，越评越僵"。

补充阅读材料 9-1

阻碍人际吸引的个人性格特征

社会心理学家指出，有些人的性格特征会阻碍人与人之间的吸引，不利于促进人们的团结与协作。具体表现为以下几点。

(1) 不尊重别人的人格，对他人缺乏友善，不关心他人的悲欢情绪，甚至把别人作为自己使唤的工具，这种人会阻碍人际吸引。

(2) 以自我为中心的人，只关心自己的利益和兴趣，忽视他人的处境和利益，这种人只能与人建立一般的人际关系，缺乏吸引力。

(3) 对人不真诚，只关心自己，不顾别人的利益和需要。采取一切手段处处获得自己的利益和好处，并以此为前提和他人交往，这样会破坏人际关系，缺乏吸引力。

(4) 过分服从并取悦别人的人，过分惧怕权威而又不关心部下的人，都会破坏人际关系，也毫无吸引力而言。

(5) 过分依赖他人而又丧失自尊心的人，缺乏吸引力。

(6) 嫉妒心强的人，缺乏吸引力。

（资料来源：朱吉玉. 管理心理学. 大连：东北财经大学出版社，2011.）

二、处理人际关系的艺术和技巧

建立良好的人际关系就要把握人际关系交往的艺术和技巧。处理人际关系最为有效的艺术和技巧有以下几个方面。

1. 加强交往与沟通

加强交往，主动交往与沟通。人际关系是通过高质量的交往建立起来的，经常交往与沟通，有助于逐步加深相互了解，不断提高人际关系水平，即使两个人的关系比较紧张，通过交往，也有可能逐步消除猜疑、误会。学会和参与交往，是提高人际交往水平的重要手段。

2. 建立良好的第一印象

第一印象在人际交往当中对后继信息的理解和组织有着强烈的定向作用。心理学家通过大量的研究，总结了在最初交往中有效地表现自己的所谓SOLER技术。SOLER是由几个英文词首写字母拼写起来的一个专业术语。在这里，S代表"坐要面对别人"；O代表"姿势要自然开放"；L的意思为身体"微微前倾"；E代表"目光接触"；R表示"放松"。这种技术可以有效地增加别人对我们的好感，增加别人对我们的接纳，并且给人以良好的第一印象。

3. 优化人格

人际交往中的心理障碍基本都是个人人格的表现，因此，改造不良人格，培养和优化良好性格是建立和发展良好的人际关系的重要方面。而具有良好性格特征的人，如热情、开朗等，往往具有相当大的魅力，易于使人产生可爱之感，因而极大地促进了人际关系的发展，使之成为人际交往的成功者。

4. 培养高尚的人际关系

高尚而健康的人际关系，是人际交往取得成功的必要条件，因为良好的人际关系可以使对方对自己产生良好的印象，并作出相应反应。这就要求：要有饱满的精神状态；要有文明礼貌的举止和适当的行为神态；要表现出诚恳的待人态度。而亲切高雅的谈吐也能对交谈者产生强大的吸引力，使人产生"听君一席话，胜读十年书"之感。

5. 依据"P、A、C分析"改善人际交往

"成人"的心理状态是解决问题的主要途径。成人的刺激，往往会诱使对方作出"成人"

的反应(即理智反应),从而保持交往关系和谐进行。遇到人际关系紧张或障碍时,"成人"反应也有助于排除障碍。

"P、A、C分析"主要有以下几个作用:了解自己与他人,便于改善人际关系;培养人的理性、冷静分析的态度,避免主观偏见,避免感情冲突;是人们具有和谐人际关系的主要动力;从受创伤中恢复健康,培养自信心,建立健康的心理状态;有自知之明,能自我批评,不骄傲自满;有使命感,成就感;能够因人、因事、因地制宜地协调好人际关系。

6. 学会倾听

听是一种生理反应和行为,倾听则是一种艺术,有效的倾听能够使人不需要出声就达到沟通的目的,掌握倾听的艺术和技巧,是培养和提高倾听技能的关键。在倾听时,倾听者既要保持良好的精神状态,又要以开放的心胸和积极的态度去倾听,这样不仅能够倾听到谈话的主要内容和观点,而且能够很容易地跟上说话者的节奏。在倾听时,眼睛是心灵的窗户。一位细心、敏感的倾听者会适当注视对方的眼睛,保持与说话者的目光接触,而不是看窗外、看天花板等。在倾听时,人的身体姿势会暗示出对谈话的态度和兴趣。自然开放性的姿态代表着接受、容纳、尊重与信任。在倾听过程中,使用深感兴趣的、真诚的、高昂的声调会使人自信十足;恰当的肢体语言,会显示出倾听者的态度诚恳,让说话者感受到倾听者的支持和信任。在倾听时,有效的倾听者不仅会对听到的信息表现出兴趣,而且能够利用各种对方理解的动作与表情及时给予呼应和反馈。在倾听时,复述也是一种技巧,用自己的话来重复表达说话者所说的内容,复述对方说过的话,既表示了对对方的尊重,同时又能够用对方的观点来说出自己的想法。这样,倾听者不仅能够赢得说话者的信任,而且还能够找到沟通语言,从而拉近彼此之间的距离。同时也有利于讲话人更加有重点地陈述、表达。

7. 战胜自卑和羞怯

自卑常常使人不敢大方地与人平等交往,是人际交往中的障碍。自卑感是一种不健全人格的反映,它的成因非常复杂。一般来说,极端自卑的人,都是在心理上有过创伤的。这种创伤因人而异,有的是由于生理上和智力上的缺陷;有的是缺少家庭温暖;有的是性格古怪,不易合群等。自卑感强的人唯恐别人看不起自己,实际上正是自己过低地估计了自己。

羞怯,是人皆有之的一种情绪体验,但若达到一种不正常的程度,或者同自卑联系在一起,就会严重妨碍人际关系。

克服自卑和羞怯,首先要树立成功的信心,其次要大胆实践,在同人交往中提高自己的自信心理水平。俗话说,"一回生,两回熟",通过与人交往,就会增强交往信心,掌握交往的技巧。

8. 讲究语言艺术

"良言一句三冬暖,恶语伤人六月寒"。这句话告诉我们交往时要注意运用语言的艺术。语言艺术运用得好,就能优化人际关系;相反,如果不注意语言艺术,甚至出口伤人,就会产生矛盾。

上述方法对每个人来说都是非常重要的,但是较强的人际吸引是搞好人际关系的根本所在。每个人都有自己喜欢的人,并愿意与之交往;每个人也都有自己讨厌的人,不愿和这些人交往。在现实生活中,具有利他精神、才能智力出众、有良好心理品质和道德修养的人,都是人们喜欢交往的对象。所以我们只有在这些方面不断加强修养,增强自身的人格魅力,才能成为一个受欢迎的人。

补充阅读材料 9-2

戴尔·卡耐基：成功交往法则

一、展示出你积极的一面

① 保持乐观的心态。人类天生就喜欢与和谐乐观的人相处，当人们看到那些郁郁愁闷的人时，正如同看一幅糟糕图画一样。

② 显示出你的热情。热情有一种特性，那就是它是具有感染力的，并且能令人有所反应。

③ 自信会让你成功。自信是一种迷人的魅力，能帮你吸引住周围的人，让他们追随你、信任你。

二、让别人喜欢你

① 不过分责备别人。

② 真诚地付出你的关怀。

③ 时常微笑。

④ 记住别人的名字。姓名，不仅仅是一个人的符号，更是语言中最甜蜜、最重要的声音。

⑤ 学会倾听。

⑥ 让对方感到自己的重要。

三、让别人赞同你

① 避免争论。天底下只有一种能在争论中获胜的方式，就是避免争论，要像躲避响尾蛇和地震那样避免争论。

② 勇于承认自己的错误。

③ 友善地对待他人。

④ 让对方畅所欲言。如果大部分时间都是你在谈话，另一个人就会认为你是个无聊透顶的人。

⑤ 从对方的角度看问题。

⑥ 不满足一时的成功。

⑦ 善于启发他人。

⑧ 维护对方的自尊，别让别人下不了台阶。

第二节 群体的冲突与沟通

一、群体冲突的概念

冲突一般指抵触、对抗和斗争。组织管理中的冲突是指组织中的个人或群体，由于观点、需要、利益或要求的不相容，而引起的激烈争执，造成的紧张状态。包括个人内心的冲突,也包括群体内部和群体之间的各种冲突。

冲突是社会或群体中客观存在、不可避免的现象。从一般意义上看,冲突是一个消极现象,冲突容易产生分歧、对抗,甚至暴力和破坏。但是,冲突并不只有消极的一面,也有建设性的、有助于组织建设和健康发展的积极的一面。因而,在管理中,我们既要预防、避免,并及时化解消极的冲突,有时也要促进、发展建设性的冲突,为组织的健康发展服务。

二、群体冲突的类型

冲突的类型有个体、内心和人际冲突等类型,群体冲突类型包括群体内部冲突、群体外部冲突和群体间冲突。

1. 群体内部冲突

群体内部不同成员之间因为行为方式、感情不和、认识不同等原因而产生的冲突。群体内冲突包括纵向冲突和横向冲突。纵向冲突指的是群体内不同级别之间的冲突,产生的原因是上下级缺乏沟通,目标不一致或观念不一致。横向沟通是群体内相同级别之间的冲突,产生的原因是各部门只考虑自己部门的利益,即本位主意,导致冲突。

2. 群体间冲突

群体间冲突是组织内部不同部门之间因目标、认识、资源稀缺性、工作依赖性等原因而产生的冲突。

3. 群体外部冲突

群体在发展过程中,往往会与其竞争者、政府部门、社区、媒体、利益相关者等外部社会之间存在更为错综复杂的冲突。

三、冲突的心理根源

在组织中,冲突的产生主要有以下几方面原因。

1. 人的"个性"

心理学观点表明,许多人存在着潜在的侵略欲望,并且想寻找机会表现出来。这种潜在的侵略性,是冲突的根源之一。

2. 信息沟通不畅

在日常工作中,由于信息沟通不及时、渠道不顺畅、信息失真、信息不对称、信息来源渠道不同等,都会产生误解、矛盾,导致冲突。

3. 认识角度和价值观的差异

由于人们的知识、经验、态度、价值观等的差异,看问题的角度会有很大不同,对同一事物的评价也会不一样,从而产生分歧,导致冲突。

4. 争夺权力和利益

组织中的部门或个人为了获得更大的权力和利益,而同其他的部门或个人产生冲突,这是组织中常见的冲突。

5. 有限资源的争夺

资源是有限的,任何企业在资源的分配方面,都不能做到谁要多少,就给多少。各个部门在争夺材料、资金、人员等资源方面发生冲突。

6. 角色冲突

组织中的部门或个人,由于承担的角色不同,有着各自特定的任务和责任,从而产生不同的需要和利益，也会产生冲突。

7. 职责不清，分工不明

在许多组织中，常常出现职责不清、分工不明的情况，从而导致工作上互相推诿、相互扯皮的现象，引起冲突。

8. 组织群体氛围不佳

一个群体的气氛如何，将会对群体成员产生很大的影响。如果领导班子不团结、作风不正，必然导致群体成员之间的对立和冲突状态。

四、群体冲突与管理

就冲突而言，不管其结果对组织是有利还是有弊，冲突本身都需要通过一定的方法和策略加以解决，常见的方法有以下几种。

1. 妥协

这是解决冲突常用的方法。当各个群体为了资源的分配发生冲突时，上层管理者常常充当仲裁人，采取妥协的方法，让每一方都得到部分的满足。

2. 迁就

迁就是合作和不武断的行为，往往只考虑他人的利益而牺牲自己的利益。当运用迁就方式时，个体会表现得冲突似乎将最终消失。

3. 拖延

冲突的双方都不去寻求解决冲突的办法，而是拖延时间，任其发展，等待环境的变化来解决分歧。这是杜绝冲突的一种微妙的而又常常没有结果的办法。

4. 回避

按照心理学的观点，不作决定比拒绝别人的要求引起的冲突要小。所以，有些人就采取回避问题的办法，事实上，这种办法不能解决问题，有时还会加剧冲突。

5. 竞争

竞争是指武断和不合作的方式，为了满足个人的利益而不去考虑他人的利益，人们通常运用对抗、利用权力达到个人目的。这种冲突的解决意味着非输即赢。

6. 合作

合作是一种积极地解决问题的方法。在此情况下，人们将冲突视为有益的、自然的，如果处理得当，会给组织带来意想不到的收获。

7. 压制冲突

管理层运用正式权威，以命令的方式来解决冲突，但这种方法因容易使双方不服气而带来副作用。

8. 转移目标

寻找一个外部竞争者，把冲突双方的注意力转向外部的竞争者。

9. 教育

通过教育培训等途径使双方了解冲突所带来的危害，树立系统观念，保证组织的整体利益。

10. 重组群体

调整工作群体，改变规章制度，提高相互依赖性，以及进行其他类似的结构变革以打破现状。

> **补充阅读材料 9-3**
>
> ### 什么是建设性冲突
>
> 建设性冲突是指冲突各方目标一致,因实现目标的途径手段不同而产生的冲突。建设性冲突可以使组织中存在的不良功能和问题充分暴露出来,防止了事态进一步演化。同时,可以促进不同意见的交流和对自身弱点的检讨,有利于促进良性竞争。
>
> 建设性冲突的特点如下。
> (1) 双方都关心实现共同目标和解决现有问题;
> (2) 双方愿意了解彼此的观点,并以争论问题为中心;
> (3) 双方争论时为了寻找较好的方法解决问题;
> (4) 相互信息交流不断增加。
>
> 建设性冲突的作用如下。
> (1) 可以促使组织或小组内部发现存在的问题,采取措施及时纠正;
> (2) 可以促进组织内部与小组间公平竞争,提高组织效率;
> (3) 可以防止思想僵化,提高组织和小组决策质量;
> (4) 建设性冲突还可以激发组织内员工的创造力,使组织适应不断变化的外界环境。

第三节 加强群体成员之间的有效沟通

 一、群体沟通的含义和功能

(一) 群体沟通的含义

沟通就是群体中人与人之间的信息交流,它是群体成员相互交往的一种重要形式。

事实上,群体成员之间任何事情都是通过沟通这一基本方式进行的,没有沟通,群体本身也就不存在了,沟通是群体存在和发展的一种重要动力,是群体人际关系的润滑剂。

(二) 沟通的功能

对组织和群体而言,沟通的功能具体体现在以下几个方面。

1. 获取信息

人际沟通是信息传递的基本方式。群体沟通是为了向群体提供工作的方向、资料、情报和知识等外部环境信息,也能为群体提供内部信息,如了解群体内部成员的凝聚力、士气以及成员之间、部门之间的关系等。

2. 增进了解

对于大多数员工来说,工作群体是其主要的社交场所,因此员工会通过群体的沟通来表达自己的情感。只有通过不断的沟通和交往，才能彼此增进了解，消除误会、矛盾或隔阂，从而使群体形成良性的互动。

3. 协调关系

融洽的人际关系是人的基本需要，这种社会需要能否获得满足，直接影响人的情绪和行为。良好的人际沟通是调节人际关系，满足上述需要的重要条件。群体内部或群体之间的信息和意见沟通，可以加强团结协作，调节人际关系，营造和谐的社会心理氛围，还有助于消除成员的孤独、压抑和紧张情绪，促进个体的身心健康。

4. 转变态度

个体或群体态度的形成与转变与其能够获得全面的、丰富的信息有直接关系。可见，信息和意见是影响人态度形成与转变的基本条件。人际沟通可以不断强化或转变已有的态度，使之更科学、更公正。

5. 激励行为

在实现组织目标的过程中，管理者通过与员工的信息交流，让员工及时地了解目标的进展情况以及自己需要努力的程度和方向，从而达到激励员工的作用。

案例 9-2

惠普公司"敞开式的办公室"

惠普公司的办公室布局采用美国少见的"敞开式大房间"，惠普公司的每个人，包括最高主管，都是在没有隔墙、没有门户的大办公室里工作的。尽管这种随时可以见到的做法也有其缺点，但是惠普公司发现这种做法的好处远远超过其不利之处。

"敞开式管理"策略是惠普管理哲学不可分割的一部分。而且，这个做法鼓励并保证了沟通交流不仅是自上而下，而且是自下而上的。

同时，为了打消企业内部因为等级差异而产生的沟通障碍，惠普公司要求对内不称头衔，即使对董事长也直呼其名。这样有利于上下左右通气，创造无拘束和合作的气氛。

二、人际沟通的形式

组织和群体中的人际沟通形式多样，主要包括以下几点。

1. 正式沟通和非正式沟通

从组织系统区分，将沟通分为正式沟通和非正式沟通。正式沟通是信息通过组织明文规定的渠道进行的传递和交流。组织内部的文件传达、通知发布、工作布置、工作汇报、各种会议以及组织与其他组织之间的公函往来都属于正式沟通。在正式沟通渠道之外进行的信息传递和交流称为非正式沟通，如员工间的私人交谈及一般流传的"流言"等。

2. 下行沟通、上行沟通和平行沟通

根据信息流动的方向，将沟通分为下行沟通、上行沟通和平行沟通。下行沟通是上级向下级传递信息。如企业的上级领导向下级发布命令和指示。上行沟通是指由下级向上级传递信息。如员工向上级报告工作情况、提出自己的建议和意见、表述自己的态度等。平行沟通是指同级之间传递信息，如员工之间的交流、同一层级不同部门的沟通等。

3. 单向沟通和双向沟通

根据发信者与接信者的地位是否变换，可将沟通分为单向沟通和双向沟通。单向沟通只是一方向另一方发出信息，发信者与接信者的方向位置不变，双方无论在语言上还是在表情动作上都不存在反馈信息，发指示、下命令、演讲、报告等都带有单向沟通的性质。双向沟通即指发信者和接信者的位置不断变化，发信者以协商、讨论或征求意见的方式面对接信者，信息发出后，又立即得到反馈。有时双方位置互换多次，直到双方共同明确为止。招聘会、座谈会等都属双向沟通。

补充阅读材料 9-4

副语言沟通

心理学研究发现，低音频是与烦恼、悲伤、愉快的情绪相联系的，高音频则表示气愤、惊奇或是恐惧。副语言研究者发现，鉴别他人说谎最可靠的线索就是声调，一些不老练的说谎者说谎时会低头或是躲避别人的视线，老练的说谎者则可以有意识地控制这些慌乱的行为，说谎时不仅不低头、不脸红，还能有意识地以安详的表情去迎接别人的目光。但是，不管说谎者怎样掩饰，他们在说谎时声调都会不自觉地提高，真实地透露出说谎者言不由衷的心态。

（资料来源：明道著．心理学与管理．北京：中国法制出版社，2017.）

三、沟通的过程和要素

（一）沟通的过程

各种各样的沟通过程概括起来如图 9-1 所示。

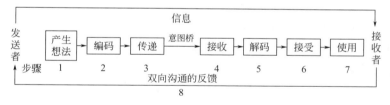

图 9-1　沟通过程

从图 9-1 中可以看出，沟通的基本过程就是信息的发送者将信息进行编码，通过沟通的渠道传递给信息的接收者，信息接收者在接收信息时要对信息进行解码，而且往往要提供给发送者反馈。在信息沟通的各个环节中都可能遇到各种障碍，而且所有的这些活动一定是在特定的背景下进行的，这就是沟通的一般过程。

（二）沟通的要素

一个完整的沟通过程一般由七个基本要素构成。

1. 发送者

是指发出信息的人，也称作信息的来源。发送者决定了一个信息沟通的过程何时开始、信息传递给谁、信息传递的目的等。

2. 接收者

是指信息传递的对象，即接收信息的人。接收者在接收信息的时候，他们会利用自己已有的经验对信息进行感知和理解。

3. 信息

是指信息发出者希望传达的思想、感情、意见和观点等。

信息包括语言和非语言的行为,以及这些行为所传递的所有影响语言使用的音调、身体语言,如面部表情、姿势、手势、抚摸、眼神等,都是发出信息的组成部分。

4. 途径

是指信息由一个人传递到另一个人所通过的渠道,是指信息传递的手段。如视觉、听觉和触觉等。这些途径可同时使用,亦可以单独使用,但同时使用效果好些。如一部录音电话与幼儿园老师集动作、声音、表情、手势一起配合使用相比,显然后者效果比前者好。

美国护理专家罗杰斯(Rogers)在1986年做过一项科学研究。结果表明护士在与病人的沟通交流中,应尽最大努力,使用多种沟通途径,以便使病人有效地接收信息,促进交流。

5. 反馈

是指信息由接收者返回到信息发出者的过程,即信息接收者对信息发出者的反应。有效的、及时的反馈是极为重要的。例如,医生在与病人交流时,要及时反馈,并把病人的反馈加以归纳、整理,再及时地反馈回去。

6. 障碍

沟通中的障碍就是出现在沟通过程中的干扰因素,也被称作"噪音"。沟通中的干扰因素可能存在于沟通中的各个环节。这些障碍的存在影响着沟通的质量和效果。

7. 背景

任何沟通都是在一定的情境下发生的,这就是沟通的背景。同样的信息在不同的背景下传递将被赋予不同的含义。

总之,让别人知道你在听他讲话很重要,你也会从中得到信息。

四、如何进行有效的沟通

沟通不只是简单地说与听,而是一个信息交流、思想统一、增强认同感、加强凝聚力的过程,要想取得良好的沟通效果,管理者需要在实施过程中掌握一些沟通的基本原则与技巧。

1. 营造良好的沟通环境

首先要选好沟通的地点,最好选择一个中立的地点,不要在任何一方的办公地点,这样可以避免员工将不愉快的谈话联系在一起;其次要建立彼此信任的关系,营造愉快的沟通氛围。研究表明,沟通效果很大程度上取决于沟通过程中是否感觉受到威胁,是否受尊重,是否有机会表达自己的意见和感受等,这些意见和感受是否对沟通的过程有所影响。

2. 以表扬为主、批评为辅

作为管理者,首先应该认识到下属或他人都有很多优点,尊重和欣赏自己的员工、发现员工的优点并予以适当的表扬是提高员工工作积极性的一个重要方面,表扬永远比批评的效果好。

3. 沟通应是双向的

沟通不是一个人讲、一个人听,你既要讲,更要听对方讲,大家都坦诚地说出自己心中的想法,这样才能从根本上发现问题并及时找出存在问题的原因,也才能为有效地解决问题奠定坚实的基础。如果沟通过程中只有一方是积极主动的,而另一方消极应对,那么沟通也是不会成功的。

4. 注意积极倾听对方

光听是不够的,你还要去积极地倾听,去听清、听懂进而理解对方的意思,这样才能为良好的沟通打下基础。

5. 维护对方的尊严

在沟通过程中，双方的地位是平等的，管理者要充分尊重自己的员工，无论是讲话的语气、语调，还是在沟通时的一些举动，都要体现出对员工的充分尊重，这样才能得到良好的沟通效果。

6. 沟通方式的灵活多变

沟通的方式不能是固定的，也没有哪一种沟通方式是最好的，只有相对比较适合，这就需要根据不同员工所具有的特点，对沟通方式加以调整。

案例 9-3

用赞美改善同事关系

在同一家公司任职的李小姐和苏小姐素来不和。

有一天，李小姐忍无可忍地对另一个同事万先生说："你去告诉苏小姐，我真受不了她了，请她改一改她的坏脾气，否则没有人愿意搭理她。"万先生说："好！我去跟她说。"

后来李小姐遇到苏小姐，苏小姐主动向李小姐示好，与之前判若两人。李小姐向万先生表示感谢，并好奇地问："你是怎么说的？竟有如此神奇的效果。"万先生笑着说："我向苏小姐说'有好多人称赞你，尤其是李小姐，说你既温柔、又善良，而且脾气好，人缘更佳！'如此而已。"

7. 真正去了解并理解对方，而不是把自己的观点强加给员工

每个人因自身定位、经历、环境的不同，对事情的看法也不可能完全一致，作为管理者，不要光从自身出发去考虑问题，要多从员工的角度去考虑问题，多了解员工的看法并听取他们的建议，从他们讲话或行为的动机去考虑，才能真正理解对方，得出的结论才能更符合实际，沟通才会更加顺利地进行并取得更好的效果。

8. 隔阂时要主动改善关系

在管理者与被管理者之间存在一些隔阂或误会是很正常的，这就更需要通过沟通来消除。作为管理者，更应该从大局出发，表现出高姿态，主动找员工沟通以期改善关系。

本章小结

1. 人际关系是指社会生活中，人与人之间相互交往而产生和发展起来的心理关系。按照不同的分类方法，可将人际关系划分为许多不同的类型：（1）按照人际关系形成的基础可分为血缘关系、地缘关系、业缘关系；（2）按照人际关系的性质可以分为正式关系和非正式关系、临时关系和持久关系等。

2. 群体冲突是指组织中的个人或群体，由于观点、需要、利益或要求的不相容，而引起的激烈争执，造成的紧张状态。包括个人内心的冲突，也包括群体内部和群体之间的各种冲突。

3. 冲突管理常见的方法有：妥协、迁就、拖延、回避、竞争、合作、压制冲突、转移目标、教育、重组群体等。

4. 沟通就是群体中人与人之间的信息交流，它是群体成员相互交往的一种重要形式。一个完整的沟通过程一般由七个基本要素构成：发送者、接收者、信息、途径、反馈、障碍、背景。

5. 沟通不只是简单的说与听，而是一个信息交流、思想统一、增强认同感、加强凝聚力的过程，要想取得良好的沟通效果，管理者需要在实施过程中掌握一些沟通的基本原则与技巧。

关键概念

群体　群体规范　模仿　暗示　顺从　群体压力　凝聚力　人际关系　沟通　冲突

复习与思考

1. 什么是人际关系？
2. 影响人际关系的不良心理和因素有哪些？
3. 什么是群体沟通？它有哪些功能？
4. 什么是群体冲突？
5. 冲突管理常见的方法有哪些？
6. 简析管理中冲突发生的心理根源。
7. 加强群体成员之间的有效沟通有哪些方法和途径？

观念应用

分析题

1. 试评析"冲突是不利于组织发展的，应尽量予以消除"这句话。你认为应如何正确对待冲突？
2. 你对冲突的个人观点是什么？积极的、消极的还是平衡的？从你的个人经历中引用两件事阐述你的观点。

案例分析

跨部门冲突

新的一天开始了，同事们先后来到办公室，销售部秘书月玲刚刚坐到电脑前，"大销售"李浩也风尘仆仆地赶到了。

"你说，咱们公司那些行政、财务的人怎么回事？这标书拼得你死我活的，我好不容易搞定客户，摆平集成商，这后院还起火了！"李浩抬高了嗓门说。

"怎么回事儿？"月玲很疑惑。

"昨天我缺一份公司的营业执照复印件，先找行政，他们说应到财务那儿拿。好不容易找到谭会计，她说要老板同意，而财务总监又没开手机。这不让人撮火吗！"

"几点的事呀？"

"昨晚八点。"

"咳，都下班了！再说，人家也不知道你急着找他呀。"

"这当'乙方'的真倒霉！既得'攘外'，还得'安内'，怎么回到公司就不能做回'甲方'呢？"（供应商通常在合同中被定义为"乙方"，客户为"甲方"，故销售人员常自嘲为"乙方"）

"我和那些部门的人吃饭的时候，他们还老说，'你们销售多好啊，一切资源、投入都是你们优先。我们这些部门累个半死也没人看见，而且谁都能冲我们喊……'"

问题：

1. 你认为这一冲突属于哪类冲突？
2. 这一冲突是由什么造成的？
3. 如果你是李浩，你将如何处理此事？

实训题

利用假期，参加一个旅游团，观察记录旅游团的整个过程，总结分析规律性的东西。

心理小测验

冲突管理水平测试

想了解自己的冲突管理水平吗？请按要求回答下列各题。

1. 你认为对企业内的冲突（　　）。
A. 都有必要进行管理
B. 无法全部管理，只要看到就会处理
C. 大多数可以忽视，只管理重要的冲突
2. 你对冲突的态度是（　　）。
A. 冲突是负面的，因此要严加控制
B. 该处理就处理，多一事不如少一事
C. 合理保持冲突水平，鼓励建设性冲突
3. 在冲突预防中，你对员工的个人处事风格、员工间搭配和员工与岗位的搭配（　　）。
A. 没有注意
B. 有所注意
C. 十分重视
4. 在处理与别人的冲突时，你会（　　）。
A. 直接而紧急地处理
B. 先弄清对方的想法
C. 先反省自己，再弄清对方的思路，发现解决的办法
5. 对于内部价值观的统一问题，你会（　　）。
A. 觉得束手无策
B. 尽量统一价值观来减少冲突
C. 用文化来统一价值观，也鼓励不同意见的创新
6. 对一些无法解决或者问题严重的冲突，你会（　　）。
A. 暂且搁置，等待时间的缓冲
B. 采取相应的隔离措施
C. 如果冲突无法解决，只能严肃处理冲突主体
7. 当同一部门的两个成员发生激烈冲突时，你的处理方式为（　　）。
A. 回避
B. 找这两个人谈话
C. 将这两人调开，其中的一人安排到另外部门

8. 面对一触即发的紧张局面，你的协调方式为（　　）。
A. 马上着手解决矛盾
B. 分别进行单个沟通
C. 着眼于冲突的感情层面，先不急于解决问题
9. 当发生冲突时，如果自己有错，你会（　　）。
A. 保全自己的颜面
B. 淡化自己的错误
C. 有原则地迁就对方，化解冲突
10. 在制定激励政策、福利政策与绩效考评时，你是否关注公平、平等。（　　）
A. 没有刻意关注
B. 有所关注
C. 十分关注，因为员工的不公平待遇往往是冲突的根源

评分说明

计分方法：选 A 得 1 分，选 B 得 2 分，选 C 得 3 分，最后将分数相加。

24~30 分，你善于冲突管理，善于做思想工作，能针对不同的冲突状况灵活处理，同时也注意保持冲突的良性水平，这一点正是现代冲突管理方式有别于传统冲突管理的地方。

18~23 分，你有一定的冲突管理能力。作为管理者，你既要洞察冲突发生的可能性，又要正确对待已经发生的冲突，尽量缓和与避免破坏性冲突的发生，积极引导和发展建设性冲突，合理地解决问题，使冲突向好的方向转化。

10~17 分，看来你还需要增加冲突管理知识，加强在实际工作中处理冲突的能力。研究冲突产生的根源及其控制方法，是管理中一个十分重要的课题，作为领导者，应对这个课题给予充分重视。

（资料来源：张晨辉．新编实用管理心理学．北京：清华大学出版社，2007．）

CHAPTER 10

第十章
组织心理与管理

学习目标

1. 熟悉组织的概念、分类
2. 认识组织的变革与发展的过程
3. 熟悉组织变革的步骤、组织变革的动力与阻力
4. 明确组织团队建设的必要性和策略
5. 掌握组织文化建设的内容和方法
6. 学会将组织文化建设应用于企业管理实践
7. 学会对组织变革的动力与阻力进行管理问题分析

导入案例

远东公司的组织管理

远东公司近几年在总裁李兴的带领下发展迅速。然而，与此同时，一向运行良好的组织结构开始阻碍公司的发展。

公司原先是根据职能来设计组织结构的，职能部门包括财务、营销、生产、人事、采购、研发等。随着公司的壮大，产品已从单一的电冰箱扩展到电视机、洗碗机、热水器、空调等诸多电器，原有结构已无法适应产品的多样性。职能部门之间矛盾重重，主要决策均需李兴亲自作出。

于是，李兴决定根据产品种类将公司分成九个独立经营的分公司，各公司经理对各自经营的产品负有完全责任，只要能盈利，总部不再干涉分公司的具体运作。但是，公司重组后，总裁感觉到很难再对每一分公司实行充分控制了，各分公司经理常常不顾总公司的方针、政策，各自为政。而且分公司之间在采购、人事等职能方面也出现了许多重复。

李兴认识到，他在分权方面有些过分，下令收回分公司经理的一些职权，强调以后下列决策权归总裁：（1）超过10万元的支出；（2）新产品的研发；（3）营销战略的制定；（4）重要人员的任命。职权被收回后，分公司经理纷纷抱怨，有人甚至递上了辞呈。李兴当然明白这一举措极大地挫伤了分公司经理的积极性，但也没有更好的办法。

第一节 组织心理概述

 ## 一、组织概述

(一) 组织的概念

组织是由集体发展而来的,是由许多功能相关的集体组合而成的。随着组织的不断变革和发展,对组织的认识也在不断深化。

1. 传统的组织

传统的组织是指为了达到某种特定目标,由组织中各部门的分工合作与各种责任制度去协调一群人的行动。可以从以下几个方面来加以理解。

(1) 一个组织,必须有一个共同目标 人们为了达到这一共同的特定目标而需要协同活动。如果没有共同目标,组织就是一盘散沙,空有虚名,也就失去了存在的意义。

(2) 组织有不同层次的分工,有明确的责任制度 组织的目标,是个体单独无法达到的,要实现这个预定的目标,就必须使其成员有明确的分工与合作,还要有责任制度加以保证。

(3) 组织的功能是协调 组织必须对人们达到共同目标而进行的活动进行协调,组织中的协调包括各层次内部和各层次之间的协调。

这个概念只指出了组织的最一般特征,它只考虑了组织的内部因素,而没有考虑到组织的外部环境,它实质上是把组织看成与外部隔绝的封闭系统。因此,这种传统的组织概念还不能全面地适应复杂多变的外界环境。这也是传统组织概念与现代组织概念的根本差别之处。

2. 现代的组织概念

现代的组织是指开放的社会技术系统。这个概念是在传统组织概念的基础上,为了适应外部环境的变换,进一步完善和发展起来的。这个概念包括以下含义。

(1) 组织是一个开放系统 它不断地与外部环境进行信息交流。为了不断增强适应外界环境的能力,其本身也在不断地改革和发展。

(2) 组织是一个社会的技术系统 它既包括结构和技术方面,也包括心理、社会和管理方面。

(3) 组织是一个完整的系统 它由许多子系统组成,并与外部环境相互作用。它不仅调整各子系统之间的活动,而且还要调整各子系统与环境的关系,以便达到共同的目标。

(4) 组织是一个动态概念 为了适应环境的不断变化,组织本身也要不断地改革。

(二) 组织的特征

一般来说,组织可归纳为如下几方面的特征。

1. 整体性

组织为了实现特定的共同目标,经过组织成员的分工和职能的划分,运用不同层次的权力和职责,合理地协调成员的活动,从而达到预定的目标。所以,组织本身也是一个综合的机构,是一个集体实现目标的工具,是一个提供工作环境、决定目标、分配工作、完成目标的整体性的人群体系。

2. 实用性

由于现代化工业企业生产的社会化程度越来越高，要取得任何一项成就都必须借助于集体的力量，依靠组织，发挥人力、物力、财力的综合功能，才能适应外界环境的变化。所以组织具有很大的实用性。

3. 复杂性

组织是由若干个集体和个体组成的，这些组成单位之间、成员之间都充满着差异，如能力、经验、个性等，这些差异是产生冲突的因素，也是人类存在、合作的原因。组织中的领导者要想利用这些条件，处理这些差异，建立一个合作的、调动员工积极性的、高效的组织，还必须协调组织中所有的单位和成员为实现组织的共同目标而产生的各种联系，要将组织的目标分解，并建立一个权力层次体系，要有严格的规章制度等。这些工作都十分复杂，都需要组织发挥其作用才能得以实现。

（三）组织的类型

组织的类型纷繁多样，较规范的划分有以下几大类。

1. 按照使用权力和权威的程度划分，可分为强制型组织、功利型组织和规范型组织

强制型组织通常使用强力作为控制的手段，如执法机构、监护性精神病院等组织。功利型组织在行使合法权利的同时，把经济报酬和各种奖励作为控制的手段，如工商企业、农场等组织。规范型组织以方针政策、法律制度、道德规范等作为控制的手段，如学校、医院、科研部门、专业协会以及政治性和社会性的各种团体等组织。

2. 按照基本受益者的不同划分，可分为互利型组织、工商型组织、服务型组织和国家型组织

互利型组织的成员为主要受益者，如工会、党派、人民团体、俱乐部、行业和企业联合会等组织。工商型组织的所有者为主要的受益者，如各类工商企业、开发公司等。服务型组织以服务的对象为主要受益者，如医院、学校、社会服务性机构、服务行业以及宗教组织等。国家型组织的主要受益者为广大公民，如各级各类政府组织、立法、司法机构、军队、邮电通讯等组织均属此类。

3. 按照组织的正式程度的不同划分，可分为正式组织和非正式组织

正式组织是经有关部门批准正式成立的组织，如各种正规的企事业单位等。非正式组织是指人们自发形成的，以共同的兴趣、爱好、思想情感或血缘、地缘关系为纽带成立的组织，如球迷协会、老乡会等。

补充阅读材料 10-1

无处不在的非正式组织

比尔·史密斯在工程学校毕业后来到一家大型制造厂的实验室工作。在实验室里，比尔的任务是管理四名负责检验生产样品的技术员。一方面比尔是他们的监督者和管理者，另一方面又受到这个集体本身的制约，正是这种制约在折磨着比尔。他很快就发现他们每个人都在设法保护别人，所以实验室的脏活也就很难确定由谁负责。正是这个团体大大限制了比尔的作用的发挥，他们每天都只完成同样的实验工作量，根本不考虑比尔催促加快检验速度的要求。尽管比尔是上级指定的实验室主管，但是经过多次观察发现，实验室的技术员有问题时并不是找他，而是经过走廊找另外部门的老技术人员。

比尔还注意到，其中三名技术员经常一起到咖啡间吃午饭。第四位技术员经常同自己的朋友到临近实验室用餐，比尔自己通常与其他实验室的管理人员一同进餐。午餐时，比尔逐渐明白了其中的种种蹊跷，很快认识到实验室发生的情况说明非正式组织活动在起作用，必须像对待正式组织一样与这些组织一同共事。

二、组织的有效性

衡量一个组织是否有效，主要有以下几方面内容。

（一）组织有效性的标准

所谓有效性，就是共同努力去完成一个已知目标，完成的程度就指明了有效程度的大小。有效性的标准主要包括以下几个方面。

1. 组织目标

组织都有它特定的目标，所以目标实现与否是衡量组织效力的一般常用尺度。从系统的观点来看，可以把实现目标确定为组织的有效输出，可以理解为组织向社会提供了什么，解决了什么，服务了什么，比如一个企业，它是否实现了单位时间内既定的生产指标，一所大学是否在规定的学制内达到了所培养学生的质量和数量的要求等。

2. 效率

这是一个综合性的尺度，它包括许多方面。从系统观点来看，可以看作是否有效地利用了"输入"。比如，一个企业在单位产品上是否达到了以最少的人、财、物和时间的投入，获得了最佳的效益。如果企业耗费了超量的资源，而没有获得或获得很少的经济效益，说明这个企业没有效率或效率很低。因此，组织是否有效率就要分析输入和输出之间的比例关系，以及对社会和环境的后果。

3. 社会责任和信誉

社会责任和信誉实质是组织员工的工作质量和服务质量问题。假若一个造纸厂只是为了获得尽可能多的收益，一味地扩大生产，增加产量，结果对环境造成了恶劣的影响，这是一种不负责任的态度，必然会造成不良的社会后果。可见，组织的社会责任的强弱与信誉的高低是工作和服务质量问题。

4. 组织及管理的状况

组织在实现目标、提高效率的同时，采取了什么样的管理方式？运用了哪些有效的管理方法？组织的结构和稳定性如何？若这个组织在实现预期目标后就瘫痪下来，那它的有效性就值得怀疑。假若组织没有存在的可能性，就无有效性可言。同样，一个组织内部若矛盾重重、钩心斗角，控制和调节的作用又非常有限，它的有效性也要受到制约和影响。

5. 职工的满意

职工的满意包括的内容很多，是一个综合性尺度。例如，职工对他所从事的工作是否满意，是否感到有用武之地；职工对工作报酬是否感到公平合理，包括自己和他人的比较；职工是否感到有发挥潜力、实现自我发展的前途。假若有很多职工希望尽快脱离这个组织，或者消极怠工，那这个组织的有效性必然要受到很大的影响。

（二）如何提高组织的有效性

提高组织的有效性，需要从多方面来考虑，此处主要从组织的精神状态、有效工作、组织设计以及避免不良做法等方面加以分析。

1. 培养组织良好的精神状态

组织与人一样，也有其特殊的精神状态，并主要体现在四个方面的特性上。

（1）适应性　就是要提高组织解决问题的能力，以及随着变化的环境灵活地作出反应的本领。

（2）同一感　就是要让组织能够意识到它是一个什么样的组织，它应该努力完成什么样的工作目标。否则挂羊头卖狗肉的组织，其精神状态肯定是不正常的。

（3）识别能力　组织要能客观地认识周围的环境，特别是能认清与组织有关的事物，否则，不是看不到威胁，便是会贻误时机，遭到客观规律的惩罚。

（4）一体化　组织要协调好内部各个层次、各个方面的关系，消除误解和曲解，避免矛盾和冲突，使组织内的各个方面意识到取得成就的关键在于通力协作，这样才能提高组织的有效性。

2. 要有效地开展工作

组织要有效地开展工作必须具有良好的工作机制，把握住组织所面临的局势和应该协调的工作，使之处于最佳的工作状态。

① 要有效地接收和传递信息，要像市场分析家那样掌握行情信息，利用信息来指导工作。

② 根据信息要求，能够主动地在组织内部作出灵活的、富有创造性的调整。比如，大学要根据社会需求的变化调整专业设置和课程体系。

③ 调动组织成员的积极性和义务感，使大家积极参与管理，善于改革创新。只有这样，才能使组织目标和措施变为成员的行动。比如，企业要降低成本，职工们不认真对待很难实现。

④ 培养和形成良好的组织气氛，避免和克服组织气氛对职工造成的压抑感。否则，可能会出现得过且过的顺从，或与组织离心离德的状况，使工作无法开展。

3. 避免组织的不经济做法

应当承认，在许多情况下，组织的有效性受到了组织内不经济做法的影响。因此，避免组织的不经济做法，也是提高组织有效性的重要途径。从实际工作中出现的主要问题来看，组织的不经济做法主要有以下表现。

（1）人员配置上的不经济做法　如有的组织人数不多，官员却不少，相互制约，工作效率不高。有的组织人浮于事，时效性很差，工作十分拖拉。

（2）组织机构设置上的不经济做法　许多单位为了使工作的条块更清楚，设置了许多专门机构，其结果是出现多头牵制的局面，下层组织只得同样增加办事机构和工作人员，造成机构臃肿，队伍庞大而工作效率却非常低下。

（3）管理上的不经济做法　组织控制过死，下级没有活力，是管理上的不经济做法。实际上这是一种封建家长制的领导作风，下级没有选择和自决的余地，从而导致工作效率很低。

案例 10-1

裁　员

有一个社区建了一座桥，居民们说："我们有了桥，最好找一个警卫员来守护。"接着有人说警卫员要领薪水，所以必须雇用一个会计。接着，又有人指出需要有司库。于是，便有了警卫员、会计和司库。既然有了这么齐全的人马,便需要有个行政主任来管他们,最后居民雇了一个行政主任。不久,议会表决要削减经费,一定要裁员,于是他们便裁掉了警卫员。

第二节
组织变革与发展

一、组织变革

(一) 组织变革的概念

所谓组织变革,是指对组织本身进行调整和变动,使其适应不断变化的外部环境和内部条件的过程。组织变革不仅是机构设置、技术完备的改革,更重要的是成员心理、观念上的改变。

(二) 组织变革的目标

组织变革的目的是为了实现组织优化。组织优化包括结构完善、功能优化、气氛和谐和应变力增强四个方面。

1. 组织结构完善

一般来说,组织结构中包含权力、责任、职务、人员和单位等要素。结构的完善就是要求上述各要素的编排组织合理。

2. 组织功能优化

组织结构完善要通过组织功能优化来体现。功能优化指提高实现组织目标的效率,它具体表现为确定正确目标的决策能力、实现目标的管理能力和提高组织效益的能力三个方面。

3. 组织气氛和谐

组织的效能往往与人员的满足感相联系。一个优化的组织需要沟通便捷畅快、决策民主、能顺乎情理地协调各种关系,充分满足人的心理需要,创造有利于发挥成员积极性的和谐气氛。

4. 组织应变力增强

优化组织必须是对环境变化具有极强适应力的组织。应变力是组织对环境的一种主动、自觉的适应力,而不是被动、被迫地适应环境。组织应变力的增强表现在组织内信息流通快捷与准确;具有及时反馈的机制并能据此作出快速果断的调整决策;组织成员对指挥系统的高度信任,能保证决策得以快速执行。

(三) 组织变革的动力与阻力

1. 动力

组织变革的动力来自组织的环境,包括外部动力和内部动力。

(1) 外部动力 组织的变革常常是由其外部环境中某些因素的变化引起的。组织外部环境的范围十分广泛,主要包括政治、法律、经济、科学技术等方面。

① 政治、法律因素。任何组织的内部变革都会受政治、法律因素的影响。例如战争、政权易位、政治体制变动、政治局势的稳定或动荡、民主与法制的健全或破坏、重大法律的颁布、方针政策的改动等,都会吸引或迫使组织作相应的变革。通常,社会进步、政治形势

稳定和法制环境良好都会有利于组织变革的健康发展。

② 经济因素。生产力水平的提高及劳动生产条件与物质条件的改善所带来的生产方式的改变推动了组织变革；社会经济结构、经济体制的变革将直接影响组织的专业方向和组织机构的变革与发展；市场形势的变化会迫使组织调整产品结构，改造设备、技术与工艺，变革组织内部管理体制，促进组织变革和发展。

③ 科学技术因素。计算机技术的应用使高速数据处理和解决复杂的生产问题成为可能，新的仪器设备和自动化技术使许多新产品的开发以及传递方式都发生了革命性变化。因此，新技术的发展不仅影响到工作的技术条件，而且也影响到社会条件，创造了新的职业形态和管理方式。

(2) 内部动力　它一般是由组织内部各个分系统的变化所引起的，如目标与价值分系统、技术分系统、结构分系统、非正式组织与心理社会分系统等。

① 目标与价值系统。价值观念的变化，必然会引起组织目标的变化，进而影响到人们行为方式的变化。当然，价值观和目标的变化与外界环境力量的作用有直接关系。

② 技术分系统。技术分系统的变化也是组织内部的一个明显的变革动力源，特别是对组织内部的结构分系统和心理社会分系统具有相当大的作用。拿一个企业来讲，技术的变化起码包括产品形式或功能的变化、劳务形式与功能的变化，以及组织所采用的转换过程的变化，这些变化必然要引起结构和成员心理活动状态的变化。

③ 结构分系统。结构分系统的变化也是一个重要的变革动力源，如为了使组织更具有效力，可以设计出不同的分工方法和协作手段，而这些变化又常常会引起其他方面的调整，成为组织变革的推动力量。我国目前出现的许多大型企业集团就是这种变革的产物。

④ 非正式组织、心理社会系统。它们也是变革的重要动力源。组织目标的实现在很大程度上依赖于人的因素，员工的士气、个体和群体方面的激励因素的变化都会有明显的影响力。因此，心理方面的任何变化均会导致组织活动的明显变化，特别在某些变革需要个人或群体来适应和支持的情况下就显得非常重要，否则变革很难付诸行动，取得实效。

另外，组织变革的动力也来源于组织内的管理分系统，如管理方式的调整、领导作风的变化、控制方法的变化、参与决策程序的变化等。

2. 阻力

组织变革是一个推陈出新的过程，它不可避免地要遇到许多阻力，这些阻力主要来自两个方面：组织的与个体的。

(1) 来自组织的阻力　来自组织的阻力主要有以下几种。

① 过分强调员工行为的一致性。一些企业为了追求稳定与一致，在某些方面干涉过多。员工行为刻板、机械，缺乏个性、主动性和创造性及多方面发展的潜力，这样的体系对员工的行为趋势保持稳定是有利的，但却不利于组织变革。

② 片面强调变革。有时，一些组织片面强调变革，一切以变革为重，结果忽视了其他重要因素的配合与协调，如任务、结构、人员、信息系统等。结果，变革造成了许多负面影响。

③ 群体惯性。工作群体的规范能保持群体成员行为的一致性，制约群体成员的偏差行为，使其保持原状，这就是群体惯性的表现。另外，由于组织变革，有些群体会解体，群体惯性自然而然会表现出一种阻力来。

④ 专长威胁。一个群体经过多年才掌握的专业知识、专业技能有可能由于组织变革变得一钱不值。群体的专长受到了威胁，因而会成为反对组织变革的理由。

⑤ 权力威胁。组织变革往往会涉及权力的转移、决策权的变化。失去权力的一部分人，尤其是失去重要权力的那一部分人反对组织变革就不足为奇了。

⑥ 资源分配。满足于现行有关资金、人员、设备、原材料、办公室等资源分配的群体往往会担心组织变革后，本群体的利益受到损害。这部分群体有可能反对组织变革。

(2) 来自个体的阻力　来自个体的阻力主要来自于心理的、观念的因素，主要有以下几种。

① 习惯。改变习惯，开始会比较难，人们倾向于选择较容易的事去干，因而反对组织变革。

② 安全。人们在稳定的职业生活中有一种安全感，当酝酿进行组织变革时，人们便会感到忐忑不安；当实施变革时，打破了人们已经习惯了的工作模式，则会引起情绪上的波动，产生抵触情绪。

③ 权力、地位上的考虑。组织变革往往涉及组织机构和人事安排的变动，这种变动会使一些人在变革中失去原有的权力和地位，它们往往带来利益分配的变化。凡是一项变革涉及要减少人们的收入时，难免会遭到这部分人的反对。这种阻力不但来自基层，同样也来自高层，因而产生心理抵制。

④ 对未知事物的恐惧。变革往往产生未知事物。面对未知事物，大多数人都会感到焦虑不安或恐惧，从而反对变革。

⑤ 对人际关系的威胁。一些组织变革会引起技术上的变革，人们反对技术变革的深层原因是技术变革会引起人际关系的变化。另一些组织变革直接引起人际关系的变化，会遭到相当一部分人的反对。

⑥ 失败的恐惧。组织变革很可能使员工变换工作，而新工作有可能使员工显得无能，进而对自己的能力产生怀疑，最终导致失败的结果。因此，一部分员工由于害怕失败而反对变革。

⑦ 同伴的压力。有些人可能自己并不反对变革，但由于其同伴竭力反对变革，而他由于从众心理起作用也反对变革。

⑧ 态度。一部分员工由于个性较保守，几乎反对任何变革；另一部分员工由于与变革者的冲突，因此反对变革；由于不少员工所处的地位不同，很多事情不了解，或是了解不多，在认识变革方面有一定的局限性，因此，不支持组织变革。

(3) 面对变革的各种阻力，为保证组织变革的顺利进行，常采用下列方法。

① 职工参与变革。管理心理学家认为，让职工参与变革，既可吸引职工产生认同感，又可以吸取职工的智慧，从而减少变革中的思想阻力。在变革时组织有关人员对变革方案进行讨论，会使成员感到受到重视和尊重，从而产生较强的责任感；同时，又使他们了解变革的内容和意义，提高变革的主动性和自觉性，这样便会促使变革顺利实现。

② 适应职工心理，合理安排变革进程。组织变革的失败，其原因往往是操之过急，忽视了人们的心理承受能力。因此，要恰当地安排变革的时间和进程，以适应职工心理的变化；要尽量使组织变革的方向与职工的目标一致，以增强变革的动力；要注意变革与群体规范的关系，引导职工相应地改革旧规范，建立新规范。

③ 聘请外部"变革顾问"。聘请外部"变革顾问"也是克服阻力的一种好方法。这样做可以消除变革是为了维护组织内部某一部分人利益、损害另一部分人利益的错误心理，有利于克服阻力。同时，聘请外部"变革顾问"也有利于组织吸收新的知识和更加客观的观念、态度，摆脱企业旧传统、旧关系的束缚，有利于变革的实施。

④ 运用力场分析法。力场分析法是勒温创造的一种方法。勒温认为，当变革遇到阻力时，如果用强硬的手段压制下去，不利于解决问题。他主张把支持变革与反对变革的所有因素采用图示方法进行排队，其大小可以用估算值来表示，客观地比较、估计其强弱程度，采取合理措施增强支持因素；减弱反对因素，以使变革顺利进行。

（四）组织变革的过程

管理心理学家对组织变革的过程的认识不尽相同。勒温认为，要经过解冻、改变、再冻结三个步骤。罗希认为有四个程序：一是创造一个需要变革的知觉；二是分析诊断环境，以创造变革的需要以及决定变革的方向；三是沟通变革所影响的人员；四是监督变化、调整组织。凯利则将组织变革的程序分为九个步骤，即确定问题、作出诊断、列出可行方案、制定决策准则、采取解决方式、计划变革、采取行动、评估和反馈。

综合上述各种观点，一般认为，组织变革须经过以下八个步骤：确定问题——组织诊断——提出方案——选择方案——制订计划——实施计划——评价效果——反馈。

（五）组织变革的方法

由于组织的情况不同，组织变革的方法也不尽相同。一般说来，组织变革可以分以下四个方面进行。

1. 通过改变结构来实现组织变革

组织结构的改变是指对组织设置进行调整，如成立新的部门或合并取消某些部门，协调各部门的工作，调整管理层次，扩大基层的自主权等。随着内外环境的变化，在必要的时候对组织结构进行调整，常常可以使组织发生根本性的变化。

2. 通过改变技术来实现组织变革

从改变技术入手、进行挖潜改革与革新，是实现组织变革的重要途径。通过引进新技术、新设备，进行技术革新与科技挖潜，提高机械化、自动化程度，改进和提高产品质量等，都能实现组织变革。

3. 通过改变人来实现组织变革

所谓改变人，就是改变人的素质，特别是员工的心理素质。通过改变员工的工作动机、态度行为、技术和知识水平，提高员工的工作积极性与创造性，是实现组织改革的重要途径。

4. 通过调节和控制外部环境来实现组织变革

组织不仅要适应外部环境的变化，而且要主动地调节和控制环境，使之在最大程度上有利于组织目标的实现。因此，除了改革组织内部的管理制度外，还应主动地参与环境的变革，使其适应组织的需要。例如，加强外部信息资料的输入、开辟新的市场等，都有助于组织目标的实现。

 二、组织发展

（一）组织发展的概念

现代组织理论家不仅注重组织改革问题，而且更注重组织发展问题。前者侧重解决组织内部出现的某些不利于组织生存的问题，后者侧重研究组织向前发展的问题。

组织发展是指组织如何适应内外环境的变化，改进和更新组织，达到组织的最佳化和高效化。组织发展是组织变革的一部分，它是实现组织变革的手段、方法和技术。

任何一个组织系统都必然存在三个相互作用的子系统：技术或工作子系统；管理或行政子系统；人文子系统。组织发展就是这三个系统相互作用的结果。组织发展要对上述三个系统进行一系列变革，其中改革人的因素、发展人的能力、改善组织成员之间关系的特性是组织发展的核心问题。

（二）组织发展的特点

组织发展具有的以下特征使之区别于其他的变革方法。

① 变革是有计划的、长期的，包括整个组织的各阶层，并且得到最高层领导的支持。

② 注重群体和组织的过程，而不是任务部分。组织发展强调工作群体的协作，工作小组是组织发展工作的基本单元，采用行动研究模型。

③ 组织发展的目标在于开发组织解决实际问题的潜力，而不是亲自去解决问题或提建议。

④ 组织发展必须有组织发展专家的参与。组织发展专家与管理人员的关系是：在工作初期，管理人员信任组织发展专家，并主动自愿与其保持一定的合作关系。一旦对某一问题明确了改善与解决的途径，组织发展专家与管理人员的工作关系即可告一段落，因此组织发展工作有一定的时间性。

(三) 组织发展的内容

组织发展的核心内容在于调整组织的结构和体系，使之既能适应环境条件的变化，又能满足组织成员的心理需要。其包含如下五个方面的内容。

① 建立组织内部人际信任的气氛，疏通沟通网络，协调上下级关系，调动组织成员的积极因素。

② 调整组织结构体系。使决策、授权的单位尽可能处于或接近于组织中心。

③ 在达成组织目标过程中展开各部门的竞争，注意在竞争中扩大各部门间的合作，增强部门间的联系。

④ 把各种激励手段与达成组织目标紧密相连，使组织目标与成员目标趋于一致，提高成员在达成目标过程中的心理满足感。

⑤ 在组织内提倡和促进创新精神，努力提高组织的整体效能。

(四) 组织发展的措施和方法

国外组织心理学家和管理学家在研究组织发展的过程中，总结并提出了许多具体的措施和方法，我们虽然不能完全套用这些措施和方法，但是这些措施和方法可以借鉴或启发我们的思路，从而设计出更适合我国国情的组织发展的措施与方法。

1. 个人和群体方面的组织发展措施

(1) 敏感性训练 亦称"T小组训练"或实验室训练，由美国心理学家布雷德福在美国缅因州建立的"国家训练实验室"首先实施。敏感性训练是要使参加者深入地了解自己和其他人的感情与意见，并从中提高学习和认知能力。

这种训练的主要对象包括员工、中上层管理人员、学生以及不同民族和具有不同文化背景的人员。其过程可分为三个阶段：旧态度的解冻阶段、加强敏感性阶段和新态度和行为方式的巩固阶段。

(2) 调查反馈法 调查反馈法通过问卷调查搜集数据，并反馈给数据提供者，该数据将用于行动研究、诊断问题、制订行动计划。调查反馈法是一种以数据为基础的组织发展和变革的方法。这一方法通常在外来咨询专家和企业工作人员的合作下进行，对这一方法的发展作出重大贡献的是密执安大学社会调查研究所的曼恩及其同事。

调查反馈包括以下几个基本过程：调查问卷的编制和标准化——调查过程——数据统计和整理——结果反馈——提出诊断报告和改革意见——实行改革。

(3) 方格训练 方格训练是从领导行为的管理方格理论发展而来的组织发展方式。方格训练与敏感性训练的不同之处在于，敏感性训练可以说是作为组织发展的一种工具或手段，方格训练则不只是工具或手段，而是组织发展的一项全面的计划。

(4) 过程咨询 过程咨询主要指组织在专家的帮助下感知、理解组织过程并做出行动。其基本假设认为，过程咨询专家能够比较有效地帮助诊断和解决现代组织所面临的重要问题。过程咨询所实施的范围包括沟通、群体成员的角色、群体决策、群体规范与发展以及领导和群体之间的问题。

实践表明,过程咨询主要有两个优点:一是可以解决现代组织面临的重要的人际关系问题或群体间的问题;二是可以帮助组织自己解决存在的问题。但是,过程咨询也有不足之处,例如,组织成员不能像在其他组织发展活动中那样广泛参与整个过程,而且过程咨询一般时间较长,费用较高。

另外还有角色分析技术、团队建设、行动研究和组织镜像法等。

2. 整个组织的组织发展方法

(1) 企业再造 企业再造坚持以顾客、员工、效率和效益为中心,从根本上对企业原有的基本信息和业务流程进行重新考虑和重新设计,以期在衡量绩效的重要指标上,包括成本、质量、服务和效率等方面,获得大幅度的改善。

(2) 工作再设计 让员工担负较多的工种,赋予较大的责任,使其了解生产过程,避免单调乏味,从而提高生产积极性。可采用工作扩大化、工作丰富化、自治工作群体、轮换工作制、弹性工作制等方法。

(3) 目标管理 目标管理是由上下级一起来确定共同的目标,并规定所属成员达成目标的主要职责范围,同时以此衡量每一部门的成绩和成员贡献的组织发展方法。

(4) 顾问参与制 顾问参与制是指聘请一些专家、学者参与组织变革的过程的组织发展方法。这是管理者借助"外脑"的一种方法,又称"智囊团"制,简称顾问制。顾问参与制主要分为两种:内聘顾问制和外聘顾问制。

(5) 提高工作生活质量(英文简写为QWL) 工作生活质量指组织成员根据他们在组织中的体验,对重要的个人需求所能得到的满足程度。提高工作生活质量注重于向员工提供能满足需求的环境。QWL的效果分为三类:一是增加工作满意度(或许这是最为直接的效果);二是提高生产率(尽管很难将QWL的贡献从其他措施中区分开来);三是增强组织有效性(按利润、目标达成、股东获利及资源交换衡量)。

三、团队建设

团队,是21世纪组织发展的趋势。自20世纪90年代以来,"团队工作"成为管理的热点,众多管理者推崇团队的工作方式,甚至以团队方式来进行组织重构。团队使人们工作更有效率,对工作和组织有更高的满意程度,更能发挥成员的积极性和创造性,使组织高效率地运行。

(一) 团队的定义

团队是由数名知识与技能互补、彼此承诺协作完成某一共同目标的员工组成的特殊群体。团队与普通群体的区别如下:一是普通群体的绩效仅仅依赖于每一个成员的贡献;团队的绩效既依赖于个体的贡献,也依赖于集体的协作成果。二是对于普通群体来说,工作成果由个体自己负责;对团队来说,工作成果既要由个体负责,又要集体共同负责。三是团队不仅要像普通群体那样具有共同的兴趣目标,还要有共同的承诺。四是普通群体一般由管理者严密监控;团队常常具有自主权。

案例 10-2

NBA 中的领导与团队

美国芝加哥公牛队曾五次获得 NBA 总冠军,这在 NBA 的历史上是罕见的。毫无疑问,公牛队的取胜与"飞人"乔丹是分不开的,他总是能在关键时刻力挽狂澜,扭转危局,但仅仅有乔丹还不行，有人做过统计，如果一场比赛乔丹得分超过 35 分，公牛队反而常常输球。公牛队真正强大在于，它不仅有乔丹，还有甘当配角的助攻王皮蓬，篮板王罗德曼，擅长组织和远投的斯蒂夫·科尔和被称为"最佳第六人"的全才库科奇。正是这么一群人，他们有共同的信念和目标，在比赛中密切配合、相互支持。在赛场上，每个人都竭尽全力，充分发扬自己的才能和个性，为胜利作出自己的贡献。当然，深谋远虑，被人称为"巫师"的 NBA 最佳教练杰克逊也功不可没。作为领导者，他制定了球队的战略和战术，引导和激励球员，可一旦比赛开始，他又必须相信自己的队员，充分授权。只有这样，才使公牛队成为 NBA 大战中的"五连冠""王中王"。

（二）团队的类型

团队类型决定于团队总目标和任务的性质。团队的类型多种多样，根据工作目标和工作任务的性质，团队基本可以划分为三种类型。

1. 多功能型

许多企业都采用多功能型团队来直接完成负责的项目，分别建立管理团队、生产团队、营销团队和咨询团队。管理团队存在于组织结构中的任何层次。生产团队是直接生产产品的直线部门的团队，负责产品开发、生产。营销团队负责市场开发、销售、服务。咨询团队负责特别项目、特别问题、质量监督等。

2. 长期、中期和短期的团队

长期团队存在于组织的职能部门中，部门存在，则团队存在。长期团队的目的是完成组织的基本职能，人员组成具有稳定性。中期团队的生命一般从半年到几年之间。中期团队是为了完成某个特别项目设立的。其人员来自许多部门，成员同时受团队的管理和原所在单位的管理。短期团队是为了研究某个问题或进行某项决策而设立的。这些问题的解决方案提出后或决策任务结束后，团队也就解散。

3. 自我管理型

自我管理型团队根据自我管理的程度的高低划分为高度、中度和低度自我管理团队三种基本类型。如表 10-1 所示。

表 10-1　团队自我管理程度

团队自我管理特征	高度自我管理	中度自我管理	低度自我管理
团队采用目标管理，团队对目标负责	几乎全部	很多	部分
团队自我监督工作的过程和结果	几乎全部	很多	部分
团队对自己的业务流程负责	几乎全部	很多	部分
团队的创新精神和创新机会	强，充分	中等，很多	低，少
个人受团队伙伴的影响	很大	中等	小
领导者适度使用职权，强调上下级沟通	是这样	经常是这样	有时是这样

（三）团队的角色

团队的角色可以分为一般角色、临时角色、工作岗位角色和非正式角色。

1. 团队的一般角色

团队角色互动具有合作的本质属性。从工作技能的需要来说，团队的角色必须是技能互补的、相互支持的。目前比较流行的一种对团队一般角色的定义和划分是贝尔宾（Meredith

Belbin)提出的。他与同事在多年的研究后确定成功的团队有九种基本的角色。他们主张,缺少其中一种角色,团队就不是完整的。并把这九种团队角色划分为三大类。

(1) 理智的角色　①观念产生者。观念产生者提出新观念和战略,特别关注大的问题,寻求突破和创新,富有创造力和想象力。②监督评价者。监督评价者能分析问题,评价意见,促进团队决策。其具有认真、善于观察、精于分析和判断的特点。③专家。专家们专注于获取高度专业化的技能或知识。有高度的职业态度,为团队注入技术信息。

(2) 行动取向角色　①塑造者。塑造者以行动为特征。主要作用是有助于推动团队走向成功。②执行者。执行者将观念转变为实际工作程序,执行工作计划。③完成者。完成者确保团队不犯错误,不遗漏必要的事情。

(3) 面向人的角色　①协调者。协调者指导和控制团队朝目标前进,促进团队决策,保证团队成员不偏离团队的航向和轨道,确保团队资源得到最好的使用。②团队工作者。主要特点是支持其他成员,改善成员的沟通,促进团队精神的建设。③资源调查者。资源调查者关注团队外部的观念、发展情况和可资利用的资源,建立外部联系,进行谈判。

2. 团队的临时角色

临时角色是为了解决临时的问题而临时组建的团队里的角色。最常见的临时角色是会议角色。会议角色只存在于会议持续期间,会议结束,角色即终止。

会议中的团队角色,一些研究者认为,在会议过程中存在八种基本的角色。①领导者角色。负责管理整个会议,设置会议议程,促进和监督会议的进程。②提出者角色。提出新的观念和意见。③记录者角色。客观地记录团队成员提出的任何意见。④怀疑者角色。批评其他人的意见。⑤乐观者角色。对困难持积极的态度,积极寻找解决问题的办法。⑥时间监督者角色。对会议进程的时间进行记录和监督。⑦看门者角色。保证每个成员有表达的机会,要求成员发言或组织投票表决。⑧总结者角色。主要是总结、综合团队的各种意见。

3. 团队的工作岗位角色

工作岗位角色与工作岗位相捆绑,根据工作的需要来设计。工作岗位角色也就是通常说的职务或职位。例如在企业里的总经理、部门经理、会计、出纳、业务员、采购员、保安等都是岗位角色。

4. 团队的非正式角色

团队正式角色是团队正式安排的角色,包括岗位角色和正式安排的临时角色;而非正式角色是团队成员在互动过程中自发形成的互动角色。

案例 10-3

制度面前老板也一样

有一天,美国 IBM 公司老板汤姆·华森带着客人去参观厂房,走到厂房门口时,警卫挡住了他:"对不起,先生,您不能进去,识别牌不对"。原来美国 IBM 有个规定,进厂区的时候,识别牌必须是浅蓝的,在行政大楼、公司本部统统是粉红色的,没有换识别牌,是不能进去的。董事长的助理就马上对警卫训斥起来:"你疯了!你知道他是谁吗?""当然知道,我们的大老板,汤姆·华森先生,但是公司的制度就是这样,必须按规矩办事。"结果,汤姆·华森笑笑说:"他讲得对,快把识别牌换一下。"最后所有的人统统换成浅蓝色的识别牌。于是,警卫笑了一下,说道:"欢迎光临!"这些人才走进了厂房。

(四) 团队建设的心理机制

1. 情绪认同

真正的团队通常是团队成员在成功或者失败时有共同的感受、情绪上的温暖和同情，会为每个人的成功而自豪和高兴，并相信自己的团队是名副其实的工作集体。有效的情绪认同，取决于个人与其他成员的团结程度，取决于个人对待群体中的其他成员的态度积极到什么程度。

2. 共生效应

共生效应是指个体与个体或群体间相互依存、相互激励的社会心理现象。组建团队，最重要的就是在认知上形成一种强烈的、积极的归属感。团队成员互相认同，而不仅仅是一群人的集合体。团队建设就是要创造这样一种环境，使每一个成员都认同这个团队，共生共存。

3. 心理相容

心理相容是群体成员之间心理上的相互理解、容纳和协调，也就是群体内成员间的心理流和心理面是处于一个同频共振的心理场中，个人或若干人的行为会引起群体的肯定性反应。心理相容是团队成员产生相同感受的基础，产生心理相容的最主要原因是人们观点和信念的一致性，而团队成员相互间的物理利益分配的合理性是心理相容的根源。

4. 共同的信念

共同的信念可以成为人们决定采取行动或不采取行动的有利因素，它可以使我们调整自己的爱好和行为，并使其理性化。以团队为基础的工作方式，首先意味着可以摆脱权威的束缚，实际上也就意味着改变组织内权利的运用方式。因此，团队成员之间的相互尊重和管理人员对团队工作的尊重是第一个共识。

5. 参与心理

以团队为基础的工作方式，可以使成员在工作积极性、责任感、生产效益方面参与管理，具有独特的影响。团队工作方式的出现，本身就体现着组织对"员工参与"的重视，而且，团队的工作基础之一就是成员的参加。

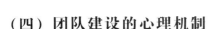

宝钢构建"超级团队"

上海宝山钢铁厂的成功源于它是一个富有战斗力的集体。其中团队精神的引进、确立、调整及完善是宝钢现代化管理模式的重要内容之一。

宝钢的团队管理思想有三个来源：一是传统文化重视群体主义的积淀；二是老钢厂（鞍钢、武钢等）建设者带来的集体主义观念；三是日本新日铁管理制度。

宝钢的"团队管理"有以下特点。

（1）重视基层管理、重心下移，实行作业长制　作业长是自己管辖范围内的绝对权威，是厂长派驻到各基层的"封疆大臣"，是厂长权力的延伸和细化，人称"小厂长"。

（2）实行"工序服从"和"专业搭接"　工序服从原则即上道工序服务于下道工序，也服从于下道工序，实现了不同作业长之间的横向指挥。专业搭接制度是指各部门之间要树立"主动协作、工作渗透、业务搭接"三大原则，并专门制定了系统考虑前后左右协作关系的专业搭接制，既杜绝了扯皮推诿现象，又加强了不同部门之间的横向联系与协作。

（3）加大教育培训力度，不断提高团队素质　蓬勃开展群众性自主管理活动。该厂将自主管理活动与全面质量管理小组活动、创文明班组建设活动一起纳入群众性管理轨道。

（4）新型贸易公司的"团队建设" 宝钢的一批新型贸易公司自觉地运用团队理论来武装、壮大自己。上海宝钢贸易有限公司提出，只有员工满意的公司才能使顾客满意。公司极力提倡平等精神，提出"人人都作贡献，想法属于大家"的会议准则。该公司既强调个人的突进，又强调团体的携手共济，二者相得益彰。

（资料来源：朱吉玉. 管理心理学. 大连：东北财经大学出版社，2011.）

第三节 组织文化心理

一、组织文化的概念与功能

（一）组织文化的概念

所谓组织文化，从广义上说，是指组织在社会实践过程中所创造的物质财富和精神财富的总和。从狭义上说，组织文化是指在一定的社会政治、经济、文化背景条件下，组织在社会实践过程中所创造并逐步形成的独具特色的共同思想、作风、价值观念和行为准则。它主要体现为组织在活动中所创造的精神财富。

组织文化实际上是指组织成员的共同观念系统。在每一个组织中，有各种不断发展的价值观、仪式、规章、习惯等，这些观念一旦为全体员工所接受，就变成了组织的共同观念，亦即成为组织文化的一部分。而组织文化一旦形成，就会在很大程度上对管理者的思维和决策施加影响。

（二）组织文化的功能

组织文化是由组织中占支配地位的领导集团经过多年研究，发现并加以培育和确立的。它来自组织，但一旦形成了某种独立的组织文化，它就将反过来对企业产生巨大的能动作用。

1. 导向功能

它能将全体职工的思想行为统一到组织发展的目标上来，不仅对组织的心理、性格、行为起导向作用，而且对组织整体的价值取向和行为起导向作用。

案例 10-5

麦当劳的共同价值观

世界最大的快餐企业——美国麦当劳快餐公司，有11000多家连锁店，遍布世界五大洲。它们不是靠行政命令和直接监督统一起来的，而是靠独特的组织文化、共同的价值观统一起来的。公司制定了共同的经营原则："保证质量、讲究卫生、服务周到、公平交易"，并长期培育共同的价值观："质量、服务、清洁、实惠"。为了增强一体化的感觉，无论在哪个国家的连锁店，其建筑外形、内部装饰、服务人员制服均采用统一的样式，并使共同价值观和经营原则深入人心，化为自觉行动。

2. 凝聚功能

它能对职工的思想、性格、兴趣起潜移默化的作用，使职工自觉或不自觉地接受组织的共同信念和价值观，从而把个人融合到集体中，减少内耗，产生对企业的归属感，增强凝聚力。

3. 激励功能

它能使全体职工看到自己组织的特点和优点，认识自己工作的意义，产生热爱本集体的荣誉感、自豪感，激发巨大的工作热情。

4. 约束功能

组织文化具有对组织成员的思想和行为进行约束和规范的作用。组织文化是组织群体的文化，必然影响到组织中每个成员的认识、感受、理想、伦理、道德等心理过程，使其自觉或不自觉地按共同价值观行事，一旦违背这种价值观念，不管别人知道与否，自己都会感到内疚和不安，从而自己在思想和行为上做出调整，以服从价值观念的规范。

5. 辐射功能

组织文化对组织内外都有着强烈的辐射作用。对内通过强烈的感染传播力量对员工产生着影响，对外通过各种渠道对社会产生影响。例如，通过高质量的产品和满意的服务，可以使顾客感受到企业独特的文化特色；通过利用各种宣传手段，如电视、广播、报纸、书刊、会议等传播方式，宣传组织文化等。组织文化的辐射过程，是组织形象的塑造过程，对组织的发展有着重要的意义。

6. 创新功能

建立具有鲜明特色的组织文化，是组织创新的一个重要方面，是激发员工创新精神的源泉和动力。建设良好的、积极的、富有个性和特色的组织文化，是组织独特风格和特色的主要方面，是激励员工创造性、积极性的巨大动力，是组织在激烈的市场竞争中立于不败之地的重要保证。

组织文化及其价值观产生以后，具有相对独立性和继承性。由价值所产生的特定的心理气氛，使所有职工和新成员受到熏陶而接受其影响，从而使组织文化得以延续和发展。即使领导人更迭，这种精神依然存在，本组织的特色、特长和竞争力依然能够保持。这就是组织文化的力量所在。

补充阅读材料 10-2

麦肯锡的卓越企业文化论

麦肯锡专家在《追求卓越》一书中总结了优秀公司的八种文化特征。

- 贵在行动
- 紧靠顾客
- 鼓励革新，完善失败
- 以人促产
- 深入现场，以价值观为动力
- 不离本行
- 精兵简政
- 松紧结合

二、组织文化的结构与内容

组织文化作为一个整体系统，其结构与内容由以精神文化为核心的三个层次构成。

（一）物质层

这是组织文化的表层部分，是形成制度层和精神层的条件，它往往能折射出组织的经营思想、经营管理哲学、工作作风和审美意识。

对于每个生产性企业来说，它主要包括三个方面。

1. 企业面貌

企业的自然环境、建筑风格、车间和办公室的设计及布置方式、工作区和生活区的绿化、美化、企业污染的治理等，都是组织文化的反映。

2. 产品的外观和包装

产品的特色、式样、品质、牌子、包装、维修服务、售后服务等，是组织文化的具体反映。如日本汽车以省油为特点，德国"奔驰"汽车以耐用为特点；法国香水以香味纯正、留香持久而著称。

3. 技术工艺设备特性

任何一个具体的设备，都与一定的技术和工艺相联系。技术工艺设备和原材料是维持企业正常生产经营活动的物质基础，也是形成企业生产经营个性的物质载体。一定的技术工艺设备，不仅是知识和经验的凝聚，也往往是管理哲学和价值观念的凝聚。因此，企业技术工艺设备的水平、结构和特征，必将凝结和折射出该企业组织文化的个性色彩。

（二）制度层（行为层）

这是组织文化中间层次，又被称为组织文化的里层，主要是指对组织员工和组织行为产生规范性、约束性影响的部分，它集中体现了组织文化的物质层及精神层对员工和组织行为的要求。制度层主要是规定了组织成员在共同的工作活动中所应当遵循的行为准则，主要应包括以下四个方面。

1. 工作制度

指组织中领导工作制度、技术工作及技术管理制度、计划管理制度、设备管理制度、物资供应管理制度、产品销售管理制度、经济核算及财务管理制度、生活福利工作管理制度、劳资人事管理制度、奖惩制度等，这些成文的制度与某些不成文的厂规厂法，对组织员工思想和行为起着约束作用。

2. 责任制度

指组织内各级组织、各类人员工作的权力及责任制度，其目的是使每个员工、每个部门都有明确的分工和职责，使整个组织能够分工协作，井然有序地高效率地工作。主要包括领导干部责任制，以及员工岗位责任制等。

3. 特殊制度

主要是指组织的非程序化制度，如员工民主评议干部制度、员工与干部对话制度、庆功会制度等。

4. 特殊风俗

组织特有的典礼、仪式、特色活动，如生日晚会、周末午餐会、内部节日等。

（三）精神层（观念层）

精神层又称为组织文化的深层，主要是指组织的领导和员工共同信守的基本信念、价值标准、职业道德及精神风貌，它是组织文化的核心和灵魂，是形成组织文化的物质层和制度层的基础与原因。组织文化中有没有精神层是衡量一个组织是否形成了自己的组织文化的主要标志和标准。组织文化的精神层包括以下五个方面。

1. 组织经营哲学

它是组织领导者为实现组织目标在整个生产经营管理活动中的基本信念，是组织领导者对组织生产经营方针、发展战略和策略的哲学思考。组织经营哲学是在长期组织活动中自觉形成的，并为全体员工所认可和接受，具有相对的稳定性。

2. 组织精神

它是组织有意识地在员工群体中提倡、培养的优秀价值观和良好精神风貌，是对组织现有的观念意识、传统习惯、行为方式中的积极因素进行总结、提炼及倡导的结果，是全体员工有意识地实践所体现出来的。因此，组织文化是组织精神的源泉，组织精神是组织文化发展到一定阶段的产物。

3. 组织风气

组织风气是组织文化的外在表现，是组织及其成员在长期活动中逐步形成的一种精神状态及精神风貌。一个组织的组织风气一般有两层含义。第一层是指一般的良好风气，例如开拓进取之风、团结友爱之风、艰苦朴素之风等。第二层是指一个组织区别于其他组织的独特风气，即在一个组织的诸多风气中最具特色、最突出和最典型的某些作风，它是组织在长期生产经营活动中形成的，体现在组织活动的各个方面，形成全体员工特有的活动样式，构成该组织的个性特点。在管理实践中，有远见的企业家已认识到物质刺激的作用是有限的，而培育优秀的组织文化、建设优良的组织风气才是使全体员工产生强大凝聚力，使企业兴旺发达的根本途径。

4. 组织目标

它是组织生产经营发展战略的核心。有了明确的组织目标，可提高广大员工的主动性、积极性、创造性，使员工将自己的岗位工作与实现组织的奋斗目标联系起来，这样组织的管理工作就有了坚实的群众基础。组织长远目标的设置是防止其出现短期行为的有效手段。

5. 组织道德

组织道德是指组织内部调整人与人、单位与单位、个人与集体、个人与社会、组织与社会之间关系的准则和规范。组织道德就其内容结构上看，主要包含调节成员与成员、成员与组织、组织与社会三个方面关系的行为准则和规范。作为微观的意识形态，它是组织文化的重要组成部分。

物质层是组织文化的外在表现，是制度层和精神层的物质基础；制度层则制约和规范着物质层及精神层的建设，没有严格的规章制度，组织文化建设也无从谈起；精神层是形成物质层及制度层的思想基础，也是组织文化的核心和灵魂。

三、组织文化的建设

（一）组织文化建设的方法

组织可以通过多种方式建设自己的组织文化，如管理者对事情的关注与反应、角色示范和培训、报酬与晋升、标准招聘、选拔、退休、解雇等制度和标准设计等，但最有效的方式是故事、仪式、物质象征和语言。

1. 故事

很多优秀组织都有一些经典的故事，它们的内容一般都与组织的创始人、打破常规、从乞丐到富翁的发迹史、劳动力的削减、员工的重新安置、对过去错误的反省以及组织的应急事件等有关。如海尔集团流传着一个"下雨背冰箱送货"的故事，体现着"真诚到永远"的企业文化。这些故事可以起到借古喻今的作用，为当前的组织经营实践提供解释和支持。

案例 10-6

诺司拉姆公司的故事

诺司拉姆公司的员工喜欢谈论这样一个故事。在这个零售连锁店建店初期，有一天，一位顾客来到店里想退掉一副汽车轮胎，店员不清楚自己应该怎样处理这个问题。就在店员与顾客交谈时，诺司拉姆先生经过这里，听到了谈话的内容，他立即走过去，问顾客花多少钱买下了这副轮胎，然后让店员收回这副轮胎，并把钱全数退给顾客。顾客收下钱离开后，这位店员疑惑地看着老板说："但是，诺司拉姆先生，这副轮胎并不是我们卖的！""我知道！"诺司拉姆回答说，"但是我们无论如何要让顾客满意。我说过，我们的退货政策是，顾客退货时我们不问任何问题，我这么做就是这个意思。"然后，诺司拉姆打了个电话给他的一位做汽车配件生意的朋友，问他愿意出多少钱拿走那副轮胎。

2. 仪式

仪式是一系列活动的重复，这些活动能够表达并强化组织的核心价值观，哪些目标是最重要的，哪些人是重要的，哪些人无足轻重。最出名的公司仪式当属玫琳凯化妆品公司的年度颁奖大会。

案例 10-7

玫琳凯化妆品公司的年度颁奖大会

玫琳凯化妆品公司的年度颁奖大会在一个大型礼堂里举行，要持续几天，台下是一大群兴高采烈的人，所有与会者都身着漂亮的晚礼服，整个大会看上去既像是马戏团的表演，又像是美国小姐大选。那些出色地完成了销售指标的销售小姐，都会得到一些精美的奖品，如黄金饰针、钻石饰针、毛皮披肩、精美的卡迪拉克等。这种年会通过对突出的销售业绩的公开表彰，起到了激励员工的作用。另外，这种仪式也突出了玛丽·凯个人的坚强意志和乐观精神，正是这两点，使她克服重重困难，创立了自己的公司并获得了巨大的物质财富。玛丽·凯通过这种年会的形式告诉她的员工们，完成销售指标是重要的，通过努力工作是能获得成功的。

再如麦当劳中国厨师，因为作出了突出的成绩，总部以从大厅到下车的广场铺设大红地毯、两边站满了手持鲜花欢迎的人群的隆重仪式来迎接他们。两位厨师很受感动，表示要为麦当劳工作一辈子。

3. 物质象征

很多组织都有自己独特的标志，如企业产品的外观及包装、设备特色、建筑风格、纪念物等物质象征。

案例 10-8

富勒斯和兰普瑞尔餐馆的企业文化

富勒斯和兰普瑞尔是西雅图最昂贵的两家餐馆。尽管这两家餐馆相隔不超过10个街区，但是却有着完全不同的格调。富勒斯正规得近乎有些古板，餐馆装饰得像博物馆，侍者们身着庄重的制服，目不斜视、表情严肃、一丝不苟。相反，兰普瑞尔的气氛则是自然随意得多，餐馆的装修虽然是最低标准的，但也不乏新潮和时尚，侍者们的衣着随便而时髦，与整个餐馆的装饰风格协调一致。富勒斯和兰普瑞尔都因他们的美食和服务赢得了顾客的赞誉。要想在他们中的任何一家用餐，都需要提前几天、有时甚至是几周的时间预订座位，而且每两位的花费至少 80 美元。不同的装修、不同的员工制服等诸如此类的东西折射出这两家餐馆所具有的不同类型的企业文化。并且，这些物质象征进一步将企业文化的相关信息传达给了新的员工们。在富勒斯，这种信息就是："我们是严谨的、正规的和传统的。"而在兰普瑞尔则相反，它表达了这样一种观念："我们这里是轻松和开放的。"

企业文化的信息还可以通过向管理人员提供的物质待遇表现出来。比如办公室的大小、家具的档次、管理人员的额外津贴、员工休息室、用餐设施、为某些员工提供的专门停车位等。这些物质象征都向员工传达了这样一些信息，谁是重要人物、高级管理人员希望平等的程度、恰当的行为类型。

4. 语言

许多组织，以及组织内的许多单位都用语言作为一种识别企业文化或亚文化成员的方式。通过学习这种语言，组织成员可以确认他们已经接受了这种文化，这样做也有助于员工保持相关企业文化的理念。如图书馆管理学专家所用的术语，大部分是外行人所不了解的。他们在谈话中会不时地使用一些缩略语，如 IBM 的员工都懂得"果园"（在纽约的总部，以前曾是一个苹果园）、"大铁块"（计算机主机）、"臆君子"（具有很大潜质的员工）、"表演者"（公司绩效评价最高的员工）、PROFS（专业办公系统，IBM 公司的内部电子邮件系统）等。

随着时间的推移，组织往往创造了自己所特有的名词，用来描绘与业务有关的设备、办公用品、关键人物、供应商、顾客或产品等。新员工经过初期的培训之后，那些起初时常令他们困惑的缩略语、行话，就完全成为他们语言中的一部分了。

补充阅读材料 10-3

培育企业文化的有效途径

- 借助于规章制度反复强化
- 借助于良好风气实现定势化
- 借助于群体活动实现共识化
- 借助于英雄人物实现人格化
- 借助于仪式、器物实现情景化

（二）组织形象与组织文化的塑造

组织形象与组织文化的关系，是像与人、影与形的关系。组织文化是组织客观存在的微观文化。组织形象是它在传播媒体上的映像。组织文化是组织形象的本源，组织形象是组织文化的外显。组织形象的塑造是组织文化建设的重要组成部分，也是组织竞争战略的重要组成部分。组织形象塑造已经引起越来越多的组织的重视，并且被看作组织文化建设的重要内容。

组织文化的塑造包括三个层次的塑造：理念识别（MI）、行为识别（BI）和视觉识别（VI）的塑造。显然这三个层次与企业文化的三个层次——精神层（深层）、行为层（中层）、物质层（表层）是一一对应的，在内容上也是相互重叠和大体一致的。

补充阅读材料 10-4

中国海尔的企业文化

海尔的精神：敬业报国，追求卓越。
海尔的作风：迅速反应，马上行动。
用人理念：人人是人才，赛马不相马。
质量理念：优秀的产品是优秀的人干出来的。
营销理念：先卖信誉，后卖产品。
市场理念：只有淡季思想，没有淡季市场。
服务理念：用户永远是对的，真诚到永远。
出口理念：先难后易。
资本运营理念：东方亮了再亮西方。
技术改造理念：先有市场再建工厂。
职能服务理念：您的满意就是我们的工作标准。
生存理念：永远战战兢兢，永远如履薄冰。

在组织文化的三层次中，精神层是最重要、核心的部分，同样，在组织形象的三层次中，理念识别是最重要、最根本的一环。"同仁堂"金字招牌之所以三百多年不倒，成为一笔庞大的无形资产，其主要不是得益于同仁堂的店名、标识和广告，而是得益于它济世养生的宗旨、先义后利的行为以及"炮制虽繁必不敢省人工，品味虽贵必不敢减物力"的店训在社会公众中树立了良好的信誉。

本章小结

1. 组织是由集体发展而来的，是由许多功能相关的集体组合而成的。组织包括整体性、实用性、复杂性等特征。其类型可按照使用权力和权威的程度、基本受益者的不同和正式程度的不同划分。

2. 组织有效性的衡量指标包括：组织目标、效率、社会责任和信誉、组织及管理的状况、职工的满意等。

3. 组织变革，是指对组织本身进行调整和变动，使其适应不断变化的外部环境和内部条件的过程。

4. 组织变革的动力来自组织的环境，包括外部动力和内部动力。组织变革的阻力主要来自组织的与个体的两个方面。

5. 组织变革的步骤包括确定问题，组织诊断，提出方案，选择方案，制订计划，实施计划，评价效果。组织变革是通过改变结构、技术、人，调节和控制外部环境来实现组织变革。

6. 组织发展是根据组织内外环境的变化，为改进组织效能，实现组织目标，运用管理心理学的理论和技术，有计划地改善和更新企业组织的过程。

7. 个人和群体方面的组织发展措施包括：①敏感性训练；②调查反馈法；③方格训练；④过程咨询等。

8. 整个组织的组织发展方法：企业再造、工作再设计、目标管理、顾问参与制和提高工作生活质量等。

9. 团队是由数名知识与技能互补、彼此承诺协作完成某一共同目标的员工组成的特殊群体。团队的角色可以分为一般角色，临时角色，工作岗位角色和非正式角色。

10. 团队建设的心理机制有情绪认同、共生效应、心理相容、共同的信念、参与心理。

11. 所谓组织文化，从广义上说，是指组织在社会实践过程中所创造的物质财富和精神财富的总和。从狭义上说，组织文化是指在一定的社会政治、经济、文化背景条件下，组织在社会实践过程中所创造并逐步形成的独具特色的共同思想、作风、价值观念和行为准则。它主要体现为组织在活动中所创造的精神财富。组织文化建设包括物质文化、制度文化、精神文化的建设。

12. 组织文化具有导向功能、凝聚功能、激励功能、约束功能、辐射功能和创新功能。

关键概念

组织　组织有效性　组织发展　敏感性训练　调查反馈法　方格训练　过程咨询　企业再造　工作再设计　目标管理　顾问参与制　工作生活质量　组织变革　团队　共生效应　心理相容　组织文化　物质层　制度层　精神层

复习与思考

1. 简述组织的特征。
2. 简述组织的有效性。
3. 什么是组织变革？
4. 简述组织变革的动力与阻力。
5. 简述组织发展与组织变革的区别。
6. 组织发展有哪些特点？
7. 简述团队建设的心理机制。
8. 怎样理解组织文化的结构与内容？
9. 联系实际谈谈整个组织的发展方法在某企业的应用效果。

观念应用

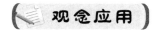
案例分析

香港新鸿基的组织文化

企业家们常常号召职工"以厂为家""以公司为家"，试图以此来增加企业的凝聚力，为企业创造更好的效益。但真正能让职工感到企业是自己的"家"，却没有那么容

第十章 组织心理与管理

易。这要求企业家真正在企业营造出"大家庭"的环境。

香港新鸿基证券有限公司，是1969年由冯景禧所创办的。该公司在日成交数亿港元的香港证券市场上，占有30%的份额，公司年赢利额达数千万元，冯景禧的个人财产达数亿美元。他成了称雄一方的"证券大王"。

"新鸿基"之所以能创造出世界证券业少有的佳绩，主要得益于冯景禧的"大家庭"式的经营管理哲学。"新鸿基"执行董事谭宝信介绍说："在冯景禧的掌握下，公司形成了一股难以形容的奇妙力量。这样的气氛能激发员工的创造性。在这里工作，成就肯定比别的机构大。"

实际情况正如谭宝信所说，冯景禧的"大家庭"式的经济哲学，不但使本国职工感到和谐，而且也使外籍职工感到"大家庭"的温暖。这样，一种奇妙的力量就自然形成。这种力量之大是难以形容的。为了实施"大家庭"式的经营哲学，在管理方式上，他十分重视人的作用，强调发挥人的创造性。他曾声明：服务行业的资产就要靠管理，而管理是靠人去实行的。新鸿基集团不以拥有巨额资产为荣，而以拥有一大批有知识、有能力、有胆量、善于运用大好时机、敢于接受挑战的人才队伍为骄傲。冯景禧的管理哲学和用人艺术，既有西方人的科学求实精神，又有东方人和谐情趣的气氛；既有美国现代化管理原则，又有日本人的以感情为核心的人际关系，融东西方优点于一炉。

在管理原则上，他十分强调团结的力量，注重全公司上上下下的团结一致。他在经营业务的大政方针决定之前，总是广开言路，尤其是重视反面意见，然后加以集中，再向全体员工解释宣传，使大家齐心协力。他在实施公司的决策时俨然一位"铁血将军"，而在体谅下属时又俨然是一个宽厚的长者。如果有哪个职工向他辞职，他首先会询问是否有亏待过他的地方，如有，就诚恳道歉、改正，并全力挽留。因为他知道，失去一个人容易，但培养一个人难。在管理作风上，他注重以身作则，平易近人。为了使员工心情愉快，他还刻意创造一种"大家庭"式的生活气氛，如组织业余球赛、在周末用公司的游艇观赏海景、亲自参加员工们的"普通话"学习，等等。

许多企业的职工"吃里爬外"，对企业不负责任，"大家庭"式的管理，不失为医治这种病症的良方。

问题：
1. 冯景禧是如何提高新鸿基证券有限公司凝聚力的？
2. 您从该案例得到了什么启示？

实训题

1. 选择一家企业作一次深入调查，分析该企业组织变革的阻力，并探讨该企业克服阻力应采取的措施。
2. 调查本地一家企业的组织文化，并提出其改善建议。

心理小测验

测测你的与人交往能力

你善于与别人打交道吗？将下列25个问题逐一回答后便可知晓。

1. 你是否经常努力与自己并不喜欢的人打交道？
2. 你是否宁愿去热闹、嘈杂的地方度假，而不愿去宁静的地方？
3. 你欣赏舞会、迪斯科舞厅和嘈杂的俱乐部吗？
4. 你外出度假或旅行时，是不是很容易与别人交朋友？
5. 一旦朋友不请自到，你是否很乐意地招待他们？
6. 在列车上，你是否首先与别人交谈？
7. 你喜欢组织舞会和晚宴吗？
8. 你是否有许多朋友和同事？
9. 如果你在家里，你喜欢宁静地度过夜晚吗？
10. 在聚会时，你愿意与他人一起做游戏吗？
11. 你叫得出大多数邻居的名字吗？
12. 当你和别人在一起玩游戏时，你主要目的是参与而不是获胜，是吗？
13. 你喜欢与人打交道而不是机器，对吗？
14. 你愿意帮助他人吗？
15. 你在外面用餐时，当女招待送上一盘你不喜欢的菜时，你会吃下去吗？
16. 你是否会向自己不喜欢的人寄发贺年卡？
17. 你是否被别人誉为"组织舞会或聚会的核心人物"？
18. 你喜欢结识新朋友吗？
19. 当你走近一个房间，屋内的人你几乎都不认识，这时你是否感到自然？
20. 你喜欢孩子们吗？
21. 你是否宁愿写信而不使用电话机与人联系？
22. 你交朋友容易吗？
23. 假如你看见了一个自己不太欢迎的客人来访，你会装出自己不在家吗？
24. 你的家里是否会因客人来访而显得拥挤？
25. 你是否常常担忧别人怎么看待你？

评分标准

1. 是1　否0　　　　2. 是1　否0
3. 是1　否0　　　　4. 是1　否0
5. 是1　否0　　　　6. 是1　否0
7. 是1　否0　　　　8. 是1　否0
9. 是0　否1　　　　10. 是1　否0
11. 是1　否0　　　　12. 是1　否0
13. 是1　否0　　　　14. 是1　否0
15. 是1　否0　　　　16. 是1　否0
17. 是1　否0　　　　18. 是1　否0
19. 是1　否0　　　　20. 是1　否0
21. 是0　否1　　　　22. 是1　否0
23. 是0　否1　　　　24. 是1　否0
25. 是1　否0

评分结果

16～25分：你的与人交往能力很强，喜爱与他人在一起。或许在人群中便是你最兴奋的时刻。

8~15分：你喜欢与他人在一起，但又不愿参加过分狂热的舞会。你的耐心是有限度的，宁可与一二知己共度良宵，而不愿参加热闹的晚宴。假如你发现自己晚上独自一人太孤独，你也宁可约个好友聊一聊，而不愿去热闹场所。

7分以下：你是个孤独者。你宁愿捧一本书，或是坐在电视机前消磨时光，也不愿外出与朋友欢聚。你常会自得其乐，自我欣赏。

CHAPTER 11

第十一章
领导心理与管理

学习目标

1. 了解领导、领导行为的含义,以及领导的功能
2. 理解领导者的影响力的含义及提高途径
3. 熟悉领导者的基本素质和心理特征要求
4. 熟悉领导特性理论的内容
5. 掌握领导作风理论的内容
6. 掌握领导行为理论的内容
7. 掌握管理者加强自我修养的内容和方法

导入案例

我的人才为什么不到我的"碗里"来?

我是一家小型互联网创业公司的老板,2013年刚刚创业,现有人员规模13人,公司成立以来整体业绩不错,但现在有一个很难突破的问题,就是公司招聘人才很难,这在很大程度上制约了公司的发展进度,因为业务没有人去做。我们的HR人员经常和我抱怨:"肖总,为什么我和同事辛辛苦苦、认认真真地对待每一次招聘工作,但最终的招聘结果却总是这么'惨不忍睹',要么就是一个合适的员工也找不到,要么就是费了九牛二虎之力招聘来的员工进公司不到两天就离职了。为什么我们求贤若渴,而被我们认为合适的人才总是远离我们而去呢?是因为应聘者素质太差,还是因为我们的福利待遇不好?我们碰到这样的问题到底该如何解决?"

其实,这些问题也是困扰我多时的问题,我也思考过,像福利薪酬这一因素可能并不是所有的应聘者都关心的,它也仅仅只是一个影响因素而已。很多年轻人可能更看重的是发展机会与平台。在公司里,我们绝对尊重每一位员工的发展意愿,并不会强行给他们安排其所不喜欢的工作,公司的氛围也还不错,但就是找不到合适的人,我们该怎么办?

问题:
1. 请你分析造成企业招人难、留人难的原因有哪些?
2. 如何提高公司招人、留人的水平?

CHAPTER 11

第十一章　领导心理与管理

第一节
领导心理概述

在现代企业中，领导者居于独特的地位，发挥着关键的作用。领导者的行为对于一个组织经营成败具有决定性的影响。在影响员工积极性的各种因素中，领导者的心理和行为是一个关键性的因素。因此，探索领导者心理和行为活动的规律，培养合格的领导人才，提高领导工作的效率，是现代管理的客观要求，也是管理心理学研究的一个重要课题。

一、领导与领导行为

（一）领导与领导者的含义

在日常生活中，通常把领导和领导者混为一谈。但在理论上，它们是两个不同的概念。

1. 领导

领导是指引和影响个人、群体或组织在一定条件下实现某种目标的行为过程。它包括以下三方面的含义。

（1）领导是一个行为过程，不是静态而是动态的过程。

（2）领导是一种影响力，对其成员进行引导和施加影响。

（3）领导的目的在于实现组织的特定目标。

2. 领导者

领导者就是指引和影响个人或组织在一定条件下实现某一目标的行为者，简言之，领导者就是实现领导行为的人。

领导者既是组织的角色，又是组织的代表。领导者在组织行为过程中起着领导作用，必须具备一定的权力、责任和服务意识，否则，其领导行为难以进行，领导工作目标也难以实现。

（1）领导者的权力　权力是领导者的基本特征，每一个组织的领导者，都具有一定的权力。领导者的权力来自两个方面。一是来自于职位的权力，即职权。这种权力是由领导者在组织中所处的职位所决定的，属于正式的权力。它包括对组织活动的决定权、指挥权、对组织成员的奖惩权等。二是来自于领导者个人的权力，即权威。这种权威不是由领导者在组织中的位置所决定的，而是由其本身的某些特殊条件和才能所决定的。

（2）领导者的责任　责任是领导者的根本属性，每一个组织的领导者，都负有一定的责任，都必须对自己的行为负责，都必须对自己的责任作出承诺。领导者的责任与领导者的职权成正比。一般来讲，领导的责任包括：政治责任、工作责任和法定责任。

（3）领导者的服务　服务是领导者的根本宗旨，是实现责权统一的基础。领导者运用权力、履行责任的过程，实质上就是服务的过程，为群体服务，为实现组织的目标服务。

补充阅读材料 11-1

帅　与　将

上常从容与信言诸将能不，各有差。上问曰："如我能将几何？"信曰："陛下不过能将十万。"上曰:"於君何如?"曰:"臣多多而益善耳。"上笑曰:"多多益善,何为为我禽?"信曰:"陛下不能将兵,而善将将,此乃言之所以为陛下禽也。且陛下所谓天授,非人力也。"

(资料来源:史记·淮阴侯列传三十二)

(二) 领导行为

领导行为是指领导者致力于实现某一目标的行为。它是围绕组织目标而受领导意志支配的领导主体行为和职能行为的总和。领导行为包括领导者的主导行为和被领导者的配合行为。在领导中,领导者处于主导地位,领导行为是通过领导者的活动实行的,而领导者是以领导行为为前提条件的,两者紧密联系。因此,管理心理学中既要研究领导行为的特点及有效性,又要研究领导者的心理活动,如性格、作风等。

这样,领导行为是领导者和被领导者相互作用于共同目标而采取的行动,领导实质上被看作是一个动态的行为过程。这个过程是由领导者、被领导者和其所处环境这三个因素所组成的复合函数。可用公式表示为:

$$领导 = f(领导者、被领导者、环境)$$

二、领导的功能

领导的功能即领导的职能,是指领导者所从事的各种活动及其过程。领导的功能主要包括以下几个方面。

(一) 指导功能

在人们的集体活动过程中,需要有头脑清晰、胸怀全局、高瞻远瞩的领导者来帮助人们认清所处环境,明确活动目标和实现目标的途径。因此,领导者有责任指导组织中这些活动的开展。

(二) 组织功能

组织功能在于引导组织成员共同实现组织目标。在组织活动中,即使有了明确的目标,由于组织成员的能力、性格、态度等不同,加上各种外部因素的影响,人们在思想上和行动上会出现偏离目标的情况。因此,需要管理者来协调人们的关系,共同努力实现组织目标。管理心理学认为,实现目标是领导的最终目的,围绕这个目的,领导者必须充分地利用主客观条件,制定出符合实际的目标与重大决策,合理地使用人力、物力、财力和信息等,建立起科学的管理系统。

(三) 激励功能

激励功能在于重视满足组织成员合理的物质和精神的需要,激励群体的积极性。在组织活动的过程中,即使目标再好,组织再合理,管理再科学,如果领导者缺乏激励功能或者不能很好地发挥自己的激励功能,也无法实现企业的目标。因此,一个领导者是否具有这种激励下属的能力,直接关系到领导行为的效能。管理心理学认为,激励功能是领导者的主要功能。激励功能主要包括以下几点。

1. 提高被领导者接受目标、执行目标的自觉程度

在通常情况下,个体积极性的发挥程度与个体组织之间目标的一致程度成正比。因此,领导者要提高组织成员的积极性,就要把实现组织目标与满足组织成员的需要统一起来,努力创造一种组织环境，使组织成员加强对组织目标的感受性，从而提高他们接受和执行组织目标的自觉程度。

2. 激发被领导者实现组织目标的热情

组织成员的积极性的发挥，一方面取决于个人目标与组织目标是否一致，另一方面又依赖于组织成员工作热情的激发和支持。领导者在组织成员心目中的权威性、暗示性对其有极大的感染力。因此，领导者要注意满足被领导者的各种需要，特别是心理需要的满足，激发被领导者实现组织目标的热情。

3. 提高被领导者的工作效率

被领导者工作效率是指为实现组织目标所作贡献的大小或能力才干的发挥程度。被领导者工作效率的高低，一方面与被领导者本人的因素有关，另一方面也与领导行为水平、领导影响力的大小有关。因此，领导者应该通过自己的行为，为被领导者创造一个有利于提高工作效率的物质环境与心理气氛，使其为组织目标的实现作出尽可能大的贡献。

三、领导者的影响力

（一）影响力的含义及构成

1. 影响力的含义

影响力是指一个人在与人交往中影响与改变他人心理与行为的能力。领导者的影响力在人际交往中表现得更为重要。

2. 影响力的构成

领导者的影响力包括两类：强制性影响力和自然性影响力。

（1）**强制性影响力** 又称权力性影响力，是由上级主管部门赋予领导者的职务、地位、权限等因素所构成的影响力。它是法定的，具有不可违抗性，是领导者形成影响力的关键。

构成权力性影响力的因素有传统因素、职位因素、资历因素。①传统因素。自古以来，人们经常认为领导者的社会地位比普通人高，从而产生了对领导者的服从感，这就使领导者的言行增加了影响力。②职位因素。领导者的权力是以法定权力为基础的，是社会赋予的力量，属于社会性的因素。领导者的职位愈高，影响愈大。③资历因素。领导者具有的资格和丰富的阅历，会对被领导者产生影响，使其产生敬重感，资历愈深，影响愈大。

（2）**自然性影响力** 又称非权力性影响力，是以领导者自身的品格、才能、知识、情感等因素为基础所构成的影响力。被领导者接受这种影响是自愿的。

构成非权力性影响力的因素有品格因素、知识因素、能力因素和情感因素。①品格因素。品格因素是指领导者自身的品行、人格、作风等高尚完美，对被领导者产生吸引力，从而形成对被领导者的影响力。②才能因素。通过实际工作体现出领导者的才能。领导者的能力愈强，使人产生的敬佩感愈强。③知识因素。领导者知识丰富、博学多才，就会使被领导者产生依赖感。这种影响力超出职权之外，更有说服力。④情感因素。人与人之间建立了良好的感情，使之产生亲切感，相互之间的吸引力也就大。

（二）提高领导者影响力的途径

1. 合理地使用权力性影响力

权力性影响力是法定的，具有不可违抗性，是领导者形成影响力的关键。领导者要正确、合理地运用手中掌握的权力。要做到：①要慎重与理智地用权。一般情况下，尽量少用强制性手段或惩罚性手段，要善于教育、启发、引导。不以权谋私，不滥用权力。②要适当授权。在组织工作中要善于授权，这样，有利于调动下属的积极性，获得更多的支持。③要善于具体指导。领导者要使部下明白为什么要这样做，以及这样做的方法，而不能一味发号施令。④要接受下属监督，虚心听取下属的意见。

2. 努力提高非权力性影响力

领导与被领导者之间是平等的、互相合作的关系，因此，领导者还要努力提高非权力性影响力。在现实生活中，领导者要十分注重自己的品格修养，不断提高自己各方面的能力水平，包括思维能力、决策能力、创新能力、管理能力、专业技术能力、社交能力、公关能力、社会适应能力等，要注意更新知识和扩大自己的知识面，提高自己的文化知识修养，还要建立和维护好情感关系，关心下属，真诚地帮助下属，得到被领导者的支持。

案例 11-1

朕也喝醉，不知对错

宋太宗在北陪园饮酒，大臣孔守正和王荣侍奉酒宴。结果两人喝得酩酊大醉，互相争吵不休，失去了臣下的礼节。内侍奏请太宗把二人送吏部治罪。但是太宗说："不，送他们回家。"

第二天，二人酒醒了，想起昨晚酒后在皇上面前失礼，十分害怕，一齐跪在金銮殿上向皇上请罪。宋太宗笑笑说："昨晚朕也喝醉了，记不得有这些事。"

宋太宗托词说自己也醉了，不但没有丢失皇帝的面子，而且使这两个大臣今后也会自知警诫自己；既表现了自己的大度，又收买了人心。

这里，特别要强调，领导者要学会尊重下属，这对于提高领导者非权力性影响力是至关重要的。尊重下属表现在以下几个方面。

① 尊重下属的人格。在与下属交往中，不能总是摆出一副领导的架子；当下属工作出了问题时，要主动承担责任，多加具体帮助，而不是一味埋怨；当下属对领导者有意见时，要主动沟通，建立良好的关系。

② 肯定下属们的成绩。下属在工作中，偶尔会出一些小问题，如果采取严厉责备的态度，就会造成双方的对立，员工从心理上受了委屈，对立的情绪很难消除，在今后的工作中心理上就有了排斥情绪。对下属没有了起码的尊重，你和他们的关系就只有命令和无奈地接受，充满火药味的工作关系迟早会爆发危机。

③ 给下属们自己的时间。不要一味地要求员工有着同等的工作热情，尊重员工个性化的需求，在下班后要求员工工作上的事项尽可能避免。员工自然不会找借口拖延时间，也同样在你为他们创造的宽松的环境中尽快完成工作，相反会提高效率。

④ 尊重下属的不同意见。管理者不愿听取下属的意见，大致原因是认为下属能力不足，意见不具备参考价值，这实际上是个误区。下属能力比领导弱或许是事实，但并非他们的每个意见都不高明，有些意见可能对方案有补充作用，或者可以通过这些意见本身了解下级在执行中会有什么心态及要求。总之，无论从哪个角度讲都有必要认真倾听不同意见。

⑤ 尊重下属的选择。员工有选择工作的自由，员工辞职是一件可以理解的事情，不能过多地去强求他们和戴上有色眼镜。员工选择了来公司工作，那么帮助他们个人成长就是管理者应尽的义务。

⑥ 尊重下属的特长。要依据下属的特长，知人善任，让他们感到领导者值得信赖和依靠。"士为知己者死"，被领导者就会发自内心地服从和追随。

总之，提高领导者影响力的主要途径是综合运用和发挥权力性影响力和非权力性影响力的作用，使它们相辅相成、相互促进。

第二节 领导理论

领导理论综合起来主要有三种：领导特性理论、领导作风理论和领导行为理论。

一、领导特性理论

领导特性理论，主要是研究与领导过程的有效性相联系的领导者的品质特征的一种领导理论。研究这种理论的目的，是为了预测具有什么样人格特性的人才能充当领导者，并能获得最佳领导效果。

关于领导的特性理论，有两种观点，人们把前一种观点称为传统特性理论，把后一种称为现代特性理论。

（一）传统特性理论

传统特性理论认为领导者的品质是天生的，而不是后天造就的。其中较为典型的研究有以下几种。

1. 天才领导者论

1969年，美国心理学家吉普提出天才领导者应具有以下七个条件：善言、外表英俊潇洒、智力过人、具有自信心、心理健康、有支配他人的倾向、外向而敏感。

2. 斯托格迪尔的领导个人因素论

美国俄亥俄州立工商研究所心理学家斯托格迪尔教授认为，先天的特性的确起着重要的作用，并把这些领导特性归纳为六类。

（1）五种身体特征　如精力、外貌、身高、年龄、体重等。

（2）两种社会特征　如社会经济地位、学历等。

（3）四种智力特征　如果断性、说话流利、知识渊博、判断分析能力强等。

（4）十六种个性特征　如适应性、进取心、热心、自信、独立性、外向、机警、支配力、有主见、急性、慢性、见解独到、情绪稳定、作风民主、不随波逐流、智慧等。

（5）六种与工作有关的特征　如责任感、事业心、毅力、首创性、坚持、对人的关心等。

（6）九种社交特征　如能力、合作、声誉、人际关系、老练程度、正直、诚实、权力的需要、与人共事的技巧等。

（二）现代特性理论

现代特性理论认为，有效的领导者具有某些品质特征，这些品质特征大部分是后天造就的，只有身体特征是遗传的。其中较为典型的研究有以下几种。

1. 有效领导的特征

美国管理学家德鲁克在《有效的管理者》一书中指出了五种有效领导者的特征，并指出它们是通过学习掌握的。这五种特征包括以下几点。

① 时间花在什么地方，领导者支配时间经常处于被动地位，所以有效的管理者都善于系统地安排和利用时间。

② 致力于终生的贡献，不是为了工作而工作，而是为了成果而工作。

③ 重视发挥自己的、同事的、上级的和下级的长处。

④ 集中精力于关键领域，确定优先次序，做好最重要的和最基本的工作。

⑤ 能作出确实有效的决定。

2. 吉赛利的领导品质论

美国心理学家吉赛利对个人性格与管理成功的关系按照重要性进行了分类。他重点研究了 13 种特征，以及这些特征在领导才能中体现的价值。吉赛利认为这些特征都与能否成为一个成功的领导者有关，并根据各种特征的重要程度列表，如表 11-1 所示。

表 11-1　个人特征对管理成功的重要性

重要性	个性特征
重要	督察能力 事业心、成就欲 才智 自我实现欲 自信 决断能力 承担风险 与下属关系亲近
中等重要	首创精神 不要高额金钱报酬 权力需求高 成熟程度
最不重要	性别

3. 鲍莫尔的领导品质论

美国普林斯顿大学的鲍莫尔提出了作为一个领导者应具备的十个条件：合作精神、决策能力、组织能力、精于授权、善于应变、敢于求新、勇于负责、敢担风险、尊重他人和品德高尚。

4. 日本研究者提出了十德十能的特性条件

十项品德：使命感、责任感、依赖性、积极性、热情、忠诚老实、进取心、忍耐性、公平、勇气。

十项能力：思维决定能力、规划能力、创造能力、判断能力、洞察能力、劝说能力、对人理解能力、解决能力、培养下级能力、调动积极性能力。

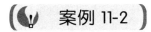

"教练式"的管理风格

像所有的高科技公司一样，蓝天技术开发公司在发展的中后期遇到了难以克服的瓶颈。面对激烈的市场竞争，公司的发展陷入了困境。当初公司的目标是走出国门迈入国际市场，并率先在国内市场中研发出了高含量的产品，由此一炮打响，销售额获得了超常规的增长，发展势头十分迅猛。

但超常的发展速度并没能始终保持下去，蓝天技术开发公司很快就遇到了难题。面对眼前的困境，公司启用了一位新的常务经理，他就是欧阳健。

当欧阳健全权管理公司后，他一度施展不开身手。由于之前的企业是老牌公司，办事风格十分古板，什么事情都要按照规章制度来，这与蓝天技术开发公司的办事风格截然不同。由于突然换了一个新的环境，欧阳健有些摸不着头脑。但眼前的困境并没有绊住欧阳健改革的步伐，在摸清公司的状况后，欧阳健立马颁布了几项指令性的规定，要求所有人员必须严格遵守规章制度,不可早退和迟到,工作期间不得做与工作内容无关的事情。

欧阳健做的第二件事就是仔细地审查了公司人员的工资制度,削减了公司所有高管的工资,这一举动引起了很多高管的不满,有的甚至向他提出了辞职。甚至有一位高管指着欧阳健的鼻子骂道:"你这是大棒加胡萝卜,我看你还能威风多久。"

面对众人的不满和指责,欧阳健并没有生气,他依然坚定地执行了这一决定。除此之外,他还规定,公司以后所有的事情在执行前都必须经过自己的同意,否则绝对不可以下达命令。

欧阳健的种种举动都显得雷厉风行,很多人十分不解,甚至满口怨言,但是销售部胡经理的转变却改变了人们对欧阳健的看法。

之前,胡经理总是喜欢在欧阳健面前说别人的不是,但欧阳健并不理会他,总是先让他冷静下来,然后再根据他的叙述指出不足之处并提出改正意见。久而久之,胡经理也不再每天指责别人,而是把更多时间放在工作上。

如今,在蓝天公司内部再也听不到关于欧阳健的流言蜚语,所有的员工和高层们都对他称赞有加。欧阳健对于生产和采购部门依然管得十分严格,但对设计和研究部门却逐渐放松控制,并让他们放手去干。正是因为有着欧阳健高明的领导,蓝天公司逐渐走出了低谷,重新创造了一个又一个辉煌。

二、领导作风理论

领导作风理论在于研究领导者不同的工作作风对职工的影响,以期寻求一种最佳领导作风。

(一)勒温的领导作风理论

勒温的领导作风理论以权力定位为基本变量,把领导者在领导过程中表现出来的极端工作作风分为专制式、民主式和放任自流式的领导作风。

各种不同的领导作风的一般特征可归纳如下。

1. 专制式

权力定位于领导者,以领导为中心,以任务为导向,以严格监督为手段,以好恶定奖惩,与下属保持一定距离,独揽决策大权,下属无参与机会。

2. 民主式

权力属于集体,以群体为中心,以目标为导向,以一般监督为手段,以事实定奖惩,与下属打成一片,鼓励下属参与决策。

3. 放任自流式

权力定位于个人,以成员个体为中心,以自由发挥为导向,领导不干预团体活动,与下属打成一片,决策由下属确定,也可随意修改。

具体比较如表 11-2 所示。

表 11-2 领导者的三种作风对照表

项目 \ 类型	专制式	民主式	放任自流式
权力定位	权力定位于领导者手中	权力定位于群体	权力定位于每个职工手中
领导方式	个人独裁	群体参与领导	无政府管理

续表

项目 \ 类型	专制式	民主式	放任自流式
工作方针	领导者个人决定	群体讨论决定,领导者激励与协助	由个人决定,领导者不参与
工作方法与程序	分段指示工作内容,职工无法了解下一步骤和整个目标	成员对工作的内容与程序皆在讨论中了解,领导者提供两个以上方案,供职工选择	领导者提供材料,不作积极指示
工作分担	领导者决定后通知职工	工作分担由职工决定、伙伴自选	领导完全不干预
奖惩方式	领导者根据个人喜恶奖惩	领导者依据客观事实奖惩	对工作不作评价

（二）利克特的领导作风理论

美国密执安大学社会研究中心的伦西斯·利克特通过长期研究，发表了一种领导理论，他认为在所有管理工作中，对人的领导是最重要的中心工作。把领导作风分为四大类：专制独裁式、仁慈独裁式、民主协商式、民主参与式。

1. 专制独裁式领导作风

具有这种作风的领导者所有的决策由自己制定，他决定做什么，由谁来做，如何做以及何时完成。管理者对下属很少信任，下属如不能按指令完成任务，将会受到威胁和惩罚。沟通方式是自上而下的。

2. 仁慈独裁式领导作风

具有此种作风的领导者，以恩赐态度对待下属，双方的信任关系呈主仆间的信赖关系。决策由上级制定，下级在执行中有不同程度的自由和灵活性，有时也允许下属参与决策，并根据任务完成的情况给予奖惩。这种领导方式是奖励和惩罚并用，有一定程度的自下而上的沟通，下属有一定的参与权，但自己仍牢牢掌握控制权。

3. 民主协商式作风

具有这种作风的领导者对下属成员有很大的信心，但不完全放心。主要采取奖赏的方式来进行激励，沟通方式是上下双向的，在制定总体决策和主要政策时，允许下属部门对具体问题作出决策，并在某些情况下进行协商。

4. 民主参与式作风

具有此种作风的领导者对下属有充分的信任，上下级处于平等地位，共同协商讨论问题，组织成员广泛地参与重大决策过程。鼓励群体参与制定具有挑战性又切合实际的目标，控制过程分散在整个组织之中，强调自我控制和解决问题。

利克特根据调查研究发现：①一个部门领导在管理工作中如果以员工为中心，即不仅关心员工的工作，而且关心其需要和愿望，则该部门的效率高；如果以工作为中心，即领导主要关心员工的工作，很少考虑员工的需要和愿望，则该部门的效率低。②一个部门的领导与员工接触时间越多，则效率越高；同员工接触时间少，则效率低。③领导注重授权，听取下属意见，让他们参与决策，则效率高；反之，愈是专权独裁，效率愈低。

利克特认为，民主参与式领导作风的领导效果最好，而专制独裁式的领导效果最差。他建议领导者要真心诚意地让职工参与管理，要看到职工的智慧，充分信任他们。在这个意义上，利克特的理论是有价值的。

三、领导行为理论

领导行为理论着重研究领导者在领导过程中所采取的领导行为的特点以及不同的领导行为对职工的影响,以期寻求最佳的领导行为。

(一) 领导行为四分图

1945 年起,美国俄亥俄州立大学企业研究所的研究人员,对大型组织的领导行为做了一系列深入研究。他们用高度概括的方法,通过对数以千计的领导行为特征进行反复的提炼,总结出了一个二维的平面直角坐标图形,如图 11-1 所示。

从图中可以看到,第一个维度是工作中的人际关系,表示出关心人、体贴人、满足人们需要的领导行为。第二个维度是重视工作中的生产指标,表示出关心生产管理中的计划、组织、指挥、协调和控制等领导行为。根据在这个二维的极端表现,可划分为四种典型的领导行为。如图 11-1 所示。

图 11-1 领导行为四象限模式

(1) 虚弱型领导　低关心生产和低关心人的领导行为。
(2) 任务型领导　高关心生产和低关心人的领导行为。
(3) 战斗集体型领导　高关心生产和高关心人的领导行为。
(4) 人际关系型领导　低关心生产和高关心人的领导行为。

其中,第三象限的领导行为能取得最佳的领导效果。用领导行为四分图研究领导行为是从两个角度考察领导方式的首次尝试,为研究领导行为指出了一个新的途径。

(二) 管理方格图理论

1964 年,美国管理学家布莱克和莫顿提出了管理方格图理论。管理方格图理论是分析领导行为的二维方法,第一个维度为"对人的关心程度",第二个维度为"对生产的关心程度",再将横坐标与纵坐标划分为 1~9 个标度,作为衡量关心人和关心生产程度的标准,这就是典型的管理方格图,如图 11-2 所示。

布莱克和莫顿提出这个方格图时,列举了五种典型的领导行为。
(1) "1.1"　即"贫乏型管理",对职工与生产都不关心。
(2) "9.1"　即"任务型管理",只抓生产任务,不关心职工。
(3) "1.9"　即"俱乐部型管理",企业内部充满轻松友好气氛,但生产任务得不到很好地完成。
(4) "9.9"　即"团队型管理",生产任务完成得好,职工关系协调,士气旺盛,职工利益与企业目标相结合。这种领导行为是理论上的理想模式。
(5) "5.5"　即"中间型管理"。完成任务过得去,职工关系一般化。

布莱克和莫顿认为,9.9 型的领导行为是最有效的,是领导者改进其领导行为的目标模式。领导者应该客观地分析组织内外的各种情况,努力创造条件,将自己的领导行为转化为 9.9 型,以求得最高的效率。

管理方格图理论对于培养有效的管理者是一种非常有用的工具。每个领导者都可以用它来分析和衡量自己的行为处于哪个方格之中,从而清楚地认识自己的领导行为,并给自己提出如何向"9.9 型"管理努力,以更有效地改进企业管理工作。

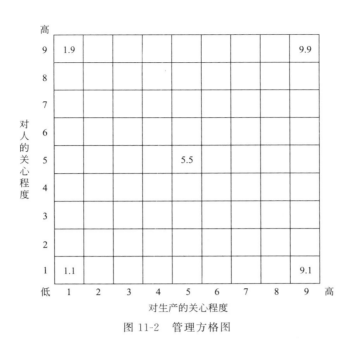

图 11-2　管理方格图

第三节　领导者素质与心理

一、领导者的基本素质

（一）政治素质

政治素质是领导的灵魂，它决定着领导活动的政治立场、方向和领导者的世界观。领导者是国家方针、政策的宣传者、贯彻者和实施者，要正确处理国家、企业和个人三者之间的利益关系，领导者必须学习和掌握政策理论和国家的大政方针，提高自身的政治觉悟。

（二）思想素质

思想素质是指领导者不仅会处事和为人，而且还要善于思考。优秀的领导者应该具有把自己要实现的愿望，尤其是要达到的管理目标清晰地描绘出来的能力；能够清楚地表明自己的思想；有强烈的信息观念，善于运用和捕捉信息，注意提高信息的数量和质量，以促进管理工作的高质高效。

（三）知识素质

专业知识是领导者知识结构中不可缺少的组成部分，尤其是科技领导者。只有懂专业的领导者，才能在管理过程中有的放矢，灵活机动，遵循事物发展规律，按客观规律办事，避免官僚主义。领导者的知识素质体现在以下方面。

1. 具有广博的科学文化知识

2. 具有一定的业务知识

领导者虽然不是每个领域的专家，但是必须对该领域及相关领域的知识有较为全面的了解，以提高发言的准确性和影响力，改变外行领导内行的不利局面。

3. 具有丰富的管理经验

如果没有丰富的管理经验，就很难提出符合时代特色的管理新思想、新办法和新措施，也很难提高组织的管理水平。

（四）能力素质

能力是人类认识世界和改造世界的方法，或者说是获得知识后运用、驾驭知识的水平，即人的创造力。企业经营管理是一种综合的实践活动，对领导者的能力素质要求也极高。领导者应具备的能力主要有以下几种。

1. 创新能力

创新能力是现代经济对领导者提出的基本的要求，也是领导者区别于一般主管人员的本质特征。领导者要有敏锐的观察力和洞察力，对暴露事物本质的现象反应敏锐，及时发现问题，善于把握信息、发现苗头，并采取有针对性的措施，就能收到意想不到的结果。

2. 应变能力和决断能力

在激烈的市场竞争中把握稍纵即逝的机会，并及时决策，有时对组织可起到驱祸避害或起死回生的作用。这就要求领导者必须具备处变不惊、临危不惧、随机应变的能力。领导者的应变能力能使之在顺利时居安思危，不断捕捉新的信息；在困境时稳住阵脚，转危为安。

果断决策是成功的重要因素。时间是现代管理的一大资源。任何决策的作出都要求在一定的时间内完成，否则将会失去决策的意义。特别是在当今信息和知识经济时代，领导者必须不失时机、把握住机遇作出决策。拖延本身不仅常常坐失良机，而且还会带来新的风险。所以患得患失、瞻前顾后、举棋不定、当断不断等，都必须避免。

3. 高超的统驭能力

在实现组织目标的过程中，需要领导者具有高超的统驭能力，即充分激发每一名员工的积极性、主动性和创造性，使他们为实现组织目标进行创造性劳动。高超的统驭能力是以领导者高尚的人格魅力为基础的。领导者的统驭能力是通过有效的授权、激励、协调和控制等行为表现出来的。

4. 良好的沟通能力

领导者在实际工作中，需要沟通与各方面之间的关系，科学的思维能力、较好的文字写作能力和语言表达能力是不可缺少的。

5. 团队合作能力

良好的团队合作，领导者既要制定决策，还要善于组织、有效地实施决策，不仅要对决策执行的结果进行评价监督，而且要善于协调和控制。这样的"全能"领导者很难做得很好，这就要求有善于履行这些不同职能的管理者以互补形式来实现。

（五）品行素质

良好的品行素质对领导者确定组织目标、有效克服各种不良倾向以及处理好人际关系等具有重要意义，也是影响管理工作成败的一个重要因素，不可低估和轻视。一个成功的领导者必须谦虚、诚实、心胸开阔和具有吃苦耐劳精神。

（六）公关素质

中国经济与世界经济的接轨，使今后企业之间的竞争将日趋激烈。领导者实施成功管理的一个最重要因素就是具有较强的与人相处能力，这在很大程度上是由公关工作来完成的。所以，公共关系在市场经济的大潮中将理所当然地成为社会各组织发展运营中不可忽视的关键环节。领导者要培养和树立公关意识，提高人性技能，努力培养并具备公关素质，在企业与市场,企业与管理部门,企业与企业之间的接触和交流中,表现出良好的公关水平,增强企业形象的塑造,加深与外界的交往,促进企业效益的提高。

(七) 观念素质

在科学技术高速发展的今天,更加强调观念素质,它反映了领导者是否适应不断变化的新形势,能否跟上时代的步伐。这里的观念素质主要是指系统观念、动态观念、竞争观念、时间观念、效率观念、机会观念、信息观念等。

(八) 身体素质

管理工作是艰巨而繁重的,如果没有良好的身体素质,心有余而力不足,就无法胜任繁重的工作。同时,健康的身体也是领导者具有敏捷思维、旺盛精力的基础。领导者要保持良好的身体素质,除了要坚持身体锻炼外,还应合理安排工作和休息,使生活有规律和有节奏。

综上所述,合格的领导者对组织的发展起到重要的作用。作为领导者,尤其是年轻一代的领导者,应在新世纪的大环境中不断完善自我,提高自身素养及素质,为组织提供更高水平、更高质量的管理和服务,不断增强工作效率和经济效益。

二、领导者的心理特征

1. 敏锐的信息观念

在知识经济时代,信息作为一种资源,会不断渗透到社会生活的各个领域。在未来的社会竞争中,谁能快速、全面掌握经济和科技信息,谁就能把握经济发展的脉搏。这是一个现代领导者健康心理在信息沟通中的具体表现。如果领导者对信息的竞争性认识不足,就会造成信息传递缓慢,削弱组织的竞争力。

2. 强烈的竞争意识

知识经济时代的企业领导者必须具有强烈的竞争意识,这不仅是时代的要求,而且是组织发展的外部动力。现代心理学的研究表明,竞争是万物得以生存和发展的基础,它是物种繁衍、优胜劣汰的推动力之一。优秀的领导者应该认识到,竞争可以消除"吃大锅饭"的传统心理,充分调动下属工作的积极性,取得良好的经济效益。

3. 创新精神

只有富有开拓创新精神和创造能力的人才,才能适应知识经济时代的发展,应付未来社会的实践。开拓创新主要包括三个方面:一是创造性精神,创造性精神来源于强烈的事业心和高度责任感,它是创造活动的动力;二是创造性思维,它以新动机为先导,以思维的流畅性、应变性为基础,以思维的创造性和丰富多彩的想象力为核心;三是创造性实践,创造性实践过程是揭示新的科学概念和建立新科学理论的过程。

4. 有效的时间观念

对于知识经济时代的领导者来说,没有比树立科学的时间观念更为重要的了。现代企业管理工作,应从科学地掌握和支配时间开始,时间同人、财、物一样,是管理中的重要资源。领导者要了解自己的特点,有较强的时间观念,提高管理的效率和效益。

5. 宽容大度的胸怀

宽容大度是现代领导者健康心理的重要表现,这种品质反映在领导者身上,就可以像润滑剂一样,使人与人之间的摩擦减少,增强领导者与被领导者之间的团结,提高群体相容水平。宽容是一种心理需要。一个人不管多么高明,缺点错误总是在所难免的,因而需要得到领导者的谅解,从而获得一个宽松安定的心理环境。领导者爱才、惜才、用才是宽容大度的突出表现。既要学习别人的长处，补己之短；又要能够宽容别人的短处，扬长避短。当然，宽容大度并不是无原则的迁就与放纵，它是建立在坚持原则的基础之上的。

6. 执着的求知欲

从某种意义上讲，领导者应该是"内行的杂家"，即应该在政治、经济、社会等学科方面具有较高的水平，更应该在科技方面有所专长。因此，要求领导者要善于学习，具有强烈的求知欲。一要学好理论和现代管理知识；二要学好社会学、心理学知识；三要学习好专业知识。

7. 坚韧不拔的意志

坚定的意志，不仅可以反映一个人的立场问题，而且也是人们自觉调整实现预期目标的心理素质问题。坚定的意志是企业领导者应具备的一个重要的心理品质，它会使认识活动更具明确的目的性和方向性，自觉地克服认识过程中的困难，积极地认识和掌握客观事物的发展规律，有效地发展人的智力才能。成功的领导者的意志品质，主要表现为自觉性、原则性、坚毅性、果断性、勇敢性和自制性。

8. 稳定而乐观的情绪

稳定而乐观的情绪往往在和谐的气氛中感染被领导者，稳定组织成员的情绪，激励他们的积极性。组织成员心情愉快，工作称心如意，任劳任怨，就会使整个单位形成一个团结奋进的集体。对于一个领导者来说，在任何情况下，能具有一种稳定而又乐观的情绪是十分重要的。胜而不过喜，败而不过忧；顺利时看到困难，失败时看到光明；胜不骄，败不馁；临危不惧，临战不乱，才是一个健康心理者应有的表现。

三、领导者的心理品质修养

领导者心理品质修养涉及面很广，这里主要限定于保持心理健康方面的修养。

世界卫生组织对健康下的定义是：健康不但没有身体疾患，而且有完整的生理、心理状态和社会适应能力。心理健康是指一个人的生理、心理与社会处于相互协调的和谐状态，心理健康的标志是：①身体、智能、情绪十分协调；②适应环境，人际关系和谐；③有幸福感；④在工作中，能充分发挥自己的潜力，高效率地生活。

（一）心理不健康的特征

心理不健康可以从以下三方面来进行把握。

1. 个人方面

个人方面心理不健康的特征主要表现在缺乏自信心、常常怀疑自己的能力，常常感到情绪不稳定，自我控制能力下降，不能接受自己的失败，自我形象不满意，常常感到不如别人，否定自己。

2. 他人方面

他人方面心理不健康的特征主要表现在不喜欢与别人相处，猜疑别人，不理解别人的感受，远离团体生活，对人冷漠，对别人缺乏爱心和友善的态度，难以与人建立良好而持久的人际关系。

3. 环境方面

环境方面心理不健康的特征主要表现在对社会不满，自怨自艾，逃避生活上的问题，不能适应环境的变化，对工作和生活没有兴趣，没有工作和生活的目标等。

仔细地留心自己有没有上述特征，如果长期有一些不健康的心理特征，就需要特别小心，以免引起严重的后果和其他身体疾病。

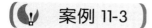

案例 11-3

免费服务电话成了情绪发泄热线?

竞争带来了社会进步,但它的副产品也让惠州联通客户服务中心的工作人员为之付出了代价。现代社会压力大,竞争激烈,人们的内心脆弱、急躁、自制能力差,有不少人有意无意地将自己在现实中的压力通过免费客户服务电话宣泄出来。与所有客户服务中心一样,惠州联通客户服务中心的工作人员经常会接到客户的发泄电话,有的客户甚至可以一个月打50多次电话,一次发泄1个多小时。电话内容与联通的业务很少有关系或完全无关;有的工作人员一个工作日接十来个发泄电话,心理压力非常大,情绪很难调节。

如果让客户养成宣泄习惯,占用大量工作时间,降低工作效率,员工职业倦怠感上升,最终会影响企业形象,造成客户的流失。面对新的压力,惠州联通客户服务中心管理层特别聘请了心理咨询师为公司的心理顾问,导入了员工心理帮助计划,通过采用系列讲座和"一对一"的心理咨询等方式,帮助员工转变观念,正确对待压力,科学缓解压力,掌握如何巧妙处理客户不良情绪的技巧,提高了自己适应能力,最终及时有效地解决了这一问题。

(二) 保持心理健康的方法

保持心理健康的首要任务是预防,而预防就是从理智上找出一些方法,解除心理压力,下面是保持心理健康的一些常用的方法。

1. 保持乐观的情绪

要热爱生活,热爱自己的工作。善于在生活中寻找乐趣,即便是多做些也不应视为负担,而是带着情趣去干。在工作上要不断创造,在进取中实现自己的人生价值,不断感受成功的乐趣。

2. 善于排除不良情绪

遇到不顺心的事,不要总闷在心里,要善于把心中的烦恼或困惑及时讲出来,将苦闷、烦恼、愤怒、忧愁、焦虑等情感转移、替换掉,使消极情绪得以释放,从而保持愉悦心情总伴你左右。

3. 经常帮助别人

助人为乐,是一种高尚美德,其作用不仅使被帮助者感受人间真情,解决一时之难,也使助人者感到助人后的快慰。经常帮助别人,就是使自己常处在一种良好心境中。

4. 善待别人,心胸大度

以谅解、宽容、信任、友爱等积极态度与人相处,会得到快乐的情绪体验。尤其是被人误解的时候,要亮出高姿态,待对方知晓真相后更会佩服你,这样宽容、关心别人也有利于营造好心境。

5. 要有广泛的爱好

培养多种兴趣爱好,可以增加自己的情趣与活力,使生活充实,富有情趣。比如收藏、体育、旅游、音乐等,全身心地投入其中,享受其间的乐趣,既能增长知识,又能广泛交友。在偶遇心境不佳时,这种兴趣活动也能起到化解作用。

6. 保持一颗童心

人到了而立之年以后,随年岁的增长,有人便产生了"看破红尘"的感觉,对什么都不感兴趣了,这样不利于心理健康。如果仍保持一颗童心,对任何事物都有一种好奇,不论对知识更新,还是对身心健康都有好处。

7. 培养生活中的幽默感

除了严肃、正式的场合外，在同事、朋友乃至家人中，说话时适当地采用幽默语言，对活跃气氛、融洽关系都非常有益，在一阵会心的笑声中，大家心情特别好。

8. 学会协调自己与社会的关系

随着社会的发展，我们要经常调整自己的意识和行为，适应社会的规范，并不断学习，提高自己的适应力，从而减少因此而带来的困惑和压力，保持心理健康。

本章小结

1. 领导是指引和影响个人、群体或组织在一定条件下实现某种目标的行为过程。它包括以下三方面的含义：（1）领导是一个行为过程，不是静态而是动态的过程；（2）领导是一种影响力，对其成员进行引导和施加影响；（3）领导的目的在于实现组织的特定目标。

2. 领导者就是指引和影响个人或组织在一定条件下实现某一目标的行为者，简言之，领导者就是实现领导行为的人。

3. 领导行为是指领导者致力于实现某一目标的行为。它是围绕组织目标而受领导意志支配的领导主体行为和职能行为的总和。

4. 领导的功能即领导的职能，是指领导者所从事的各种活动及其过程。领导的功能主要包括以下几个方面：指导功能、组织功能、激励功能。

5. 影响力是指一个人在与人交往中影响与改变他人心理与行为的能力。领导者的影响力在人际交往中表现得更为重要。领导者的影响力包括两类：强制性影响力和自然性影响力。

6. 提高领导者影响力的主要途径是综合运用和发挥权力性影响力和非权力性影响力的作用，使它们相辅相成、相互促进。

7. 领导理论综合起来主要有三种：领导特性理论、领导作风理论和领导行为理论。

8. 领导者的基本素质主要包括：政治素质、思想素质、知识素质、能力素质、品行素质、公关素质、观念素质、身体素质。

9. 领导者的心理特征主要有：敏锐的信息观念、强烈的竞争意识、创新精神、有效的时间观念、宽容大度的胸怀、执着的求知欲、坚韧不拔的意志、稳定而乐观的情绪。

10. 心理健康是指一个人的生理、心理与社会处于相互协调的和谐状态，心理健康的标志是：（1）身体、智能、情绪十分协调；（2）适应环境，人际关系和谐；（3）有幸福感；（4）在工作中，能充分发挥自己的潜力，高效率地生活。

关键概念

领导　领导者　领导行为　影响力　强制性影响力　自然性影响力　领导特性理论　领导作风理论　领导行为理论　心理健康

复习与思考

1. 什么是领导？领导与领导者有什么区别与联系？
2. 简要分析领导的功能。
3. 什么是领导的影响力？它包括哪些基本内容？

4. 如何提高领导的影响力？
5. 简述利克特的领导作风理论。
6. 简述管理方格图理论的主要内容。
7. 领导者的心理特征包括哪些内容？
8. 领导者应如何保持心理健康？

观念应用

案例分析

哪种领导类型最有效

ABC 公司是一家中等规模的汽车配件生产集团。最近，对该公司的三个重要部门经理进行了一次有关领导类型的调查。

一、安西尔

安西尔对本部门的产出感到自豪。他总是强调对生产过程、出产量控制的必要性，坚持下属人员必须很好地理解生产指令以得到迅速、完整、准确的反馈。安西尔遇到小问题时，会放手交给部下去处理，当问题很严重时，他则委派几个有能力的下属人员去解决问题。通常情况下，他只是大致规定下属人员的工作方针、完成怎样的报告及完成期限。安西尔认为只有这样才能产生更好的合作，避免重复工作。

安西尔认为对下属采取敬而远之的态度对一个经理来说是最好的行为方式，所谓的"亲密无间"会松懈纪律。他不主张公开谴责或表扬某个员工，相信他的每一个下属人员都有自知之明。

据安西尔说，在管理中的最大问题是下级不愿意接受责任。他讲到，他的下属人员可以有机会做很多事情，但他们并不是很努力地去做。

二、鲍勃

鲍勃认为每个员工都有人权，他偏重于管理者有义务和责任去满足员工需要的学说，他说，他常为他的员工做一些小事，例如给员工两张下月在伽利略城举行的艺术展览的入场券。他认为，每张门票才 15 美元，但对员工和他的妻子来说却远远超过 15 美元。通过这种方式，也是对员工过去几个月工作的肯定。

鲍勃说，他每天都到工厂去一趟，与至少 25% 的员工交谈。鲍勃不愿为难下属，他认为安的方式过于死板，安的员工也许并不那么满意，但除了忍耐别无他法。

鲍勃说，他已经意识到在管理中有不利因素，但大都是由于生产压力造成的。他的想法是以一个友好、粗线条的管理方式对待员工。他承认尽管在生产率上不如其他单位，但他相信他的雇员有高度的忠诚和士气，并坚信他们会因他的开明领导而努力工作。

三、查里

查里说他面临的基本问题是与其他部门的职责分工不清。他认为不论是否属于他们的任务都安排在他的部门，似乎上级并不清楚这些工作应该谁做。

查里承认他没有提出异议，他说这样做会使其他部门的经理产生反感。他们把查里看成是朋友，而查里却不这样认为。

查里说过去在不平等的分工会议上,他感到很窘迫,但现在适应了,其他部门的领导也不以为然了。

查里认为纪律就是使每个员工不停地工作,预测各种问题的发生。他认为作为一个好的管理者,没有时间像鲍勃那样握紧每一个员工的手,告诉他们正在从事一项伟大的工作。他相信如果一个经理声称为了决定将来的提薪与晋职而对员工的工作进行考核,那么,员工则会更多地考虑他们自己,由此而产生很多问题。

他主张,一旦给一个员工分配了工作,就让他以自己的方式去做,取消工作检查。他相信大多数员工知道自己把工作做得怎么样。

如果说存在的问题,那就是他的工作范围和职责在生产过程中发生的混淆。查里的确想过,希望公司领导叫他到办公室听听他对某些工作的意见。然而,他并不能保证这样做不会引起风波而使情况有所改变。他说他正在考虑这些问题。

思考题:

1. 请分析安西尔、鲍勃、查里这三个部门经理分别是什么类型的领导方式,这些领导方式都是建立在什么假设基础之上的,试预测这些领导方式各将产生什么结果。

2. 是否每一种领导方式在特定的情况下都有效?为什么?

实践训练

心理放松训练

放松训练分为两种:呼吸放松、想象放松,分别按照下面的步骤,让我们开始放松训练吧!

一、呼吸放松

呼吸放松有三种准备姿势:坐姿、卧姿、站姿。

1. 准备动作

(1)坐姿 坐在凳子或椅子上,身体挺拔,腹部微微收缩,背不靠椅背,双脚着地,并与肩同宽,排除杂念,双目微闭。

(2)卧姿 平稳地躺在床上或沙发上,双脚伸直并拢,双手自然地伸直,放在身体两侧,排除杂念,双目微闭。

(3)站姿 站在地上,双脚与肩同宽,双手自然下垂,排除其他想法,双目微闭。

2. 动作要领(按顺序)

(1)把注意力集中在腹部肚脐下方;

(2)用鼻孔慢慢地吸气,想象好像空气从口腔沿着气管进入到腹部,腹部随着吸入的气的不断增加,慢慢地鼓起来;

(3)吸足气后,稍微闭一下,以便氧气与血管里的浊气进行交换;

(4)用口和鼻同时将气从腹中慢慢地自然地吐出来,腹部慢慢地瘪下去。

3. 睁眼,恢复原状。如果连续做,可以保持准备时的姿态,重复呼吸。

注意:

(1)要把气吸得深、吸得饱;

(2)在紧张时,只要进行深呼吸2~3次,就可以起到放松的作用。

二、冥想放松

1. 准备

选择一个清净的地方，没有他人的干扰，也没有嘈杂的声音。坐着、站着均可。

2. 方法

（1）回忆自己过去经历过的一件最愉快的事，回忆得越具体、越生动、越形象越好。例如，回忆自己过8岁生日时的情景，你的爸爸妈妈、亲朋好友、同学等来祝贺、一起庆祝的欢乐时光。桌子上摆满美味佳肴，对这种美味也要尽可能回忆得具体一些。大家一起唱起了生日歌，热闹非凡。这种回忆要像放电影一样，一幕接着一幕，形象生动。

（2）或者回忆自己曾经去过的一个景色秀丽的旅游胜地，美丽的景色一幕接着一幕在你的脑海中浮现，让自己溶入大自然，自己成了其中的一棵小树，一片树叶，随风舞蹈。

3. 说明

冥想放松最好是在预感到有紧张情况出现前使用。例如，考试紧张的同学在考试前30分钟，比赛演出前几十分钟。这样可以转移自己的注意，减少紧张情绪。

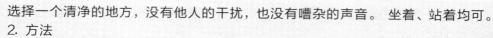
心理小测验

测测你的领导作风

请阅读下列各个句子，对于（A）句最能形容你时，请打［○］；对于（B）句若对你来说最不正确时，请打［○］。请你务必回答，以便求得更正确的积分。

1. A. 你是个大多数人都会向你求助的人。
   B. 你很激进，而且最注意自己的利益。
2. A. 你很能干，且比大多数人更能激发他人。
   B. 你会努力去争取一项职位，因为你可以对大多数人和所有的财务掌握更大的职权。
3. A. 你会试着努力去影响所有事件的结果。
   B. 你会急着降低所有达成目标的障碍。
4. A. 很少人像你那么的有自信。
   B. 你想取得世上有关你想要的任何东西时，你不会有疑惧。
5. A. 你有能力激发他人去跟随你的领导。
   B. 你喜欢有人依你的命令行动；若必要的话，你不反对使用威胁的手段。
6. A. 你会尽力去影响所有事件的结果。
   B. 你会作全部重要的决策，并期望别人去实现它。
7. A. 你有吸引人的特殊魅力。
   B. 你喜欢处理必须面对的各种情况。
8. A. 你会喜欢面对公司的管理人，咨询复杂问题。
   B. 你会喜欢计划、指挥和控制一个部门的人员，以确保最佳的福利。
9. A. 你会与企业群体和公司咨询，以改进效率。
   B. 你对他人的生活和财务，会作决策。
10. A. 你会干涉官僚的拖拉作风，并施压以改善其绩效。
    B. 你会在金钱和福利重于人情利益的地方工作。
11. A. 你每天在太阳升起前，就开始了一天的工作，一直到夜晚六点整。
    B. 为了达成所建立的目标，你会定期而权宜地解雇无生产力的员工。

12. A. 你会对他人的工作绩效负责,也就是说,你会判断他们的绩效,而不是你们的绩效。
    B. 为求成功,你有废寝忘食的习性。
13. A. 你是一位真正自我开创的人,对所做的每件事充满着热忱。
    B. 无论做什么,你都会做得比别人好。
14. A. 无论做什么,你都会努力求最好、最高和第一。
    B. 你具有驱动力、积极性人格和奋斗精神,并能坚定地求得有价值的任何事情。
15. A. 你总是参与各项竞争活动,包括运动,并因有突出的表现而获得多项奖牌。
    B. 赢取和成功对你来说,比参与的享受更重要。
16. A. 假如你能及时有所收获,你会更加坚持。
    B. 你对所从事的事物,会很快就厌倦。
17. A. 本质上,你都依内在驱动力而行事,并以实现从未做过的事为使命。
    B. 作为一个自我要求的完美主义者,你常强迫自己有限地去实现理想。
18. A. 你实际上的目标感和方向感远大于自己的设想。
    B. 追求工作上的成功对你来说是最重要的。
19. A. 你会喜欢需要努力和快速决策的职位。
    B. 你是坚守利润、成长和扩展概念的。
20. A. 在工作上,你比较喜欢独立和自由,远甚于高薪和职位安全。
    B. 你是安于控制、权威和强烈影响的职位上的。
21. A. 你坚信对自身本分内的事最能冒险的人,才赢得到金钱上的最大报偿。
    B. 有少数人判断你应比你本身更有自信些。
22. A. 你被公认为是有勇气的、生气蓬勃的和乐观主义者。
    B. 作为一个有志向的人,你能很快地把握住机会。
23. A. 你善于赞美他人,而且若是合宜的,你会准备加以信赖。
    B. 你喜欢他人,但对他们以正确的方法行事之能力,很少有信心。
24. A. 你通常宁可给人不明确的利益,也不愿与他人公开争辩。
    B. 当你面对着"说出那像什么"时,你的作风是间接的。
25. A. 假如他人偏离正道,由于你是正直的,故你仍会无情地纠正他。
    B. 你是在强调适者生存的环境中长大的,故常自我设限。

评分评估

你的得分:计算一下你圈(A)的数目,然后乘以四,就是你领导特质的百分比。同样地,(B)所得的分数,就是你管理特质的百分比。

领导人(A的总数)×4=   %
管理者(B的总数)×4=   %

参 考 文 献

[1] 陆洛，高旭繁等著．管理心理学．北京：经济管理出版社，2015．
[2] 张卉妍，白虹．世界上最流行的500个心理测试和心理游戏．北京：北京联合出版公司，2016．
[3] 明道著．心理学与管理．北京：中国法制出版社，2017．
[4] 朱吉玉．管理心理学．大连：东北财经大学出版社，2011．
[5] 石森．管理心理学．北京：机械工业出版社，2011．
[6] 王雁飞．管理心理学．广州：华南理工大学出版社，2006．
[7] 崔佳颖编著．管理沟通实践教材——让沟通更有效．北京：经济管理出版社，2015．
[8] 杜慕群，朱仁宏．管理沟通．第2版．北京：清华大学出版社，2016．
[9] 毕雪阳．管理心理学．上海：上海财经大学出版社，2010．
[10] 张晨辉．新编实用管理心理学．北京：清华大学出版社，2007．
[11] 孙喜林．管理心理学．大连：东北财经大学出版社，2006．
[12] 卢盛忠．管理心理学．第4版．杭州：浙江教育出版社，2006．
[13] 许芳．组织行为学原理与实务．第2版．北京：清华大学出版社，2014．
[14] 马中宝．管理心理学．北京：国防工业出版社，2011．
[15] 高玉祥．人际交往心理学．北京：中国社会科学出版社，2009．
[16] http://www.shu1000.com
[17] http://wenwen.soso.com
[18] http://www.cnbm.net.cn